Beck'sche Reihe

BsR 1238

BsR

Die kurzen Jahre der Weimarer Republik von 1918 bis 1933 bleiben auch und gerade nach der deutschen Wiedervereinigung 1990 ein historisches Lehrstück über Aufstieg und Fall einer deutschen Demokratie. Dieses historische Lesebuch soll ein Bild jener so oft beschworenen „Weimarer Verhältnisse“ vermitteln, ihre Chancen und Gefährdungen aufzeigen, ihre bleibenden Leistungen und ihren Weg in den Untergang dokumentieren.

Bei den ausgewählten mehr als 80 Texten handelt es sich zum einen um zeitgenössische Dokumente, wie z.B. Briefe, zum anderen um Beiträge von Historikern, die verschiedene Aspekte jener Zeit analysieren. Auf diese Weise entsteht ein Porträt der Weimarer Republik, das die wesentlichen Lebensbereiche widerspiegelt: Die rauschenden Feste des Berliner Bürgertums werden ebenso beschrieben wie die soziale Not der Bergarbeiterfrauen, die unruhigen Tage der Revolution von 1918/19 wie der Aufstieg der NSDAP. Politik und Alltag, der kulturelle Glanz der „goldenen Zwanziger“, die Krise in Wirtschaft und Gesellschaft zu Beginn der 30er Jahre – Texte zu diesen und anderen Themen finden sich in diesem Band.

Heinrich August Winkler ist Professor für Neueste Geschichte an der Humboldt-Universität zu Berlin.

Alexander Cammann ist Mitarbeiter am Institut für Geschichtswissenschaften der Humboldt-Universität zu Berlin.

Weimar

Ein Lesebuch zur deutschen Geschichte 1918–1933

Herausgegeben von
Heinrich August Winkler und
Alexander Cammann

Mit einem einleitenden Essay von
Heinrich August Winkler

VERLAG C.H.BECK

Mit 5 Abbildungen

Die Deutsche Bibliothek – CIP-Einheitsaufnahme

Weimar : ein Lesebuch zur deutschen Geschichte 1918–1933 / hrsg. von Heinrich August Winkler und Alexander Cammann. Mit einem einl. Essay von Heinrich August Winkler. – 3. Aufl. – München : Beck, 1999
(Beck'sche Reihe ; 1238)
ISBN 3 406 42038 9

ISBN 3 406 42038 9

3. Auflage 1999
Umschlagentwurf: Uwe Göbel, München
Umschlagabbildung: Richard Ziegler, Fünf Frauen vor dem Schaufenster. Pastell 1927/1928 (Ausschnitt).
Im Besitz der Richard Ziegler Stiftung, Calw. Abdruck mit freundlicher Genehmigung von Frau Edith Ziegler, München

Gesamtherstellung: C. H. Beck'sche Buchdruckerei, Nördlingen
Gedruckt auf säurefreiem, alterungsbeständigem Papier (hergestellt aus chlorfrei gebleichtem Zellstoff)
Printed in Germany

Inhalt

II. Die Krisenjahre: Kämpfe, Attentate, Inflation (1920–1923)

III. Die „goldenen Zwanziger": Licht und Schatten (1924–1929)

IV. Niedergang und Ende der Republik (1930–1933)

V. Weimar in der historischen Perspektive

Editorischer Hinweis: Anmerkungen und Quellenhinweise der Originaltexte wurden für diesen Band gestrichen; Textkürzungen und Erklärungen des Herausgebers sind durch eckige Klammern gekennzeichnet.

Vorwort

Wohl selten gab es in der deutschen Geschichte Phasen, die sich in ihrer Dramatik mit den vierzehn Jahren der Weimarer Republik vergleichen lassen. Geboren aus der Urkatastrophe des Ersten Weltkriegs, litt die erste deutsche Demokratie von Anbeginn an unter den massiven Vorbehalten derer, die sie aus „nationalen" oder aus klassenkämpferischen Gründen ablehnten und bekämpften. Im Rückblick erstaunt es fast, daß die erste Republik trotz dieser Belastung vierzehn Jahre alt wurde.

Die vorliegende Textauswahl gewährt Einblicke in die spannungsreiche Zeit zwischen 1918 und 1933. Historische Analysen werden hierbei mit zeitgenössischen Texten, Unterhaltung mit Informationen verbunden. Die Anordnung in fünf Kapiteln folgt im wesentlichen dem chronologischen Ablauf, wobei einzelne Passagen auch übergreifenden Charakter besitzen.

Die Einleitung führt zum einen in die Geschichte der ersten deutschen Republik ein; zum anderen stellt sie die Frage nach der Bedeutung von Weimar für das wiedervereinigte Deutschland am Ende dieses Jahrhunderts. Im Eingangskapitel wird der Verlauf der Revolution von 1918/19 nachgezeichnet. Die Jahre 1920–23, die unruhige Frühphase der Republik, werden im nächsten Abschnitt behandelt. Anschließend folgt die Beschreibung jener Jahre, die im Bewußtsein der Nachwelt als die „goldenen Zwanziger" weiterleben. Daß es sich hierbei um eine trügerische und vorübergehende Blüte handelte, wird im vierten Kapitel deutlich, das Weimars tödliche Krise der Jahre 1930–33 zum Thema hat – an deren Ende stand am 30. Januar 1933 die Machtübertragung an Adolf Hitler. Eine Ausnahme bildet das Schlußkapitel: Hier versuchen fünf Historiker noch einmal den Blick zu weiten und Grundfragen dieser Epoche zusammenfassend zu analysieren.

Die ausgewählten Texte wurden in den meisten Fällen für den Abdruck gekürzt; die im Original vorhandenen Anmerkungen und Quellenhinweise sind entfallen. Auslassungen sind durch eckige Klammern gekennzeichnet. Im Autoren- und Quellenverzeichnis am Ende des Buches finden sich Angaben zu den Verfassern und ihren Werken sowie Erläuterungen, die für das Verständnis der jeweiligen Texte notwendig sind.

Wir hoffen, daß der Band zum tieferen Verständnis eines Kapitels deutscher Geschichte beiträgt, dessen Wirkungen bis in die Gegenwart andauern.

Berlin, im Frühjahr 1996

Heinrich August Winkler
Alexander Cammann

Heinrich August Winkler

Weimar: Ein deutsches Menetekel

Ist die Weimarer Republik dabei, uns wieder näherzurükken? Das geflügelte Wort „Bonn ist nicht Weimar", Titel eines 1956 erschienenen, scharfsinnigen Buches des Schweizer Publizisten Fritz René Allemann, wird seit der Wiedervereinigung Deutschlands seltener zitiert als zuvor. Das dürfte nicht nur darauf zurückzuführen sein, daß Bonn nur noch Regierungssitz auf Abruf ist. Die alte Bundesrepublik unterschied sich von der Weimarer Republik schon darin, daß sie kein Nationalstaat war. Als „postnationale Demokratie unter Nationalstaaten" hat der Bonner Politikwissenschaftler Karl Dietrich Bracher die Bundesrepublik erstmals 1976 bezeichnet. War sie etwa auch deshalb eine erfolgreiche Demokratie, weil sie kein Nationalstaat war? Die Berliner Republik, die sich seit 1990 herauszubilden beginnt, ist wieder, was bis dahin nur die Weimarer Republik war oder doch nach dem Willen ihrer Verfassungsschöpfer sein sollte: ein demokratischer deutscher Nationalstaat. Es kommt hinzu, daß Deutschland seit geraumer Zeit wieder mit einem Problem zu kämpfen hat, das wesentlich zum Untergang Weimars beigetragen hat: dem Problem der Massenarbeitslosigkeit. Das wiedervereinigte Deutschland hat also allen Anlaß, sich mit der Geschichte der ersten deutschen Republik auseinanderzusetzen. Weimar *hat* an Aktualität gewonnen.

In beiden Teilen des wiedervereinigten Deutschlands weckt das Stichwort „Weimarer Republik" bis heute höchst unterschiedliche Assoziationen. Im Westen hatte sich bei den politisch tonangebenden Kräften schon vor der Gründung der Bundesrepublik die Einsicht durchgesetzt, daß die erste deutsche Republik nicht zuletzt an Konstruktionsfehlern ihrer Verfassung gescheitert war. Das Bonner Grundgesetz war die Antwort auf diese Fehler: Es ersetzte die relativistische, also wertneutrale Demokratie von 1919 durch eine wertbetonte und abwehrbereite Demokratie, die einen wirksamen Kampf gegen ihre erklärten Feinde ermöglichte, die bestimmte Fundamentalnormen der Verfassung für schlechthin unabänderlich erklärte und die Funktionstüchtigkeit des parlamentarischen Regierungssystems zu einem kategorischen Imperativ erhob. Im Laufe von Jahrzehnten wurde aus diesem „antitotalitären" Verfassungskonsens von 1948/49 ein wesentliches Element des altbundesdeutschen „Verfassungspatriotismus".

Die DDR dagegen zog nicht „antitotalitäre", sondern „antifaschistische" Schlußfolgerungen aus dem Untergang Weimars. Der marxistisch-leninistischen Doktrin zufolge war die erste deutsche Republik letztlich am Klassenverrat der Sozialdemokraten gescheitert: Der SPD wurde die Hauptverantwortung erst für das Erstarken der reaktionärsten Kräfte der Monopolbourgeoisie und dann für den Aufstieg und die Machtübernahme des Faschismus angelastet. Die SED als Einheitspartei der Arbeiterklasse und die DDR als sozialistischer Staat der Arbeiter und Bauern waren so gesehen Ausdruck des Willens und der Fähigkeit, Lehren aus dem Scheitern der Weimarer Republik und aus der faschistischen Diktatur zu ziehen. Die praktische Nutzanwendung dieser Lehren durch die SED findet im Osten kaum noch überzeugte Verteidiger. Das Geschichtsdeutungsmonopol der ehemaligen Staatspartei hat jedoch in den neuen Bundesländern tiefe Spuren hinterlassen, und kaum eine Epoche der deutschen Geschichte ist davon so betroffen wie die Weimarer Republik.

Was die SED und zuvor schon die Kommunisten der ersten deutschen Republik als „Verrat" der Sozialdemokraten bezeichneten, war in Wirklichkeit das Gesetz, nach dem Weimar angetreten war. Eine parlamentarische Demokratie konnte es in Deutschland nur geben, wenn die gemäßigten Kräfte der Arbeiterschaft und des Bürgertums bereit waren, miteinander zusammenzuarbeiten. Die marxistische Vorkriegssozialdemokratie, eingeschworen auf das Dogma des proletarischen Klassenkampfes, hatte einen solchen „Klassenkompromiß" strikt abgelehnt. Wäre die Einheit der Partei nicht während des Ersten Weltkriegs am Streit um die Bewilligung der Kriegskredite zerbrochen, dann am Konflikt, den der Eintritt von Sozialdemokraten in ein Koalitionskabinett ausgelöst hätte. Die Trennungslinie wäre in diesem Fall nicht genau dieselbe gewesen wie die, mit der es die Sozialdemokratie seit 1917 zu tun hatte: dem Gegensatz zwischen Mehrheits- und Unabhängigen Sozialdemokraten. Aber Tatsache ist, daß mit den Gegnern der Kriegskredite auch die entschiedenen Gegner einer Koalition die Partei verlassen hatten. Die Spaltung der Arbeiterbewegung war also, so paradox es klingt, *beides*: Vorbelastung *und* Vorbedingung der ersten deutschen Demokratie.

Die Revolution von 1918/19, aus der Weimar hervorgegangen ist, gehört zu den umstrittensten Ereignissen der deutschen Geschichte. Manche Historiker meinen, daß die erste deutsche Demokratie vielleicht nicht untergegangen und dann auch Hitler nicht an die Macht gekommen wäre, hätte es damals einen gründlichen Bruch mit der obrigkeitsstaatlichen Vergangenheit gegeben. Tatsächlich war der Handlungsspielraum der regierenden Mehrheitssozialdemokraten (also jenes Teils der alten SPD, der dem Reich bis zuletzt Kriegskredite bewilligt und seit 1917 eng mit den Parteien der bürgerlichen Mitte, dem katholischen Zentrum und den Linksliberalen, zusammengearbeitet hatte) in den entscheidenden Wochen zwischen dem Sturz der Monarchie am 9. November 1918 und der Wahl der Verfassunggebenden Deutschen Nationalversammlung am 19. Januar 1919 größer, als die Akteure mit Friedrich Ebert, dem Vorsitzenden des Rates der Volksbeauftragten, an der Spitze selbst meinten. Sie hätten weniger bewahren müssen und mehr verändern können. Es wäre, mit anderen Worten, möglich gewesen, in der revolutionären Übergangszeit erste Schritte zu tun auf dem Weg zu einer Demokratisierung der

Verwaltung, der Schaffung eines republikloyalen Militärwesens, der öffentlichen Kontrolle der Macht – unter Umständen bis hin zu einer Vergesellschaftung des Bergbaus, einer Forderung, die nach der Jahreswende 1918/19 zu einer zündenden Streikparole wurde.

Solche vorbeugenden Eingriffe hätten der erstrebten parlamentarischen Demokratie ein festeres gesellschaftliches Fundament geben können. Doch Ebert und seine politischen Freunde glaubten dafür kein demokratisches Mandat zu haben. So beschränkten sie sich darauf, das Nächstliegende zu tun. Sie kümmerten sich um die Aufrechterhaltung der öffentlichen Ordnung, die Heimführung der Soldaten, die Wiederbelebung der Wirtschaft, die Bewahrung der Reichseinheit und die Vorbereitung der Wahlen, in denen das Volk als Inhaber der verfassunggebenden Gewalt möglichst bald seinen Willen äußern sollte. Es war daher ganz im Sinne der regierenden Mehrheitssozialdemokraten, als der Erste Allgemeine Kongreß der Arbeiter- und Soldatenräte Deutschlands am 19. Dezember 1918 mit großer Mehrheit beschloß, die Wahlen zur Konstituante bereits am 19. Januar 1919 stattfinden zu lassen. Die Volksbeauftragten der MSPD fühlten sich nicht als Gründerväter, sondern, wie Ebert selbst es am 6. Februar in seinem Rechenschaftsbericht vor der Nationalversammlung ausdrückte, als „Konkursverwalter des alten Regimes".

Wäre die Weimarer Demokratie in der Lage gewesen, den politischen Stürmen im Gefolge der Weltwirtschaftskrise nach 1929 zu trotzen, wenn die Sozialdemokraten 1918/19 eine energischere Revolution durchgeführt hätten? Eine sichere Antwort auf diese Frage kann es nicht geben, doch Skepsis ist angebracht. Die große Mehrheit der Deutschen wollte 1918 den Frieden, und da nach den Erklärungen des amerikanischen Präsidenten Wilson zu erwarten war, daß nur mit einem demokratischen Deutschland ein gerechter Frieden geschlossen werden würde, wollten die meisten Deutschen auch die Demokratie. Vielleicht wäre dieses Ziel sogar im Rahmen einer Monarchie erreicht worden, wenn sich der Kaiser und die militärische Führung mit dem im Oktober 1918 eingeführten parlamentarischen System abgefunden hätten. Doch für Wilhelm II. und die hohen Militärs war die späte Parlamentarisierung nur ein taktisches Manöver. General Ludendorff, bis zu seiner Entlassung am 26. Oktober zusammen mit Hindenburg Chef der Obersten Heeresleitung, hatte Ende September – zu einem Zeitpunkt, als es für ihn am unmittelbar bevorstehenden militärischen Zusammenbruch Deutschland keinen Zweifel mehr gab – eine Regierung der friedenswilligen Reichstagsmehrheit mit der zynischen Begründung gefordert, „diese Herren" sollten „nun den Frieden schließen, der jetzt geschlossen werden muß. Sie sollen die Suppe jetzt essen, die sie uns eingebrockt haben."

Entscheidungen einer parlamentarischen Regierung loyal zu befolgen war jedoch nie Ludendorffs Absicht gewesen und ebensowenig die der Seekriegsleitung. Als diese am 30. Oktober mit der Zustimmung des Kaisers, aber ohne die des neuen parlamentarisch verantwortlichen Reichskanzlers, des Prinzen Max von Baden, der Hochseeflotte den militärisch sinnlosen Befehl zum Auslaufen gegen England gab, verweigerten die Matrosen den Gehorsam. Am 1. November griff die Rebellion auf das Festland über; große Teile der Arbeiterschaft solidarisierten sich; am 7. November stürzte der erste deutsche Thron, der bayerische, und am 9. November rief der Sozialdemokrat Philipp Scheidemann in Berlin unter großem Beifall die deutsche Republik aus. Mit dem Sturz der Monarchie war das größte Hindernis des Friedens beseitigt. Im Wunsch nach Frieden und Demokratie erschöpfte sich der revolutionäre Konsens. Hinter der Forderung nach dem sofortigen Übergang zu einer sozialistischen Gesellschaftsordnung stand nur eine kleine Minderheit.

Gegen eine Mehrheit Politik zu machen war für die Sozialdemokraten unvorstellbar. Es hätte auch dem bisherigen

Gang der deutschen Verfassungsgeschichte widersprochen. Deutschland kannte zwar bis zum Oktober 1918 kein parlamentarisches Regierungssystem, aber seit rund einem halben Jahrhundert das allgemeine, gleiche und direkte Reichstagswahlrecht für Männer, das Bismarck 1866 im Norddeutschen Bund und 1871 im Deutschen Reich eingeführt hatte. Das Kaiserreich läßt sich daher nicht einfach als „Obrigkeitsstaat“ beschreiben. Deutschland war um 1918 bereits zu demokratisch, um sich eine revolutionäre Erziehungsdiktatur (sei es nach dem Vorbild der französischen Jakobiner von 1793 oder, was aktueller war, nach dem der russischen Bolschewiki von 1917) aufzwingen zu lassen.

Deutschland war auch zu industrialisiert für einen völligen Umsturz der gesellschaftlichen Verhältnisse. Die demokratischen Revolutionen des Westens hatten alle vor der Industriellen Revolution, also in überwiegend agrarischen Gesellschaften, stattgefunden, und dasselbe gilt von der russischen Oktoberrevolution. Solche Gesellschaften mit dem für sie typischen hohen Anteil an Selbstversorgern konnten sich eine radikale Auswechslung des staatlichen Apparates leisten, ohne deswegen zusammenzubrechen. Für hochindustrialisierte Gesellschaften aber ist ein starker Bedarf an der Aufrechterhaltung der Dienstleistungen von Staat und Kommunen, das heißt: an administrativer Kontinuität, kennzeichnend. Beide Faktoren, der Grad der Demokratisierung und der Grad der Industrialisierung, wirkten objektiv revolutionshemmend. Sie erklären, warum die deutsche Revolution von 1918/19 nicht zu den großen Revolutionen der Geschichte gerechnet werden kann.

Die deutschen Gefolgsleute der Bolschewiki wollten die Grenzen nicht wahrhaben, die einer deutschen Revolution gesetzt waren. Lenins Parole, es gelte, den imperialistischen Weltkrieg in den revolutionären Weltbürgerkrieg zu überführen, war für sie ein Gebot historischer Logik. Als Karl Liebknecht, der Führer der Ende Dezember 1918 gegründeten „Kommunistischen Partei Deutschlands" (und zuvor seiner Kerngruppe, des „Spartakusbundes"), am 5. Januar 1919 zum „Sturz der Regierung Ebert-Scheidemann", des Rates der Volksbeauftragten, aufrief, meinte er nicht einen einfachen Regierungswechsel, sondern sehr viel mehr: die Verhinderung der Wahlen zur Nationalversammlung und die Errichtung eines „Rätesystems" ähnlich dem, das die Bolschewiki in Rußland geschaffen hatten. Die sozialdemokratischen Volksbeauftragten *mußten,* wenn sie ihr Bekenntnis zur Demokratie nicht verraten wollten, die von der KPD mitgetragene Erhebung einer Minderheit des Berliner Proletariats, den mit fragwürdigem Recht so genannten „Spartakusaufstand", niederwerfen. Keine Rechtfertigung gab es dagegen für die Gewaltexzesse der Freikorps, die der Rat der Volksbeauftragten nach Beginn des Aufstandes hatte bilden lassen. Zu den ersten Mordopfern gehörten die beiden bekanntesten Führer der KPD, Karl Liebknecht und Rosa Luxemburg.

Dem Berliner Januaraufstand folgten im Frühjahr 1919 noch weitere örtliche Umsturzversuche der äußersten Linken, darunter die beiden Münchner Räterepubliken vom April, von denen die erste eher eine anarchistische Literatenrevolte, die zweite eine kurzlebige kommunistische Parteidiktatur war. Die demokratisch legitimierten Regierungen Bayerns und des Reiches konnten die Mißachtung des Mehrheitswillens nicht hinnehmen; sie mußten dem Putsch mit Waffengewalt entgegentreten. Der „weiße Terror" der Freikorps forderte auch hier mehr Opfer als der „rote" der Kommunisten. Die Erfahrung einer linksradikalen Minderheitsherrschaft aber prägte das politische Klima der bayerischen Landeshauptstadt nachhaltig. Es war kein Zufall, daß der Aufstieg der extremsten aller antimarxistischen Bewegungen, der Nationalsozialistischen Deutschen Arbeiterpartei Adolf Hitlers, in München begann.

Was immer die regierenden Mehrheitssozialdemokraten in den zehn Wochen zwischen dem Sturz der Monarchie am

9. November 1918 und der Wahl der Nationalversammlung am 19. Januar 1919 hätten anders machen können: Die Deutschen in ein Volk von Demokraten zu verwandeln war nicht in ihre Macht gegeben. Sie konnten einzelne besonders illoyale Funktionsträger in Militär und Verwaltung auswechseln, nicht aber ganze Berufsgruppen. Wer wie die Kommunisten der „Bourgeoisie“ schlechthin den Kampf ansagte, wollte den Bürgerkrieg. Den Bürgerkrieg aber konnte nicht wollen, wer eine Demokratie erstrebte. Infolgedessen mußten die Sozialdemokraten mit einem öffentlichen Dienst arbeiten, in dem die überzeugten Anhänger der Republik zunächst nur eine kleine Minderheit bildeten. Justiz, Universitäten und Gymnasien wurden von der Revolution kaum berührt. Weder brachen sie zusammen, noch wurden sie reformiert; sie arbeiteten weiter wie zuvor.

Nach den Wahlen zur Nationalversammlung waren in diesen wie in anderen Bereichen revolutionäre Veränderungen kaum noch möglich. 45,5 Prozent entfielen auf die beiden sozialistischen Parteien, die Mehrheits- und die Unabhängigen Sozialdemokraten (MSPD: 37,9 Prozent, USPD: 7,6 Prozent). Die Mehrheit hatte für bürgerliche Parteien gestimmt und damit gegen das Weitertreiben der Revolution. Die Bildung einer Koalition aus Mehrheits-SPD, Zentrum und Deutscher Demokratischer Partei spiegelte den Willen der Mehrheit wider: Die Parteien, die seit 1917 im kaiserlichen Reichstag eng zusammengearbeitet hatten, erhielten den Auftrag weiterzumachen.

Ein radikaler Bruch mit dem Kaiserreich fand denn auch in moralischer Hinsicht nicht statt. Eine Gelegenheit zur kritischen Aufarbeitung der jüngsten Vergangenheit hätte die Erörterung der Kriegsschuldfrage sein können. Die deutschen Akten, die seit dem November 1918 im Auftrag der Volksbeauftragten geprüft wurden, belegten eindeutig, daß die Reichsleitung im Juli 1914 die Ermordung des österreichischen Thronfolgers zum Anlaß genommen hatte, Wien zu einem harten Kurs gegenüber Serbien zu drängen. Eine entscheidende Mitverantwortung Deutschlands am Kriegsausbruch war also ernsthaft nicht zu bestreiten.

Doch obwohl Friedrich Ebert, der am 11. Februar 1918 von der Nationalversammlung zum vorläufigen Reichspräsidenten gewählt worden war, das Koalitionskabinett seines Parteifreundes Philipp Scheidemann zur raschen Veröffentlichung der Dokumente drängte, entschied sich die Regierung fürs Abwarten. Furcht, die Alliierten könnten deutsche Schuldeingeständnisse als Vorwand benutzen, um Deutschland besonders harte Friedensbedingungen aufzuerlegen, war dabei das Hauptmotiv. Die Folge des Nichtstuns war, daß der in der Tat außerordentlich harte Friedensvertrag von Versailles die Deutschen völlig unvorbereitet traf. Die nationalistische Rechte hatte es leicht, das nationale Trauma für ihre Zwecke auszuschlachten. Der These der Sieger von der Kriegsschuld Deutschlands und seiner Verbündeten setzten sie eine Kriegsunschuldthese entgegen: eine Legende, die sich auf die politische Entwicklung Weimars ebenso fatal auswirkte wie ihre Zwillingsschwester, die Legende vom „Dolchstoß", den marxistisch verhetzte Kräfte in der Heimat dem „im Felde unbesiegten" deutschen Heer versetzt haben sollten.

Am 23. Juni 1919 beschloß die Verfassunggebende Nationalversammlung in Weimar mit knapper Mehrheit, der bedingungslosen Annahme des Vertrages von Versailles zuzustimmen. In der thüringischen Hauptstadt tagte die Konstituante seit dem Februar 1919 zum einen deswegen, weil die Reichshauptstadt Berlin den Verantwortlichen nicht sicher genug erschien, zum anderen wegen des Nimbus, der Weimar seit den Tagen Goethes und Schillers umgab: Alle Welt sollte wissen, daß sich das neue republikanische Deutschland dem Geist der deutschen Klassik verbunden fühlte und damit lossagte von den Traditionen des preußischen Militarismus, die den kaiserlichen Obrigkeitsstaat geprägt hatten.

Den Namen Weimars trug auch die Reichsverfassung, die am 31. Juli 1919 von einer Zweidrittelmehrheit, bestehend aus den Abgeordneten der Mehrheitssozialdemokraten, des Zentrums und der Deutschen Demokratischen Partei, angenommen und am 11. August von Reichspräsident Ebert unterzeichnet wurde. Der sozialdemokratische Reichsinnenminister David feierte das Ergebnis der Abstimmung vom 31. Juli mit den Worten, nirgends in der Welt sei die Demokratie konsequenter durchgeführt als in dieser Verfassung; die deutsche Republik sei fortan „die demokratischste Demokratie der Welt".

David dachte dabei vor allem an die Elemente direkter Demokratie wie Volksbegehren und Volksentscheid, die in der späteren Praxis der Weimarer Republik keine große Rolle spielen sollten. Zur direkten Demokratie gehörte aber auch die Wahl des Reichspräsidenten durch das Volk – durch Männer *und* Frauen, die über zwanzig Jahre alt waren und damit das aktive Wahlrecht hatten. Der Reichspräsident, der auf sieben Jahre gewählt wurde, sollte nach dem Willen der Verfassungsschöpfer ein Gegengewicht zum Reichstag bilden, ja der Gefahr eines „Parlamentsabsolutismus" vorbeugen. Er ernannte den Reichskanzler, den der Reichstag nicht wählte, sondern nur durch Ablehnung der Vertrauensfrage oder durch ein Mißtrauensvotum stürzen konnte. Wenn der (keineswegs genau umrissene) Fall eintrat, daß „im Deutschen Reiche die öffentliche Sicherheit und Ordnung erheblich gestört oder gefährdet" war, fiel dem Reichspräsidenten eine geradezu diktatorische Machtfülle zu. Neben der parlamentarischen Normalverfassung gab es also eine präsidiale „Reserveverfassung" (Bracher) und damit eine institutionalisierte Versuchung für die Parteien, sich dem Zwang zum Kompromiß zu entziehen und die Verantwortung für unbequeme Entscheidungen nach „oben", auf den Reichspräsidenten als Ersatzgesetzgeber, abzuschieben.

Die Weimarer Reichsverfassung wurde, obwohl die Deutschen ihr den ersten umfassenden Katalog individueller und sozialer Grundrechte verdanken, niemals wirklich populär. Als jedoch im März 1920 die äußerste Rechte, angeführt von dem früheren ostpreußischen Generallandschaftsdirektor Wolfgang Kapp und dem Kommandierenden General des Reichswehr-Gruppenkommandos Berlin, Walther von Lüttwitz, einen gewaltsamen Umsturzversuch unternahm, zeigte sich, daß es doch einen starken gesellschaftlichen Rückhalt für die neue republikanische Ordnung gab. Zum raschen Scheitern des Kapp-Lüttwitz-Putsches trugen die Arbeiter und Angestellten durch einen Generalstreik, die Beamten dadurch bei, daß sie in ihrer großen Mehrheit den verfassungsmäßigen Regierungen im Reich und in Preußen gegenüber loyal blieben. Unter den Großindustriellen hatten die Putschisten kaum Sympathisanten. Unterstützt wurden die aufständischen Freikorps durch monarchistische Rittergutsbesitzer und Akademiker, darunter vor allem Landräte und Geistliche der altpreußischen Gebiete. Dieses Milieu, das an den schwarz-weiß-roten Farben des Kaiserreichs hing und die schwarz-rot-goldene Flagge der Republik so verabscheute wie die Republik selbst, stieß im übrigen Deutschland auf verbreitete Abneigung. Auch das war ein Grund für den Mißerfolg von Kapp und Lüttwitz.

Nachdem der Putsch bereits gescheitert war, versuchte die äußerste Linke, vom Ruhrgebiet aus die soziale Revolution in ganz Deutschland in Gang zu setzen. Die Umwälzung von links schlug ebenso fehl wie der vorangegangene Umsturz von rechts. Aus den blutigen Kämpfen an der Ruhr ging die neugeschaffene Reichswehr, die im März zwischen der Regierung und den Putschisten eine Art von Neutralität gewahrt hatte, als Gewinnerin hervor. Infolge des Vertrags von Versailles auf 100000 Mann beschränkt, bildete sie zwar kaum eine Gefahr für andere Mächte. Als innenpolitischer Ordnungsfaktor aber konnte sie ihr Gewicht in die Waagschale werfen, und das tat die Reichswehr bis zum Ende der Republik.

Mit dem Ruhraufstand, der größten proletarischen Massenerhebung in der deutschen Geschichte, ging die Revolutionsperiode zu Ende. Zweieinhalb Monate nach der Niederwerfung der „Roten Ruhrarmee", am 20. Juni 1920, fanden die ersten Reichstagswahlen nach dem Krieg statt. Sie wurden zu einem Debakel für „Weimar" (das längst schon wieder von Berlin aus regiert wurde). Die drei Parteien, die bei den Wahlen zur Nationalversammlung im Januar 1919 noch eine Zweidrittelmehrheit gewonnen hatten – Mehrheitssozialdemokraten, Zentrum, Demokraten –, erhielten jetzt nicht einmal mehr die einfache Mehrheit.

Die Gewinner waren auf der rechten Seite des politischen Spektrums die rechtsliberale Deutsche Volkspartei (DVP) Gustav Stresemanns, die klassische Unternehmerpartei der Republik, und die offen monarchistische Deutschnationale Volkspartei, auf der linken Seite die Unabhängigen Sozialdemokraten. Die „Weimarer Koalition" hatte also sowohl im Bürgertum als auch in der Arbeiterschaft an Zustimmung verloren: Viele Arbeiter waren enttäuscht, weil sich seit der Revolution so wenig zu ihren Gunsten geändert hatte; viele Bürger waren verbittert über das Ausmaß dessen, was seit 1918 anders geworden war. Mehrheitsregierungen waren fortan nur noch möglich, wenn sich Parteien daran beteiligten, die im Juli 1919 gegen die Weimarer Verfassung gestimmt hatten. Da das zunächst nur eine theoretische, keine praktische Möglichkeit war, erlebte Deutschland nach dem Sommer eine Periode rasch wechselnder Minderheitsregierungen.

In die Zeit labiler Regierungsverhältnisse zwischen 1920 und 1923 fielen folgenreiche Ereignisse und Entwicklungen: schwere Konflikte zwischen dem Reich und Bayern, das sich dem alliierten Verlangen nach Auflösung der paramilitärischen Einwohnerwehren nicht beugen wollte; die Vereinigung des linken Flügels der USPD mit der KPD Ende 1920 und der mitteldeutsche Aufstand der Kommunisten im März 1921; Mordanschläge der extremen Rechten, denen im August 1921 der Zentrumspolitiker Matthias Erzberger und im Juni

1922 der liberale Reichsaußenminister Walther Rathenau zum Opfer fielen; die Wiedervereinigung der Mehrheitssozialdemokraten mit der gemäßigten Rest-USPD im September 1922; ultimative Reparationsforderungen der Alliierten; deutsch-polnische Kämpfe in Oberschlesien; die Annäherung an Sowjetrußland, die im April 1922 im Vertrag von Rapallo gipfelte, und, nicht zuletzt, die fortschreitende Inflation.

Die Geldentwertung hatte schon 1914 begonnen, als die Reichsleitung sich entschied, den Krieg überwiegend mit Hilfe von Anleihen zu finanzieren. Nach Kriegsende wurde die Inflation durch eine drastische Erhöhung der Nominallöhne vorangetrieben – ein Auskunftsmittel, von dem sich Arbeitgeber und Regierungen eine soziale Beruhigung versprachen. Inflationsfördernd wirkten auch die Reparationen, deren Höhe durch den Vertrag von Versailles noch nicht festgelegt war. Die Geldentwertung nützte zwar zeitweilig dem deutschen Export und schirmte Deutschland 1920/21 von der weltweiten Nachkriegsdepression ab. Die sozialen und sozialpsychologischen Folgen aber waren verheerend: Die Inflation bewirkte eine Vermögenskonzentration in den Händen weniger Besitzer von großen Sachwerten; sie ruinierte Millionen von Sparern materiell und zerstörte ihr Vertrauen in den Staat.

Ihren Höhepunkt erreichte die Geldentwertung im Katastrophenjahr 1923. Auf Rückstände der deutschen Reparationslieferungen antworteten Frankreich und Belgien im Januar jenes Jahres mit der Besetzung des Ruhrgebiets. Die deutsche Reaktion war der „passive Widerstand“ an Rhein und Ruhr – eine äußerst kostspielige Politik, die die Mark vollends in den Abgrund riß und massenhaftes Elend hervorrief. Im Sommer 1923 wetteiferten Kommunisten und radikale Nationalisten mit Aufrufen zur revolutionären Überwindung der Krise. Eine gewisse Entspannung trat erst ein, als es Mitte August Gustav Stresemann, dem Vorsitzenden der DVP, gelang, eine „Große Koalition“ unter Einschluß der Sozialdemokratie zu bilden.

Als die Regierung Stresemann aber Ende September 1923 den „passiven Widerstand“ aufgab, eskalierte die Krise aufs neue. Bayern revoltierte gegen das Reich; in Sachsen und Thüringen traten Kommunisten in sozialdemokratisch geführte Regierungen ein, um von Mitteldeutschland aus den „deutschen Oktober“, die proletarische Revolution, vorzubereiten; am Rhein und in der Pfalz versuchten Separatisten, deutsche Gebiete vom Reich abzuspalten; am 8. und 9. November unternahm der Führer der Nationalsozialistischen Deutschen Arbeiterpartei, Adolf Hitler, in München seinen legendären Bierhallenputsch. Hitlers „Marsch auf Berlin“ (nach dem Vorbild, das Benito Mussolini im Oktober 1922 mit dem „Marsch auf Rom“ gegeben hatte) fand dann doch nicht statt: Die „nationale Revolution“ endete unter den Kugeln der bayerischen Landespolizei an der Feldherrnhalle. Ungewollt trug Hitler sogar zur Rettung der Republik bei: Durch sein vorzeitiges Losschlagen durchkreuzte er die „seriöseren“ Putschpläne bayerischer Rechtskreise um den Generalstaatskommissar von Kahr.

Die kommunistischen Umsturzpläne waren schon vorher gescheitert: Die Arbeiter machten nicht mit. Daß die Republik die schwere Krise vom Herbst 1923 überlebte, lag vor allem am „Wunder der Rentenmark“, der Stabilisierung der Währungsverhältnisse im November, und daran, daß die Vereinigten Staaten eine Initiative zur Lösung des Reparationsproblems ergriffen. Sie stellten Frankreich und England ein Entgegenkommen in der Frage der interalliierten Kriegsschulden in Aussicht und erleichterten Paris dadurch ein Einlenken bei den Reparationsforderungen. Die außenpolitische Entspannung stärkte die gemäßigten Kräfte in Deutschland und ließ die Rufe nach einer „nationalen Diktatur“ allmählich verstummen.

Die amerikanischen Kredite, die seit 1924 nach Deutschland flossen, leiteten eine etwa fünf Jahre währende Phase der „relativen Stabilisierung“ ein. Die vielzitierte „Kultur von Weimar“ erlebte in dieser Zeit ihren Höhepunkt. Die

Reformarchitektur der Neuen Sachlichkeit kam einer städtebaulichen Revolution gleich. Berlin wurde zu einem Weltzentrum der kulturellen Avantgarde, die Konventionen sprengte, Tabus zerstörte und neue künstlerische Maßstäbe setzte. In den „goldenen zwanziger Jahren“, die in Deutschland im Grunde erst 1924 begannen, formte sich eine neue konsum- und freizeitorientierte Massenkultur heraus, die Klassen- und Milieugrenzen gewissermaßen unterspülte. Die wichtigsten Vehikel waren Taschenbuch und Illustrierte, Schallplatte, Film und seit 1923 zunehmend auch der Rundfunk. Die neuen Medien übersprangen die Grenzen zwischen arm und reich, evangelisch und katholisch, Stadt und Land, Arbeiterschaft und Bürgertum. Den neuesten Schlager pfiffen die Sekretärin und ihr Chef; ins Kino gingen Menschen aller Klassen und Schichten; Charleston tanzte man in Berlin und in der tiefsten Provinz.

Daneben aber bestand ein ganz anderes Deutschland fort, das die Hochkultur von Verflachung, Nivellierung, „Amerikanisierung“ bedroht sah und hinter allem, was auf provozierende Weise modern wirkte, den Geist jüdischer „Zersetzung“ witterte. Berlin und seine Juden: Das war die intensivste Steigerung dessen, was das konservative Deutschland am Staat von Weimar haßte. Die Juden sollten schuld sein an der Niederlage im Weltkrieg, an der Revolution und der Inflation: So stellten es die rabiaten Antisemiten dar. Der „Salonantisemitismus“ argumentierte differenzierter, förderte aber die Judenfeindschaft nicht minder wirkungsvoll. In Bereichen, wo Juden besonders zahlreich und erfolgreich waren, war der Antisemitismus am intensivsten: Mit dem sozialen Aufstieg der Juden ging der soziale Aufstieg des Antisemitismus einher. Eben deshalb wurden in der Weimarer Zeit die deutschen Universitäten zu den eigentlichen Hochburgen des antijüdischen Ressentiments.

Das Wort von der Zeit der „relativen Stabilisierung“ ist in jeder Hinsicht gerechtfertigt. In ihren mittleren Jahren war die Weimarer Republik weniger instabil als im turbulenten Nachkriegsjahrfünft und in den Jahren der Weltwirtschaftskrise nach 1929. Von wirklicher Stabilität aber konnte weder gesellschaftlich noch politisch die Rede sein. Die amerikanischen Kredite ermöglichten die später vielkritisierte „Pumpwirtschaft“ von Reich, Ländern und Gemeinden: eine Praxis, die sich in der Zeit der Depression bitter rächen sollte. Deutschland lebte über seine Verhältnisse; das Vorkriegsniveau wurde nach 1924 auf fast keinem Gebiet mehr erreicht. Das Wachstum in der deutschen Wirtschaft blieb nach 1924 weit hinter dem der Weltwirtschaft zurück. Nur einmal, 1928/29, überschritt die Industrieproduktion den Stand von 1913. Deutschland zahlte seit dem Krieg an Reparationen und Zinsen mehr, als es aus Auslandsguthaben einnahm. Erst der Überschuß bei Kapitalbewegungen, ermöglicht vor allem durch die Kredite aus den USA, erlaubte den Ausgleich der Zahlungsbilanz und den Transfer der Reparationen.

Gewaltsame Umsturzversuche von links oder rechts gab es nach 1923 nicht mehr. Fast alle politischen Lager aber unterhielten paramilitärische Verbände, die das in Frage stellten, was der Soziologe Max Weber als das Hauptmerkmal des Staates als politischer Anstaltsbetrieb bezeichnet hat: das „Monopol legitimen physischen Zwangs für die Durchsetzung der Ordnungen“. Die Reichswehr glaubte, die erzwungene einseitige Abrüstung durch illegale Bewaffnung, etwa in der Gestalt der „Schwarzen Reichswehr“, ausgleichen zu müssen, und konnte sich dabei der stillschweigenden Unterstützung durch alle bürgerlichen Parteien sicher sein. Auch das war ein Beitrag zur Militarisierung des öffentlichen Lebens. Zu einer „Zivilgesellschaft“ konnte sich Deutschland unter solchen Bedingungen in der Weimarer Republik nicht entwickeln.

Nicht nur für die Reichswehr, sondern für das konservative Deutschland insgesamt bedeutete es einen Triumph, daß aus der ersten Volkswahl eines Reichspräsidenten im

April 1925 der ehemalige kaiserliche Generalfeldmarschall Paul von Hindenburg als Sieger hervorging. Der preußische Rittergutsbesitz wußte nun einen zuverlässigen Sachwalter seiner Interessen an der Spitze des Reiches: einen Vertrauensmann, zu dem es stets auch einen direkten Zugang gab. Hindenburgs Sieg war nicht ein Bekenntnis zur Wiederherstellung der Monarchie, aber doch Ausdruck einer rückwärtsgewandten Sehnsucht nach Glanz, Ordnung und Überparteilichkeit. Für kirchentreue Lutheraner war es unter dem „Ersatzkaiser“ Hindenburg sehr viel leichter als unter seinem im Februar 1925 verstorbenen Amtsvorgänger, dem Sozialdemokraten Friedrich Ebert, den republikanischen Staat als eine Tatsache zu akzeptieren, mit der man auf absehbare Zeit leben mußte. Dasselbe galt für Teile der Deutschnationalen Volkspartei, die Hindenburgs Wahl aktiv betrieben hatte. Die Reichspräsidentenwahl kam einer konservativen Umgründung der Republik gleich. Ob sich Weimar auf diese Weise stabilisieren lassen würde, war eine ganz andere Frage.

Die Reichsregierungen der Jahre 1924 bis 1928 waren entweder bürgerliche Minderheitsregierungen oder Bürgerblockkabinette unter Einschluß der Deutschnationalen. Die Sozialdemokratie, die eigentliche Staatsgründungspartei der Weimarer Republik, hatte Anfang November 1923 das Kabinett Stresemann mit der Begründung verlassen, die Reichsregierung habe die linke Einheitsfrontregierung in Sachsen mit Hilfe einer Reichsexekution abgesetzt, gegen das rechtsautoritäre, offen reichsfeindliche Regime des bayerischen Generalstaatskommissars von Kahr aber nichts von Gewicht unternommen. Drei Wochen später stürzten die Sozialdemokraten aus dem nämlichen Grund Reichskanzler Stresemann. An eine Rückkehr der SPD in die Reichsregierung war nun auf längere Sicht nicht mehr zu denken.

Nichtbeteiligung an der Reichsregierung hieß aber noch nicht unbedingte Opposition. Stresemann, der nach seinem

Sturz als Kanzler Außenminister blieb, konnte seine Außenpolitik der friedlichen Verständigung mit den westlichen Nachbarn, vor allem Frankreich, nur dank der Unterstützung der Sozialdemokraten betreiben. Die SPD rettete im November 1925, nachdem die Deutschnationalen kurz zuvor das Kabinett des parteilosen Hans Luther verlassen hatten, das Vertragswerk von Locarno, durch das Deutschland seine Grenzen im Westen anerkannte, und sicherte im Jahr darauf die parlamentarische Mehrheit für den Eintritt Deutschlands in den Völkerbund. Regierungspartei war die SPD dagegen, seit 1918 nahezu ununterbrochen, im größten deutschen Staat, Preußen, das sich unter Führung seines langjährigen sozialdemokratischen Ministerpräsidenten Otto Braun zu einer Art demokratischem Musterland und Bollwerk der Republik entwickelte. Wahrscheinlich konnte es sich die SPD nur deshalb leisten, im Reich jahrelang nicht mitzuregieren, weil sie zur gleichen Zeit in Preußen staatliche Macht ausübte.

Nach der Reichstagswahl vom 20. Mai 1928 aber gab es für die SPD, die große Gewinnerin des Urnengangs, gar keine Alternative mehr zur Rückkehr an die Macht im Reich. Die einzig denkbare Form einer mehrheitsfähigen Regierung war die Große Koalition. Die widerstrebende DVP konnte von ihrem Vorsitzenden Gustav Stresemann nur mit äußerster Mühe dazu bewogen werden, sich an einem solchen Kabinett unter dem sozialdemokratischen Parteivorsitzenden Hermann Müller zu beteiligen. Häufige Krisen brachten die Regierung mehr als einmal an den Rand des Scheiterns. Am 1. Oktober 1929 gelang es Stresemann nochmals mit letzter Kraft, das Zerbrechen des Kabinetts zu verhindern; zwei Tage später starb der Reichsaußenminister – der einzige Staatsmann, den die Weimarer Republik hervorgebracht hat. Nach seinem Tod rückte die DVP immer stärker nach rechts. Eine Beilegung des seit langem schwelenden Streits um die Reform der (seit 1927 bestehenden) Arbeitslosenversicherung wurde nun zunehmend unwahrscheinlich. Am 27. März 1930 brach das Kabinett Hermann Müller auseinander: Es hatte sich in der Frage, ob die Beiträge zur Arbeitslosenversicherung um ein halbes Prozent erhöht werden sollten, auf keine gemeinsame Linie einigen können.

Die Auflösung der Großen Koalition hatte viele Väter. Die SPD zeigte zuletzt unter dem Druck der Freien Gewerkschaften allzu wenig Kompromißbereitschaft und übernahm damit formell die Verantwortung für den Rücktritt Hermann Müllers. Gewollt und vorbereitet aber hatten das Ende der Regierung Müller andere: die DVP, die Großindustrie, die Großlandwirtschaft, die Reichswehrführung, die engere Umgebung des Reichspräsidenten und Hindenburg selbst. Sie alle strebten eine Regierung ohne Sozialdemokraten an und bejahten die Konsequenz dieser Lösung: den Übergang von der parlamentarischen Normal- zur präsidialen Reserveverfassung. Von einer Regierung, die das Vertrauen des Reichspräsidenten hatte, erwarteten sie, daß diese den wirtschaftlichen Erfordernissen mehr Rechnung tragen und insgesamt stabiler sein würde als ein Kabinett, das für jede Entscheidung eine parlamentarische Mehrheit benötigte.

Hermann Müllers Nachfolger, der Zentrumspolitiker Heinrich Brüning, stand zunächst einem „verdeckten" Präsidialkabinett vor. Die bürgerliche Minderheitsregierung stützte sich eine Zeitlang auf Zufallsmehrheiten im Reichstag. Im Juli 1930 trat dann die Situation ein, um derentwillen Brüning berufen worden war: Der Reichstag lehnte eine Deckungsvorlage zum Haushalt ab, worauf Hindenburg seine ersten beiden Notverordnungen nach Artikel 48 erließ. Als der Reichstag die Aufhebung der Notverordnungen verlangte, löste der Reichspräsident am 18. Juli den Reichstag auf. Noch am gleichen Tag hob er (wozu er nach Artikel 48 verpflichtet war) die beiden Notverordnungen auf; am 26. Juli erließ er eine neue Notverordnung. Aus der Neuwahl des Reichstags gingen die Nationalsozialisten als zweitstärkste Partei und als die eindeutigen Sieger hervor: Ihr Stimmenanteil stieg von 2,6 auf 18,3 Prozent, ihre Mandatszahl von 12 auf 107.

Die Nationalsozialisten waren nicht die Partei der Arbeitslosen, aber die steigende Arbeitslosigkeit (im September 1930 wurden mehr als 3 Millionen Erwerbslose gezählt, fast doppelt so viele wie im September 1929) rief Ängste hervor, die die Partei Hitlers auszubeuten verstand. Noch galt die NSDAP als „revolutionäre" Bewegung, und schon deswegen kam sie als Partner des noch weiter in die Minderheit geratenen Regierungslagers nicht in Frage. Partner konnten nach Lage der Dinge nur die Sozialdemokraten sein – zwar nicht als formelle Teilnehmer einer Koalition (dazu war die SPD selbst nicht bereit und noch weniger Hindenburg), wohl aber als eine die Regierung Brüning tolerierende Partei.

Drei Gründe sprachen aus der Sicht der sozialdemokratischen Parteiführung für die Tolerierungspolitik: Erstens war nur so ein noch weiter rechts stehendes Reichskabinett zu verhindern; zweitens galt es, die Zusammenarbeit mit der Partei Brünings, dem Zentrum, in Preußen fortzusetzen, was unmöglich gewesen wäre, wenn die SPD den amtierenden Reichskanzler gestürzt hätte; drittens stimmte die Sozialdemokratie mit den bürgerlichen Regierungsparteien, was die Notwendigkeit einer strikten Sparpolitik anging, grundsätzlich überein.

Die Tolerierungspolitik machte die Sozialdemokraten in hohem Maß verwundbar. Die Kommunisten warfen ihnen vor, durch die Hinnahme von Brünings Notverordnungen die Not der Massen zu steigern und den „Faschisierungsprozeß" zu fördern: eine Behauptung, die nur zu gut zum Schlagwort des „Sozialfaschismus" paßte, mit dem KPD und Kommunistische Internationale die Sozialdemokratie seit 1929 zu bezeichnen pflegten. Die durch und durch antiparlamentarischen Nationalsozialisten erhielten durch die Tolerierungspolitik und ihre Begleiterscheinung, die weitgehende Ausschaltung des Reichstags, die hochwillkommene Gelegenheit, sich als die einzige konsequente Opposition rechts von den Kommunisten und damit als Alternative zu beiden Spielarten des „Marxismus“, der bolschewistischen und der reformistischen, zu präsentieren. Die NSDAP konnte nunmehr an *beides* appellieren: an die verbreiteten Ressentiments gegenüber dem angeblich von den Siegern des Weltkriegs oktroyierten, „undeutschen“ parlamentarischen System, das seit dem Herbst 1930 immer mehr zur Farce geworden war, *und* an den seit Bismarcks Zeiten verbrieften, aber durch Brüning außer Kraft gesetzten Anspruch des Volkes auf politische Teilhabe. Daraus ergab sich wie von selbst das Versprechen des Nationalsozialismus: Er würde eine Übereinstimmung zwischen Regierenden und Regierten schaffen, wie es sie in der Weimarer Republik, ja in der bisherigen deutschen Geschichte nicht gegeben hatte.

Die anhaltenden Wahlerfolge der Nationalsozialisten konnten die Sozialdemokraten von ihrer Tolerierungspolitik nicht abbringen. Wenn sie die Machtübernahme Hitlers verhindern wollten, kamen sie nicht darum herum, weiterhin das zu tun, was sie seit dem Ersten Weltkrieg getan hatten: Sie mußten mit den gemäßigten bürgerlichen Kräften zusammenarbeiten. Das wurde immer schwieriger, da der eine Partner, der liberale, kaum noch gewählt wurde, und der andere, der katholische, seit dem Herbst 1931 daran dachte, die Nationalsozialisten durch Koalitionen in die Verantwortung einzubinden. Und doch ließ sich nur im Zusammenspiel mit der bürgerlichen Mitte und der gemäßigten Rechten verhindern, daß Hitler bei der Volkswahl des Reichspräsidenten im Frühjahr 1932 an die Macht kam. Er war der Kandidat der Nationalsozialisten für dieses Amt, und der einzige Bewerber, der Aussichten hatte, ihn zu schlagen, war der Amtsinhaber. Hätten die Sozialdemokraten nicht zusammen mit den Wählern des Zentrums und anderer bürgerlicher Parteien für Hindenburg gestimmt, das „Dritte

Reich" wäre am 10. April 1932, dem Tag des zweiten Wahlgangs der Reichspräsidentenwahlen, ausgerufen worden.

Für den Sieger aber war es ein bitterer Stachel, daß er seine Wiederwahl nicht der Rechten, sondern in erster Linie Sozialdemokraten und Katholiken zu verdanken hatte. Büßen mußte das sein eifrigster Wahlhelfer, Heinrich Brüning. Reichswehrführung und Großagrariern fiel es nicht schwer, Hindenburg davon zu überzeugen, daß es an der Zeit sei, den Zentrumskanzler durch einen Mann der Rechten zu ersetzen. Am 30. Mai 1932 wurde Brüning entlassen. Sein Nachfolger, der rechtskonservative Franz von Papen, war vom „starken Mann" der Reichswehr, General Kurt von Schleicher, ausgesucht worden. Was Papen sogleich nach seiner Ernennung tat, hatte Schleicher zuvor mit Hitler abgestimmt: Das von Brüning im April 1932 verhängte Verbot von SA und SS, den paramilitärischen Verbänden der NSDAP, wurde aufgehoben und der im September 1930 gewählte Reichstag aufgelöst.

Der Übergang von Brüning zu Papen war der entscheidende Wendepunkt in der deutschen Staatskrise. Das reguläre Ende der Legislaturperiode des alten Reichstags war der September 1934. Die Hoffnung, daß bis dahin die wirtschaftliche Lage sich bessern und die Arbeitslosigkeit (sie lag im Juni 1932 offiziell bei etwa 5,5 Millionen, tatsächlich noch höher) zurückgehen würde, war begründet. Infolgedessen durfte man auch mit einer sinkenden Anziehungskraft der extremen Parteien rechnen. Bei Neuwahlen im Sommer 1932 aber war eines gewiß: Die Nationalsozialisten, die bei einer Serie von Landtagswahlen am 24. April fast überall, auch in Preußen, zur stärksten Partei aufgestiegen waren, würden diesen Rang auch im Reich erlangen. Nichts sprach dafür, daß sie anschließend bereit sein würden, sich mit der Position eines Juniorpartners der „alten" Rechten zufriedenzugeben. Das Kalkül, das der Entlassung Brünings und der Ernennung Papens zugrunde lag, war also reines Wunschdenken.

Am 20. Juli 1932, elf Tage vor der Reichstagswahl, ließ Reichspräsident von Hindenburg auf einen Beschluß der Reichsregierung hin das seit Mai nur noch geschäftsführend amtierende preußische Koalitionskabinett des Sozialdemokraten Otto Braun, das bei den Landtagswahlen vom 24. April seine parlamentarische Mehrheit verloren hatte, absetzen. Den Vorwand bildeten bürgerkriegsähnliche Auseinandersetzungen, für die aber nicht die preußische, sondern die Reichsregierung die Verantwortung trug: Erst seit der Aufhebung des SA-Verbots am 16. Juni war die Gewalt auf den Straßen eskaliert. Sozialdemokraten und Freie Gewerkschaften begnügten sich mit verbalen Protesten. Sie konnten auch kaum anders reagieren. Ein Generalstreik bei rund 6 Millionen Arbeitslosen war aussichtslos, und ein bewaffneter Aufstand gegen die Reichswehr erst recht. Der republikanische Wehrverband, das Reichsbanner Schwarz-Rot-Gold, war für einen Bürgerkrieg nicht gerüstet. Die Sozialdemokraten, die im Reichsbanner den Ton angaben, hatten die Macht in Preußen nur so lange behaupten können, weil es an ihrem Bekenntnis zur Legalität keinen Zweifel gab. Regierungspartei in einem Rechtsstaat zu sein und gleichzeitig Bürgerkriegspartei im Wartestand: Das war nicht nur subjektiv, sondern auch objektiv unmöglich.

Bis heute trifft man gelegentlich auf die Meinung, eine einige marxistische Arbeiterbewegung hätte den „Preußenschlag" abwehren und darüber hinaus die Machtübernahme Hitlers verhindern können. Tatsächlich war der Gegensatz zwischen Sozialdemokraten und Kommunisten unüberbrückbar. Die SPD war *die* staatstragende Partei der Weimarer Republik schlechthin; sie war es auf geradezu tragische Weise niemals mehr als zu jener Zeit, als dieser Staat weniger denn je der ihre war. Die KPD hingegen bekannte sich offen zum gewaltsamen Umsturz der „bürgerlichen" Republik. Im Sommer 1931 hatte die KPD sogar auf Weisung der Kommunistischen Internationale gemeinsam mit den Nationalsozialisten und anderen Organisationen der

Rechten die Regierung Otto Brauns durch einen Volksentscheid zu stürzen versucht. Ein gemeinsamer Kampf von Sozialdemokraten und Kommunisten für die Wiedereinsetzung dieser Regierung war folglich undenkbar. Die SPD konnte die Demokratie nicht glaubwürdig verteidigen, wenn sie sich mit einer (und sei es „linken") Diktaturpartei zusammentat. Hätte sich die SPD der KPD angenähert, wäre ein Teil der Mitglieder und Wähler der Sozialdemokraten diesen Weg nicht mitgegangen. Die Angst vor der „roten Revolution" hätte sich ins Unermeßliche gesteigert und den Nationalsozialisten noch mehr Wähler zugetrieben. Die antifaschistische Einheitsfront der Linken ist ein Mythos, der mit der Wirklichkeit der Weimarer Republik nichts gemein hat.

Aus den Reichstagswahlen vom 31. Juli 1932 gingen die Nationalsozialisten mit 37,4 Prozent als die mit Abstand stärkste Partei hervor. Auf die Kommunisten entfielen 14,5 Prozent. Zusammen verfügten die beiden totalitären Parteien mithin über eine „negative Mehrheit". Eine parlamentarische Krisenlösung in Gestalt einer „schwarz-braunen Koalition" (eines Bündnisses von NSDAP, Zentrum und Bayerischer Volkspartei) war illusorisch, da Hitler nicht parlamentarisch, sondern mit den Notstandsvollmachten des Artikels 48 regieren wollte. Diese Lösung aber lehnte Hindenburg am 13. August 1932 kategorisch und in brüsker Form ab. Deutschland geriet damit in einen Zustand, den zeitgenössische Staatsrechtler mit den Begriffen „Verfassungslähmung" und „Verfassungsnotstand" beschrieben.

Unter Berufung auf einen Verfassungsnotstand war Hindenburg bereit, einen riskanten Weg zu beschreiten: Er wollte den Reichstag erneut auflösen, Neuwahlen aber über die verfassungsmäßige Frist von sechzig Tagen hinaus so lange aufschieben, bis sich die Lage beruhigt hatte. Im Kabinett von Papen aber gab es dafür keine hinreichende Unterstützung, so daß die Wähler im Herbst erneut zu den Urnen gerufen wurden. Bei den zweiten Reichstagswahlen des Jahres 1932, am 6. November, verloren die Nationalsozialisten gegenüber dem Juli über 2 Millionen Stimmen, während die Kommunisten rund 600000 Stimmen dazugewannen.

Der Erfolg der KPD trug wesentlich dazu bei, Hitlers Niederlage doch noch in einen Sieg zu verkehren. Abermalige Neuwahlen im Winter 1932/33, auf dem Höhepunkt der Massenarbeitslosigkeit, hätten leicht dazu führen können, daß die KPD nochmals anwuchs und die SPD überrundete. Wenn man die kommunistischen Parolen ernst nahm, wäre dies wohl das Signal für die proletarische Revolution gewesen. Die Furcht vor dieser Entwicklung veranlaßte einen Teil der Schwerindustriellen an Rhein und Ruhr, eine Verständigung zwischen Hitler und Papen zu fordern. Papen, der sein Amt als Reichskanzler am 3. Dezember 1932 an den Reichswehrminister von Schleicher abgeben mußte, strebte seinerseits ein Arrangement mit Hitler an. Im Januar 1933 machte der von den Großagrariern beherrschte Reichslandbund Front gegen den neuen Reichskanzler, was einem Votum für die Kanzlerschaft Hitlers nahekam. Am 28. Januar trat Schleicher zurück. Papen gelang es, Hindenburg davon zu überzeugen, daß ein von einer konservativen Kabinettsmehrheit „eingerahmter" Hitler eine vergleichsweise ungefährliche Krisenlösung sei. Am 30. Januar 1933 ernannte der Reichspräsident den Führer der Nationalsozialisten zum Reichskanzler.

Die welthistorische Bedeutung dieses Tages steht außer Frage. Am 30. Januar 1933 gingen nicht nur die vierzehn Jahre der ersten deutschen Republik zu Ende. Deutschland hörte im Gefolge der Machtübertragung an Hitler auf, das zu sein, was es schon lange vor Weimar gewesen war: ein Rechts- und Verfassungsstaat. Es folgte eine totalitäre Diktatur, die sich unter den Deutschen lange Zeit beträchtlicher Popularität erfreute, deren wirkliche Ziele aber unverrückbar feststanden: Krieg um „Lebensraum" im Osten; Kampf gegen die Juden; Schaffung eines rassisch reinen deutschen

Weltreichs. Am Ende der nationalsozialistischen Herrschaft waren die europäischen Juden fast völlig ausgerottet und Millionen von Menschen entweder gefallen oder auf andere Weise durch den Zweiten Weltkrieg ums Leben gekommen. Ein Deutsches Reich gab es nicht mehr; der deutsche Osten war für immer verloren; ein großer Teil Deutschlands und Europas geriet für die Dauer von viereinhalb Jahrzehnten unter kommunistische Herrschaft.

Die Frage, ob sich das Scheitern der Weimarer Republik hätte abwenden lassen, wird bis heute kontrovers diskutiert. Der Meinungsstreit ist eng verknüpft mit der Debatte über die tieferen Ursachen jener „deutschen Katastrophe", von der 1946 der Historiker Friedrich Meinecke im Titel einer vielgelesenen Schrift sprach. Zu den tieferen Ursachen gehört sicher die späte Einführung der Demokratie in Deutschland – spät im Vergleich zu den Industrienationen Westeuropas. Die Weimarer Republik erscheint uns heute als überfälliger Versuch, den Grundwiderspruch des Kaiserreichs, den Gegensatz zwischen wirtschaftlicher und kultureller Modernität auf der einen Seite und der Rückständigkeit des nichtparlamentarischen Regierungssystems auf der anderen Seite, zu überwinden und Deutschland dadurch auch politisch auf ein „westliches" Niveau anzuheben. Die Preisgabe der parlamentarischen Demokratie im Jahre 1930 markiert das Scheitern dieses Versuchs.

Aber nun zeigte sich, daß das Rad der Geschichte sich nicht einfach zurückdrehen ließ. Seit sechs Jahrzehnten an das allgemeine und gleiche Wahlrecht gewöhnt, das 1918 auch auf die Frauen ausgedehnt worden war, nahmen die Deutschen die weitgehende Ausschaltung des Reichstags nicht hin. Das Votum für die Nationalsozialisten war *auch* ein populistischer Protest gegen die Entdemokratisierung Weimars. Hitler ist zwar nicht durch freie Wahlen an die Macht gekommen. Aber er konnte nur Reichskanzler werden, weil seine Partei, wie die Wahlen zeigten, über einen starken Rückhalt in den Massen verfügte.

Von den Machteliten haben jene am meisten zur Zerstörung der Weimarer Republik beigetragen, die schon vor 1918 geschworene Gegner einer Demokratisierung Deutschlands waren: der ostelbische Rittergutsbesitz, die Schwerindustrie, das Militär. Ob ihre Machtbastionen 1918/19 durch eine gründlichere Revolution hätten geschleift werden können, ist strittig. Im Fall des Rittergutsbesitzes fehlte dazu eine wichtige Voraussetzung: der Druck von „unten“. Eine radikale gesellschaftliche Umwälzung hätte sich ohnehin nur gegen eine Mehrheit der Deutschen, also mit diktatorischen Mitteln, durchsetzen lassen, was sogleich die Alliierten auf den Plan gerufen hätte. Aus außen- wie aus innenpolitischen Gründen konnte es für Deutschland 1918/19 nur darum gehen, die bestehenden demokratischen Teilhaberechte zu vergrößern und nicht, unter welcher revolutionären Parole auch immer, einzuschränken oder gar zu beseitigen.

Als einen Versuch, bestehende Freiheiten einzuschränken, hätten es die Schöpfer der Weimarer Reichsverfassung verstanden, wenn sie mit der Forderung konfrontiert worden wären, die Teilnahme am demokratischen Prozeß von einem Bekenntnis zur Demokratie abhängig zu machen. Der Möglichkeit, die Demokratie legal, durch Mehrheitsentscheid, zu beseitigen, schoben sie daher keinen Riegel vor. Es bedurfte der Erfahrung des „legalen“ Regimewechsels von 1933, um dem Verfassungstyp der „konstitutionellen“, an unabänderliche Wertvorgaben gebundenen Demokratie zum Durchbruch zu verhelfen, wie er dann 1949 im Bonner Grundgesetz Gestalt annahm. Von anderen Strukturmängeln der Verfassung von 1919 gilt Entsprechendes. Die Abschiebung der Verantwortung vom Reichstag auf den Reichspräsidenten (nicht erst seit 1930, aber von da ab systematisch) warf die Erkenntnis ab, daß es die Position des parlamentarisch verantwortlichen Regierungschefs (auf Kosten des Präsidenten *und* des Parlaments) zu stärken galt. Die plebiszitären Instrumente der Reichsverfassung hatten in der Praxis zur Stärkung der Republik nichts, zur Entlegitimierung der Idee der repräsentativen Demokratie hingegen einiges beigetragen. Auch in dieser Hinsicht bot Weimar der zweiten deutschen Demokratie Anlaß, Schlußfolgerungen zu ziehen.

Ob eine bessere Verfassung Weimar hätte retten können, muß am Ende ebenso offen bleiben wie die Frage nach den möglichen Fernwirkungen eines anderen Ablaufs der Revolution von 1918/19. Schlüssige Antworten gibt es auch nicht auf die Frage, ob die Siegermächte durch mehr Entgegenkommen die Republik hätten stabilisieren können. Unbestreitbar ist, daß die Reparationen Deutschland materiell und psychologisch schwer belasteten; in der Ära Brüning wirkten sie in hohem Maß krisenverschärfend. Doch es wäre gewagt, daraus den Schluß abzuleiten, ein früheres Ende der Reparationszahlungen (Reparationen mußte Deutschland bis zum „Hoover-Moratorium" vom Juli 1931 zahlen; das definitive Ende der Reparationszahlungen brachte erst das Lausanner Abkommen vom Juni 1932) würde dem Anti-Versailles-Syndrom den Boden entzogen und den deutschen Nationalismus nachhaltig geschwächt haben.

Spekulieren läßt sich schließlich auch nur über die Entwicklung, die Deutschland genommen hätte, wenn Hindenburg bei seinem Nein zur Kanzlerschaft Hitlers geblieben wäre. Ein schlichtes „Zurück zu Weimar" war unmöglich, weil die Deutschen sich mehrheitlich von der Republik von 1918/19 abgewandt hatten und die Mängel der Verfassung offenkundig waren. Hätte ein Abweichen von der Verfassung den Bürgerkrieg ausgelöst? Wäre eine offene oder verdeckte Militärdiktatur ans Ruder gekommen? Hätte *diese* Erfahrung den Grund legen können für den Aufbau einer neuen, diesmal funktionstüchtigen Demokratie?

Wir haben festeren Boden unter den Füßen, wenn wir feststellen: Daß Bonn nicht Weimar wurde, liegt auch daran, daß es Weimar gegeben hat. Die Lehren, die der Parlamentarische Rat 1948/49 aus den Erfahrungen der ersten deutschen Demokratie gezogen hat, haben Bestand. Sie gelten auch für das wiedervereinigte Deutschland. Es ist, anders als die alte Bundesrepublik, keine „postnationale Demokratie unter Nationalstaaten", sondern ein postklassischer demokratischer Nationalstaat unter anderen. Postklassisch heißt: Die neue Bundesrepublik ist kein isolierter Nationalstaat wie das Deutsche Reich, sondern fest eingebunden in die supranationalen Gemeinschaften des Westens wie die Europäische Union und das atlantische Bündnis.

Diese Einbindung ist *ein* Grund, weshalb sich der Konflikt zwischen Demokratie und Nation, der Weimar von Anfang an belastet hat, nicht zu wiederholen braucht. Ein *anderer* Grund liegt in der deutschen Geschichte selbst. Die „deutsche Katastrophe" war der Preis, den Deutschland für seine Verachtung der westlichen Demokratie bezahlt hat. Die Erinnerung an diese Katastrophe könnte langfristig diesselbe Wirkung haben wie bei anderen Völkern die Erinnerung an eine erfolgreiche demokratische Revolution: Die nationalsozialistische Diktatur ist im Rahmen der deutschen Geschichte *das* große Argument für den Wert von Menschenrechten, Freiheit und Demokratie. Auf vergleichbare Weise könnte und sollte auch die zweite deutsche Diktatur, die kommunistische, in der kollektiven Erinnerung der Deutschen nachwirken: Das Scheitern des „real existierenden Sozialismus" ist der Beweis, daß es eine zukunftsträchtige „linke" Alternative zur pluralistischen Demokratie nicht gibt.

Obwohl Weimar gescheitert ist, kann das vereinte Deutschland in vielem an die erste gesamtdeutsche Demokratie anknüpfen. Ihr verdanken die Deutschen die Staatsform der Republik, das Frauenwahlrecht, die Einübung der parlamentarischen Demokratie, die Tarifautonomie, die Arbeitslosenversicherung. Zu den fortwirkenden Lehren von Weimar gehört, daß es in einer Demokratie nicht nur wirtschaftliche Rahmenbedingungen des Sozialen, sondern auch soziale Rahmenbedingungen der Wirtschaft gibt. Neben den erfolgreichen Bonner Lehrjahren bilden die tragischen Weimarer Lehrjahre einen Teil des Fundaments an praktischer Erfahrung, auf dem die Demokratie des vereinten Deutschland aufbauen kann. Dank Weimar und Bonn ist die Berliner Republik etwas, was es bis dahin noch nicht gegeben hat: eine gelernte gesamtdeutsche Demokratie.

I. Revolution – Verfassung – Versailles (1918/19)

Rainer Maria Rilke

„. . . mit dem großen freien Atem"

München, am 7. November 1918

Liebe Clara,

Dein Brief mit dem großen freien Atem (vom 28. Oktober) ist den Ereignissen vorausgeweht, wir hier in der Stadt haben nun vielmehr alles Auf und Ab und die vielen Zeitungen durchzumachen, die hundert widerlichen Gerüchte, – und bei jedem Zögern im Schritt dessen, was da endlich gekommen ist, stockt einem das Herz, als könnte diese Zukunft, die noch zu Fuß durchs Gedränge geht, stürzen oder noch einmal umkehren.

Ich war so beschäftigt mit Zuschaun und Zuhören, nein mit Hoffen vor allem, daß ich übersah, wie lange es her sein mußte, daß ich Euch geschrieben hatte. [. . .]

In den letzten Tagen hat München etwas von seiner Leere und Ruhe aufgegeben, die Spannungen des Augenblicks machen sich auch hier bemerklich, wenngleich sie zwischen den bajuwarischen Temperamenten sich nicht gerade geistig steigernd benehmen. Überall große Versammlungen in den Brauhaussälen, fast jeden Abend, überall Redner, unter denen in erster Reihe Professor Jaffé sich hervortut, und wo die Säle nicht ausreichen, Versammlungen unter freiem Himmel nach Tausenden. Unter Tausenden auch war ich Montag Abend in den Sälen des Hotel Wagner, Professor Max Weber aus Heidelberg, Nationalökonom, der für einen der besten Köpfe und für einen guten Redner gilt, sprach, nach ihm in der Diskussion der anarchistisch überangestrengte Mühsam und weiter Studenten, Leute, die vier Jahre an der Front gewesen waren, – alle so einfach und offen und volkstümlich. Und obwohl man um die Biertische und zwischen den Tischen so saß, daß die Kellnerinnen nur wie Holzwürmer durch die dicke Menschenstruktur sich durchfraßen, – wars garnicht beklemmend, nicht einmal für den Atem; der Dunst aus Bier und Rauch und Volk ging einem nicht unbequem ein, man gewahrte ihn kaum, so wichtig wars und so über alles gegenwärtig klar, daß die Dinge gesagt werden konnten, die endlich an der Reihe sind, und daß die einfachsten und gültigsten von diesen Dingen, soweit sie einigermaßen aufnehmlich gegeben waren, von der ungeheueren Menge mit einem schweren massiven Beifall begriffen wurden. Plötzlich stieg ein blasser junger Arbeiter hinauf, sprach ganz einfach: „Haben Sie oder Sie, habt Ihr", sagte er, „das Waffenstillstandsangebot gemacht? und doch müßten *wir* das tun, nicht diese Herrn da oben; bemächtigen wir uns einer Funkenstation und sprechen wir, die gewöhnlichen Leute zu den gewöhnlichen Leuten drüben, gleich wird Friede sein." Ich wiederhole das lange nicht so gut, wie er es ausdrückte, plötzlich als er das gesagt hatte, stieg ihm eine Schwierigkeit auf, und mit rührender Gebärde, nach Weber, Quidde und den anderen Professoren, die neben ihm auf dem Podium standen, fuhr er fort: „Hier, die Herrn Professoren, können französisch, die werden uns helfen, daß wirs richtig sagen, wie wirs meinen ..." Solche Momente sind wunderbar, und wie hat man sie gerade in Deutschland entbehren müssen, wo nur die Aufbegehrung zu Worte kam, oder die Unterwerfung, die in ihrer Art auch nur ein Machtanteil der Untergebenen war. [...]

Ihr seid noch in Fischerhude? Ruth auch? Bleiben die Schulen noch geschlossen?

Alles Gute und Liebe Euer Rainer Maria

(Nachschrift, am 8. 11. 1918)

Freitag früh

Wir haben eine merkwürdige Nacht hinter uns. Nun ist auch hier ein Soldaten-, Bauern- und Arbeiterrat eingesetzt, mit Kurt Eisner als erstem Vorsitzenden. Die ganze erste Seite der Münchner Neuesten nimmt eine von ihm ausgegebene Verfügung ein, durch die die bayrische Republik erklärt, Ruhe und Sicherheit den Einwohnern zugesagt wird. Dem nächtlichen Unternehmen ging eine Versammlung auf der Theresienwiese voran, die von einhundertzwanzigtausend Menschen besucht war. Nun bleibt nur zu hoffen, daß dieses ungewohnte Aufgestandensein in den Köpfen Besinnung erzeuge und nicht darüber hinaus die verhängnisvolle Berauschung. Bis jetzt scheint alles ruhig und man kann nicht anders als zugeben, daß die Zeit recht hat, wenn sie große Schritte zu machen versucht.

Betty Scholem

„Dann ging ich mit Vater noch ein bischen zur Revolution"

Berlin, 9. 11. 1918

Liebes Kind! Sonnabend

Ich teile Dir zur Beruhigung mit, daß bisher Alles in größter Ruhe sich vollzieht u. es noch zu keinerlei Störungen gekommen ist. Heute Mittag begann mit der Abdankung des Kaisers die Volksregierung, aber Soldaten u. Sozialdemokratie sind einig in der Aufrechterhaltung der Ordnung, also hoffentlich geht es gut ab. Ich bin mit Kätchen von 3 Uhr bis ½ 5 durch Leipziger, Königgrätzer u. Linden gewandelt u. wir sahen mit erstaunten Nasenlöchern die rote Fahne am alten Schloß wehen. Der Frieden kommt, alles wird gut!

Kuß Mutt

Berlin, 11. 11. 1918

Liebes Kind! Montag

Es war keine Kleinigkeit, Vater u. ich sind am Sonnabend auf der Schloßbrücke in die Schießerei geraten, na, ich habe aber Beine gemacht! Ich schrieb Dir Sam(stag) nachmittags eine Karte, die Du hoffentlich erhalten hast. Dann ging ich mit Vater, da Alles ruhig schien, noch ein bischen zur Revolution. Als wir ganz harmlos auf den Lustgarten kamen, fielen vom Schloßplatz her Schüsse, die sich schnell zu gewaltigem Knattern u. Maschinengewehrfeuer steigerten. Alles raste flüchtend über die Schloßbrücke, wir mitten mang. Das soll mir passieren! Ich habe noch das Zittern im Gebein. Gestern sah es noch bedrohlich so aus, als ob die Unabhängigen die Regierung an sich reißen u. ihrerseits eine Autokratie aufrichten würden. Aber Dank der Energie der Soldatenräte ist eine Einigung erzielt worden u. hoffentlich geht es ohne Bürgerkrieg ab. Die Sache sieht heute schon besser aus. Der heutige Generalstreik hatte den Zweck, alle Arbeiter an den Versammlungen teilnehmen zu lassen, morgen wird überall gearbeitet. Bei uns waren die Leute vollzählig erschienen, aber Vater schickte sie selbst um 12 Uhr weg, um die Versammlungen zu besuchen. Die Druckerei von Hermann, die Brotkarten u. Geld drucken, ist behördlich geschützt u. damit auch wir. An unserem Eingang hängt das rote Plakat des Arbeiter- u. Soldatenrats: „Gemeinnützige Anstalt! Ist zu schützen!" Soldaten mit der roten Armbinde stehen an den Haustüren. Alle Organisationen u. Institutionen sind so vernünftig, sich ganz in den Dienst der neuen Regierung zu stellen, um mit allen Mitteln die Ordnung aufrecht zu erhalten u. vor allen Dingen die Hungersnot abzuwenden. Die schweren Zeiten glaubten wir hinter uns zu haben, es scheint jedoch, als ständen sie uns erst bevor. Die Waffenstillstandsbedingungen sind wahrhaft unmenschlich. Da sie aber *vor* der Abdankung des Kaisers aufgestellt wurden, so ist zu hoffen, daß man sie der Republik gegenüber mildern wird.

Am Sonnabend Abend blieb ich bei meinem Kätchen über Nacht u. wir haben den ganzen Sonntag das Fregehaus nicht verlassen. Schiepan konnte nicht aus Stettin kommen, da keine Züge gingen. Abends fand sich die Familie bei Hansens zusammen, um die Geburt des Jungen bei einer

Hammelkeule zu feiern. Hete hatte am Morgen die Klinik verlassen u. ist munter. Es war ein sehr bewegtes u. politisches Mahl.

Du wirst ja durch die Zeitungen über Alles unterrichtet sein. – Aber den Zaster hast Du noch nicht bestätigt, Du mußt das immer sofort tun, denn ich habe doch keinerlei Quittung.

Natürlich uzt mich Vater, wie ich gerannt bin u. in Dekkung hinter einer Anschlagsäule bibberte, dabei ist er ebenso getürmt wie ich!

Kuß Mutt

Mein liebes Kind! Berlin, 18. 11. 1918

Am 16. erhielten wir Deinen Brief vom 5., der wohl wegen der Revolution so lang ging. Er war noch geräuchert und unter Kriegsrecht geöffnet. Übrigens bleibt von hier aus die Zensur nach dem Auslande bestehen, um dem Wegschaffen großer Vermögenswerte zu begegnen, das ist ein plausibler Grund. Es ist aber anzunehmen, daß die Briefe nicht mehr gelesen werden, sondern nur auf Beilagen an Überweisungen, Cheks etc. geprüft werden. [. . .]

Was aber sagt man zu den fürchterlichen Bedingungen des Waffenstillstands? Ich bin ja fest überzeugt, daß wir sie nur dem Zögern des Kaisers abzudanken, zuschreiben müssen. Inzwischen wird hier Alles aufgeboten, um Ordnung u. Beruhigung zu schaffen, alle Behörden arbeiten weiter, u. hoffentlich werden Liebknechts Versuche, den Bürgerkrieg zu entfesseln, fehlschlagen. Dies ist eine große Sorge für den Hexenkessel Berlin. – Jeden Morgen, wenn ich ins Geschäft gehe, lese ich erst die Anschlagsäule herunter, deren rote Plakate weithin leuchten.

Ich treten der Großen demokratischen Partei bei, zu der Theodor Wolff aufgerufen hat. Dieser Mann war ein Aufrechter in diesem Kriege, hat niemals Hurra geschrien, nie seine Meinung gewechselt u. seit der U-Bootgeschichte gewarnt u. auf das schreckliche Ende hingewiesen, das für die

Meisten kam wie ein Blitz. Auf meine alten Tage muß ich mich nun um Politik kümmern, denn ich gedenke nicht als Mitläufer zu wählen, sondern werde mir meinen Kandidaten genau ansehen!! Sonst habe ich über das Frauenwahlrecht meine eigenen Ansichten u. traue ihm einen bestimmenden Einfluß nicht zu. Tante Frieda Bauchwitz aber triumphiert, sie sieht ihre Lebenssehnsucht erfüllt. – [. . .]

Kuß Mutt

Theodor Wolff

„Die größte aller Revolutionen"

Die größte aller Revolutionen hat wie ein plötzlich losbrechender Sturmwind das Kaiserliche Regime mit allem, was oben und unten dazugehörte, gestürzt. Man kann sie die größte aller Revolutionen nennen, weil niemals eine so fest gebaute, mit so soliden Mauern umgebene Bastille so in einem Anlauf genommen worden ist. Es gab noch vor einer Woche einen militärischen und zivilen Verwaltungsapparat, der so verzweigt, so ineinander verfädelt, so tief eingewurzelt war, daß er über den Wechsel der Zeiten hinaus seine Herrschaft gesichert zu haben schien. Durch die Straße von Berlin jagten die grauen Autos der Offiziere, auf den Plätzen standen wie Säulen der Macht die Schutzleute, eine riesige Militärorganisation schien alles zu umfassen, in den Ämtern und Ministerien thronte eine scheinbar unbesiegbare Bürokratie. Gestern früh war, in Berlin wenigstens, das alles noch da. Gestern nachmittag existierte nichts mehr davon.

Ernst Troeltsch

„Man sprach gedämpft" – Geburtstag bei dem Historiker Hans Delbrück am 11. November 1918

Man sprach gedämpft. Der Glück wünschende Redner fand vor Tränen die Worte nicht. Delbrück erwiderte ergreifend, es sei das Ende der friderizianischen Monarchie, mit der all sein politisches Denken und jeder Glaube an Deutschlands Zukunft verwachsen sei; sie habe stets an bösen Rückbildungen und Erstarrungen gelitten, woraus sich stets revolutionäre Neigungen ergaben. So furchtbar wie jetzt habe es freilich mit ihr noch nie gestanden. Der Glaube des Historikers an alle seine bisherigen Maßstäbe und Voraussetzungen sei im Wanken. Aber es gelte Goethes Wort: ‚Und keine Macht und keine Zeit zerstückelt geprägte Form, die lebend sich entwickelt.' Ich ging fort ohne Glauben an diese geprägte Form, denn soviel man sehen konnte, war gerade ihr ‚Gepräge', die militärische Form und der zugehörige ‚Geist' bei den Massen unheilbar zerbrochen. Was aber dann?

Heinrich August Winkler

Von Kiel bis Weimar – Etappen einer Revolution

In einer der unblutigsten Revolutionen der Geschichte verwandelte sich Deutschland im November 1918 binnen weniger Tage von einem monarchischen Fürstenbund in eine Republik. Arbeiter- und Soldatenräte schossen wie Pilze aus dem Boden. Die Regierungsgewalt im Reich übte ein sechsköpfiger Rat der Volksbeauftragten aus, zu gleichen Teilen zusammengesetzt aus Sozialdemokraten beider Richtungen:

der Mehrheitspartei MSPD, die bis zum bitteren Ende im Reichstag der Regierung die Kriegskredite bewilligt hatte, und der Unabhängigen Sozialdemokratischen Partei, kurz USPD genannt, die sich aus Opposition gegen diese Politik von der Mutterpartei getrennt hatte.

Vorsitzender des Rates der Volksbeauftragten war der gelernte Sattler Friedrich Ebert, der erste Mann der Mehrheitssozialdemokraten. Er hätte wie viele seiner Freunde die Revolution gern vermieden. Er wollte die soziale Revolution nicht, ja er hasse sie wie die Sünde, soll er am 7. November dem letzten kaiserlichen Reichskanzler, dem Prinzen Max von Baden, gesagt haben. So berichtet es jedenfalls Prinz Max in seinen Erinnerungen. Vielleicht hat sich Ebert etwas anders ausgedrückt. Aber eines steht fest: Ebert wollte um nahezu jeden Preis verhindern, daß sich in Deutschland Zustände entwickelten wie in Rußland nach der Revolution der Bolschewiki im November 1917: wirtschaftliches und politisches Chaos und ein blutiger Bürgerkrieg.

Aber dann war die Revolution, ohne Zutun der SPD, doch gekommen, ausgelöst von meuternden Matrosen der deutschen Hochseeflotte, die sich nicht in einer militärischen sinnlosen, zudem ohne Wissen des Reichskanzlers geplanten und damit hochverräterischen „Todesfahrt" gegen England aufopfern lassen wollten. Am 4. November war lediglich Kiel in den Händen der rebellierenden Matrosen gewesen. Zwei Tage später hatten sie bereits in fünf weiteren Städten – in Lübeck, Brunsbüttel, Hamburg, Bremen und Cuxhaven – die Macht übernommen.

Am 7. November schlug die Meuterei in Revolution um. Als erster deutscher Thron stürzte der wittelsbachische. Bayern, wo der Haß auf Preußen und den „preußischen Militarismus" besonders groß war, vollzog als erster deutscher Staat den Übergang zur Republik. [. . .]

Am 7. November fielen auch in Braunschweig die Würfel: Die örtlichen Regimenter schlossen sich einer größeren

Zahl aus Kiel eingetroffener Matrosen an und brachten die Stadt unter ihre Kontrolle. Am gleichen Tag erreichten 200 Matrosen Köln. Tags darauf übernahm in der Rheinmetropole ein Arbeiter- und Soldatenrat die Macht. Als „erster Vertreter einer Kölner Behörde“ stellte sich Oberbürgermeister Konrad Adenauer „ohne Zögern auf den Boden der gegebenen Tatsachen“.

„Die Physiognomie der Revolution beginnt sich abzuzeichnen“, notierte der liberale Diplomat Harry Graf Kessler am 7. November in sein Tagebuch. „Allmähliche Inbesitznahme, Ölfleck, durch die meuternden Matrosen von der Küste aus. Sie isolieren Berlin, das bald nur noch eine Insel sein wird. Umgekehrt wie in Frankreich [Kessler dachte an 1789] revolutioniert die Provinz die Hauptstadt, die See das Land: Wikingerstrategie.“

[...] Doch am Abend des 8. November wurde auch die Reichshauptstadt von der revolutionären Welle erfaßt. [...]

Die Mehrheitssozialdemokraten reagierten rasch. Am Morgen des 9. November proklamierten sie den Generalstreik und riefen die Arbeiter zum „Entscheidungskampf unter dem alten gemeinsamen Banner“ auf. Eine Stunde später trat Philipp Scheidemann, zusammen mit Ebert Vorsitzender der SPD und im Kabinett des Prinzen Max Staatssekretär ohne Portefeuille, von seinem Regierungsamt zurück. [...]

Etwa um dieselbe Zeit erfuhr der Reichskanzler, die „Naumburger Jäger“, ein erst vor wenigen Tagen nach Berlin verlegtes, als besonders kaisertreu geltendes Bataillon, sei zu den Aufständischen übergegangen. Prinz Max war nun überzeugt, daß seine Regierung sich nicht mehr halten ließ. Auch im deutschen Hauptquartier im belgischen Spa, wo sich der Kaiser aufhielt, tat die Kunde ihre Wirkung. Gegen 11 Uhr wurde dem Kanzler telefonisch mitgeteilt, der Kaiser sei zur Abdankung entschlossen. Als eine halbe Stunde später die offizielle Erklärung Wilhelms II. immer noch nicht vorlag, gab Prinz Max dem Wolffschen Telegraphenbüro die Absicht des Kaisers und Königs, dem Thron zu entsagen, bekannt.

Gegen 11 Uhr 35 erschien die von Ebert geführte Delegation der Sozialdemokraten beim Reichskanzler und forderte die Übergabe der Macht. Dieser Schritt sei, so erläuterte Ebert, notwendig, um Ruhe und Ordnung zu bewahren und Blutvergießen zu vermeiden. Als der Kanzler bemerkte, nun müsse noch die Frage der „Regentschaft", also der Nachfolge Wilhelms II., geregelt werden, erklärte Ebert, dafür sei es zu spät. Daraufhin schlug Prinz Max vor, daß Ebert den Posten des Reichskanzlers übernehmen solle. Eberts Antwort: „Es ist ein schweres Amt, aber ich werde es übernehmen."

Die Frage „Republik oder Monarchie?" wollte Ebert einer Verfassunggebenden Nationalversammlung überlassen. Aber Scheidemann sah deutlicher als der soeben ernannte Reichskanzler, daß die Massen sich nicht mehr hinhalten ließen und einen demonstrativen Bruch mit dem alten System erwarteten. Deshalb rief er, ohne Rücksprache mit Ebert, gegen 2 Uhr nachmittags von einem Balkon des Reichstags die „Deutsche Republik" aus. Der Beifall der Menge war groß. Mochte Ebert seinem Parteifreund ob dieser spontanen Aktion auch grollen, die Proklamation der Republik war nicht mehr rückgängig zu machen. Hätte Scheidemann länger gewartet, wäre ihm ein Konkurrent der äußersten Linken zuvorgekommen: der Führer des Spartakusbundes, Karl Liebknecht, der nachmittags gegen 4 Uhr vom Balkon des Berliner Stadtschlosses die „freie sozialistische Republik Deutschland" ausrief.

In einer Versammlung der Berliner Arbeiter- und Soldatenräte, die am 10. November im Zirkus Busch stattfand, kam es zwischen Liebknecht und Ebert zum offenen Eklat. Die Spartakisten und die sehr viel zahlreicheren Revolutionären Obleute aus den Betrieben wollten den soeben gebildeten Rat der Volksbeauftragten der Kontrolle eines Aktionsausschusses unterstellen, dem kein Mehrheitssozialdemokrat angehören sollte. Das hätte die Entmachtung der Gemäßigten durch die Radikalen bedeutet.

Doch nun warfen die Soldatenräte ihr Gewicht in die Waagschale. Sie erklärten, sie würden die neue Regierung allein ernennen, wenn nicht auch beim Aktionsausschuß das Prinzip der Parität von Mehrheits- und Unabhängigen Sozialdemokraten befolgt werde. Die Drohung wirkte, die Obleute gaben nach. Am späten Abend des 10. November bestätigten die beiden sozialdemokratischen Parteien nochmals ihre Vereinbarung über den Rat der Volksbeauftragten. Und noch aus einem anderen Grund war der 10. November ein wichtiges Datum: Wilhelm II. ging an diesem Tag ins Exil nach Holland. [...]

Die Entscheidung über die Frage Rätesystem oder Nationalversammlung sollte der Allgemeine Kongreß der Arbeiter- und Soldatenräte Deutschlands fällen, der am 16. Dezember 1918 in Berlin zusammentrat. Da die MSPD über eine solide Mehrheit unter den Delegierten verfügte, war der Ausgang der Debatte nicht zweifelhaft. Es gab eine überwältigende Mehrheit von etwa 400 zu 50 Stimmen für die Abhaltung von Wahlen zur Verfassunggebenden Nationalversammlung am 19. Januar 1919. Mit 344 gegen 98 Stimmen lehnte der Kongreß die Einführung des reinen Rätesystems ab. Der Hauptvertreter der unterlegenen Position, Ernst Däumig von den Revolutionären Obleuten, nannte diese Entscheidung das „Todesurteil" über die Revolution.

Die Zusammensetzung des Rätekongresses war bezeichnend für die Mehrheitsverhältnisse in der Arbeiterschaft, aus der die meisten Mandatsträger kamen. Von den 514 Delegierten gehörten etwa 300 der SPD und 100 der USPD an, die übrigen waren linksliberal oder parteilos. Die beiden bekanntesten Führer des Spartakusbundes, Rosa Luxemburg und Karl Liebknecht, hatten kein Mandat erhalten.

Die meisten Arbeiter- und Soldatenräte empfanden sich zu diesem Zeitpunkt keineswegs als Alternative zu einem freigewählten Parlament. Sie wollten in der Übergangszeit, in der es den alten, 1912 gewählten Reichstag nicht mehr und die Nationalversammlung noch nicht gab, die örtlichen Autoritäten kontrollieren und aktiv mitwirken bei der Lösung der drängenden Tagesprobleme. Mit den russischen „Sowjets" wollten die deutschen „Räte" in ihrer großen Mehrheit nichts zu tun haben: Das Beispiel Sowjetrußlands zeigte ja gerade, wie schnell ein angeblich „reines" Rätesystem zum Deckmantel einer Parteidiktatur werden konnte. [. . .]

Kurz vor Weihnachten 1918 wurde jäh sichtbar, wie sehr die Volksbeauftragten inzwischen vom alten Militär abhingen. Meuternde Soldaten der „Volksmarinedivision" setzten die Regierung fest und brachten den Berliner Stadtkommandanten, den Sozialdemokraten Otto Wels, mit zwei seiner Mitarbeiter als Geiseln in den Marstall. Ebert bat über eine nicht überwachte Telefonleitung das preußische Kriegsministerium um militärische Hilfe. Die kam am Heiligen Abend in Gestalt des „Kommandos Lequis". Die blutigen Kämpfe um den Marstall und das Stadtschloß, das Quartier der „Volksmarinedivision", endeten mit einer militärischen Niederlage der regulären Truppen und einer politischen Niederlage des Rates der Volksbeauftragten: Er gestand der Volksmarinedivision zu, daß sie in ihrer gegenwärtigen Stärke erhalten blieb und als Ganzes in die Republikanische Soldatenabwehr eingegliedert wurde.

Die Berliner „Weihnachtskämpfe" hatten zwei unmittelbare Folgen: Erstens schieden am 28. Dezember die Unabhängigen Sozialdemokraten aus dem Rat der Volksbeauftragten aus. Sie begründeten das mit der Art und Weise, wie die Militäraktion durchgeführt worden sei. Zweitens verfügte der preußische Ministerpräsident Hirsch, ein Politiker der MSPD, die Entlassung des Berliner Polizeipräsidenten Emil Eichhorn, der zum linken Flügel der USPD gehörte. Eichhorn war der Volksmarinedivision mit der Berliner Sicherheitswehr zu Hilfe gekommen, und auf das Konto dieser Truppe ging die Niederlage des Kommandos Lequis.

Die Entfernung Eichhorns aus seinem Amt war vollauf gerechtfertigt, ja ein überfälliger Schritt. Aber es war absehbar, daß die radikalen Kräfte des Berliner Proletariats sich damit nicht abfinden würden. Noch am Abend des 4. Januar beschlossen der Vorstand der Berliner USPD und die Revolutionären Obleute, am folgenden Tag eine Protestdemonstration gegen die Entlassung Eichhorns durchzuführen. Die Ende Dezember gegründete Kommunistische Partei Deutschlands, in der der Spartakusbund aufgegangen war, unterzeichnete den Aufruf ebenfalls.

Die große Zahl und der Kampfgeist der Demonstranten verleiteten die Initiatoren, unter ihnen Karl Liebknecht, am 5. Januar zu einem verhängnisvollen Beschluß: Die Aktionen sollten bis zum „Sturz der Regierung Ebert-Scheidemann" fortgeführt werden. Damit begann ein putschistisches Abenteuer, das unter dem falschen Namen „Spartakusaufstand" in die Geschichtsbücher einging. Auf der Regierungsseite übernahm der Mehrheitssozialdemokrat Gustav Noske, der nach dem Ausscheiden der Unabhängigen am 29. Dezember 1918 in den Rat der Volksbeauftragten eingetreten war, die Verantwortung für die Niederschlagung des Aufstandes. Er koordinierte den Einsatz der „Freikorps" – neugebildeter Freiwilligenverbände, von denen einige als rechtsradikal einzustufen waren. Sie richteten, unterstützt von regulären Truppen, ein Blutbad unter den Aufständischen an. Zu den Opfern gehörten auch die beiden herausragenden Führer der jungen KPD, Karl Liebknecht und Rosa Luxemburg, die am 15. Januar von Freikorpsoffizieren ermordet wurden.

Am eigentlichen Ziel der Erhebung konnte es keinen Zweifel geben: Es war die Verhinderung der Wahlen zur Nationalversammlung und die Errichtung einer „Diktatur des Proletariats". Da der Putsch scheiterte, konnten die Wahlen, wie vom Rätekongreß beschlossen, am 19. Januar 1919 stattfinden. Erstmals in der deutschen Geschichte durften an diesem Tag auch die Frauen ihre Stimme abgeben. [. . .]

Mit der Wahl zur Verfassunggebenden Nationalversammlung endete die erste Phase der deutschen Revolution von 1918/19. Das Ergebnis machte klar, was die Mehrheit der Deutschen damals wollte: einen demokratischen Neuanfang, aber keinen Umsturz der Gesellschaft.

Oswald Spengler

„. . . bin vor Ekel beinahe erstickt" – frühe Konturen der Gegenrevolution

Ich habe die widerlichen Szenen vom 7. November [1918 in München] zum Teil aus der Nähe erlebt und bin vor Ekel beinahe erstickt. Und dann die Art, wie Kaiser Wilhelm fortgejagt wurde, wie jeder Lumpenhund sich herausnimmt, dem Manne Kot anzuwerfen, der 30 Jahre lang selbstlos und aufopfernd an der Größe Deutschlands mitgearbeitet hat. Ich weiß sehr wohl, daß der Pöbel in anderen Ländern über alle Maßen gemein ist, aber ob er uns in seiner Gemeinheit erreicht? [. . .] Ich sehe, daß die deutsche Revolution den typischen Verlauf nimmt, langsamer Abbau der bestehenden Ordnung, Sturz, wilder Radikalismus, Umkehr. Denn was uns heute Hoffnung gibt, ist die Gewißheit, daß die Monarchie gestärkt aus dieser Krise hervorgehen wird; [. . .] wir müssen wie das Frankreich von 1793 das Unglück bis zu Ende durchmachen; wir brauchen eine Züchtigung, gegen die die vier Kriegsjahre noch harmlos sind, bis die Zeit für *die* kleine Gruppe gekommen ist, die 1813 wie 1870 zur Führung berufen war: preußischer Adel und preußisches Beamtentum, die Tausende unserer Techniker, Gelehrten, Handwerker, Arbeiter mit preußischen Instinkten; bis vor allem auch der Terror eine solche Empörung und Verzweiflung angesammelt hat, daß eine Diktatur, irgend etwas Napoleonisches, allgemein als Erlösung empfunden wird. Aber dann muß Blut fließen, je mehr desto besser.

Gustav Landauer/Fritz Mauthner

„Laß doch untergehen, was untergehen muß" – intellektuelle Utopie gegen intellektuelle Skepsis

Gustav Landauer an Fritz Mauthner

Krumbach (Schwaben),
28. 11. [19]18

[...] Was in aller Welt geht Dich, geht uns, geht jeden, der sich der Unendlichkeit bewußt ist und also Humor hat, das an, was Du Deutschland nennst? Das deutsche Volk hat geschehen lassen, daß von seinen Herrschern dieser Krieg nicht heraufbeschworen, sondern nach langer Vorbereitung gemacht wurde; nun ist es besiegt worden, sein Reich ist zusammengebrochen und mit einem Mal steht es an der Spitze aller Völker im Ringen um Gerechtigkeit und Vernunft in den öffentlichen Einrichtungen; ein Mann, der ein kümmerliches, reines ehrenhaftes Leben als hungernder Schriftsteller bisher geführt hat, Kurt Eisner, steht mit einem Mal, bloß weil er ein Mann des Geistes ist, dieser tapfere Jude, moralisch als Haupt Deutschlands da, ungeahnte Kräfte regen sich; wilde Gärung ist da und wird wachsen, und es geht um den Sinn oder den Wahn oder die Idee, nenne es wie Du willst, sei ein Kämpfer oder ein Zuschauer, aber, Philosoph, warum dankst Du nicht vor allem andern dem Schicksal für die Gnade, daß Du diese Zeit miterleben darfst? Laß doch untergehen, was untergehen muß und sich neu bilden, was sich kann, hilf mit oder steh bei Seite, aber wir haben doch Spinoza nicht für die Schule, sondern fürs Leben gelernt. Diese Revolution wird vielleicht nicht kürzer dauern als dieser Krieg, aber wie ich diesen Entsetzenskrieg nur ertrug in der Erwartung dessen, was nun gekommen ist, so bin ich nun entspannt und frei und sage mir nur immer vor: Revolution! Es wird entsetzliche Nöte geben, vielleicht hunderttausendfache Arbeitslosigkeit und schließlich Industrieruinen wie früher Burgruinen – denn aus diesem Krieg haben wir das Eine gelernt: Daß die Menschen das Gebotene und Nahliegende erst dann tun, wenn die bitterste Not da ist und gar kein verkehrter Weg mehr übrig ist; so werden sie die Rettung, die da ist und die man ihnen empfiehlt, wahrscheinlich nicht ergreifen und sich in unsägliches Unheil stürzen, – aber die Revolution wird bringen, was der Krieg nicht im entferntesten gebracht hat, es sei denn auf der Seite derer, die schon Revolutionäre waren: Genialität in Wort und Tat, Schwung und Feuer, glühendes und inniges Leben, Erfüllung der Augenblicke wie mit Jahrhunderten, geschichtliches Leben. Meine Frau hätte es miterleben sollen, aber ich will ihr getreulich alles bringen, was ich in dieser Zeit erlebe und tue.

Das ist also gar nicht das Wichtigste, daß ich manches von dem zu erleben oder durchzusetzen hoffe, was ich der Menschheit wünsche; ja, ich muß gestehen, daß es anders kommt, und diese Erwartung des Unbekannten in den Geschehnissen und den Menschen, die nun heraufkommen werden, gehört mir zu der Größe dieser Zeit; das Entscheidende ist, daß nun unser Volk in die Bewegung gekommen ist, die es braucht, um sich in Erneuerung zu baden. Du sprichst von der Trennung der Kirche von der Schule und hältst das für eine große Aufgabe; mein Gott, ja, ich auch; dieses Selbstverständliche muß radikal nachgeholt werden; aber daß nun, wer weiß wann, Religion über die Völker kommt, dazu ist die Bewegung ein Anfang, die jetzt ins Rollen gekommen ist. Sie wird vielleicht auf dem ganz richtigen Wege des anfänglichen Auseinanderreißens, die Einheit des deutschen Volkes sicherer herstellen, als es Dein Bismarck zuwege gebracht hat; sie wird uns weiter führen, wieder einmal führen auf den Weg, den unser Buddha und unser Jesus gewiesen hat: Zur Einheit der Menschheit. Und so will ich, auch um der Einheit des deutschen Volkes willen, gegen die noch stehenden Reste des Bismarckreiches loshämmern helfen, so viel ich nur Kräfte habe.

In herzlicher Freundschaft und in der sichern Zuversicht, daß Du nicht böse bist. Dein Gustav Landauer

Fritz Mauthner an Gustav Landauer

3. 12. 1918

[...] Meine Empfindung nach Deinem Briefe war zwiespältig: Neid und Sorge.

Über den Neid kein Wort. Neidisch bin ich natürlich weniger auf das Glück, das Dich Arbeit an Deinen Zielen erleben ließ, als auf das Glücksgefühl: Wir gehen einer herrlichen Zukunft entgegen. Ich wage das Zitat, weil auch er [Wilhelm II.] damals so ein Glücksgefühl hatte. Das mir in solchem Maße immer versagt war, weil ich immer die furchtbare Gabe hatte, die Kehrseite zu sehen. Ich stehe der Revolution, das weißt Du, wahrlich nicht fremd oder kalt gegenüber; sie war nötig, und ich hoffe viel von ihr (lächle nur über die Kleinigkeit: Trennung von Kirche und Schule); aber ich kann die Trauer nicht ganz überwinden. Ist Deutschland nicht zum Tode verurteilt?

Sorge widerspricht dem Neid. Die Sorge gilt in dieser Hochspannung auch weniger Deiner Person als Deiner Sache. Aber Du bist ein Nachtwandler. Nicht wecken. Nur eins. Du hast jüngst prophezeit: Revolution in Frankreich usw. [...] Wenn Du darin richtig prophezeit hast (ob so oder so, ob so oder so) so glaube ich an die Rettung Deutschlands, und bin bereit, Dir und Eisner von da ab blind zu glauben. Hast Du Dich aber darin geirrt, dann finis Germaniae.

Arnold Sywottek
Hamburg 1918/19

„Der Krieg hat zur Reife gebracht, was sonst noch Jahrzehnte erfordert hätte. Das Alte stürzt und das Proletariat sieht sich über Nacht vor die Aufgabe gestellt, die politische Macht zu ergreifen." So kennzeichnete am 5. November 1918 Wilhelm Dittmann, Reichstagsabgeordneter und führender Unabhängiger Sozialdemokrat, wenige Tage später auch „Volksbeauftragter" vor mehreren tausend Menschen in Hamburg die Situation. Seine emphatische, gleichwohl vorsichtige politische Rhetorik erwies sich am nächsten Morgen als zutreffende Prophetie auch für den Hamburger Raum. Es bedurfte vor Ort nicht einmal des für diesen Tag angesagten Generalstreiks, mit dem der Matrosenrevolte in Kiel am Vortag Nachdruck verliehen, der Kaiser zum Abdanken bewogen und zur Bildung einer sozialistischen Republik gedrängt werden sollte. In der seit zwei Jahren an Protest- und Friedensforderungsdemonstrationen gewöhnten Arbeiterhochburg leiteten nachts nach Kiel durchreisende Matrosen und Soldaten den Regimewechsel ein, und auf der Generalstreikskundgebung am 6. November wurde bereits die Bildung eines „provisorischen Arbeiter- und Soldatenrates Groß-Hamburg" bekanntgegeben, der den „größten Teil der politischen Macht" übernommen habe. Die militärische Befehlsgewalt am Ort, das Stellvertretende Generalkommando in Altona, fand ein bewaffneter Trupp Aufständischer bereits geräumt vor, und am Abend desselben Tages stellte sich auch die hamburgische Landesregierung, der Senat, „in den Dienst" der „Neuen Zeit". Acht Personen, sechs Soldaten und zwei Zivilisten, waren bis dahin ums Leben gekommen – Bilanz eines gewaltsamen Umsturzes, bei dem die alten örtlichen Machthaber sich vielleicht ihrer Schwäche bewußt geworden waren, vielleicht aber im Vertrauen auf ihre Kompetenz klug und besonnen handelten. Am 12. November erklärte der inzwischen in allgemeinen, allerdings fragwürdigen Wahlen bestätigte „Arbeiter- und Soldatenrat“ Senat und Bürgerschaft (Landtag) in Hamburg für nicht mehr bestehend – eine, wie sich schnell zeigte, praktisch kaum wirksame Proklamation: Am 18. November wurden beide Gremien als Instanzen der Kommunalverwaltung wieder eingesetzt. Die neuen Machthaber hatten ihren Mangel an administrativer Sachkompetenz und ihre Schwierigkeit, der „Neuen Zeit“ mehr als symbolisch Ausdruck zu verleihen, erkannt.

Ähnlich wie bei der Reichsführung erwuchs in Hamburg das neue Regime aus dem Arrangement zwischen den überkommenen Amtsinhabern und den neuen Legislativ- und Legitimationsgremien, die sich schnell als nur vorübergehend erwiesen. Grundsatzbeschlüsse, die Bestehendes umstürzten, z. B. über die Sozialisierung, haben diese Gremien nicht gefaßt. Die meisten ihrer Anordnungen wurden später von der im März 1919 erstmals nach dem freien, gleichen und Verhältniswahlrecht für Männer und Frauen gewählten Bürgerschaft bestätigt. Streit gab es vor allem zwischen den politischen Richtungen der Arbeiterbewegung, die in den einzelnen Arbeiter- und Soldatenräten unterschiedlich stark vertreten waren. Die (Mehrheits-)Sozialdemokraten, die zunächst nur im verselbständigten Soldatenrat die Mehrheit hatten, gewannen diese bald auch im Arbeiter- und Soldatenrat für Groß-Hamburg und am Ende sogar in den Parlamenten. Doch gerade sie begnügten sich sowohl in Hamburg als auch in Altona damit, neben dem Amt des (zweiten) Bürgermeisters ihnen wichtige Ressorts, besonders für Volksbildung (nicht für das Höhere Schulwesen) und Arbeits- und Sozialpolitik, zu besetzen; die Repräsentation nach außen und, nach der für Altona, Harburg und Wandsbek gültigen Kommunalverfassung, vor allem auch die politisch verantwortliche Führung überließen sie bis 1924 parteilosen Beamten-Honoratioren, die diese Spitzenämter schon vor 1918 ausgeübt hatten. Behörden, in denen

Reichsangelegenheiten verwaltet wurden, wie die des Demobilisierungskommissars Senator Schramm, arbeiteten unbehelligt weiter. Zwar bildeten sich in den aufregenden Wochen Ende 1918 verschiedenste Räte – selbst ein Beamtenrat wurde in der Hansestadt konstituiert –, aber all dies waren Aktivitäten, die die Ordnung nicht beeinträchtigten, sondern wie der nach der Übergabe der politischen Macht an die gewählte Bürgerschaft als sozialpolitische Interessenvertretung weiter existierende Große Arbeiterrat Stützorgane der neuen politischen Verhältnisse waren. [. . .]

Der Regimentswechsel 1918/19 auf kommunaler und Landesebene im Hamburger Raum war im Ergebnis weniger durchgreifend, als er zeitgenössisch von den einen erwartet und von den anderen wahrgenommen wurde.

Betty Scholem

„. . . fortwährend Putsche u. Krawalle“

Mein liebes Kind! Berlin, 7. 1. 1919

Nur gut, daß ich Dir wenigstens eine Ansichtskarte im Voraus schrieb, denn ich komme jetzt garnicht zu einer längeren Mitteilung. Die Zeiten sind über die Maßen unruhig, fortwährend Putsche u. Krawalle, wer weiß, was wir noch erleben. Während ich hier schreibe, knattern die Maschinengewehre!! Die Spartakusleute haben alle großen Zeitungen besetzt, soeben sagt mir Vater, ein Garderegiment wäre zu ihnen übergegangen. Sie hetzen seit Tagen zum Generalstreik. Gestern haben auch bei uns die Arbeiter um 10 Uhr aufgehört, um die Straßendemonstrationen mitzumachen. Heute früh waren Alle wieder da, um nach einer halben Stunde durch den Mund ihres Vertrauensmannes, eines Spartaciden, wieder um Demonstrationsurlaub zu ersuchen. *9. 1.* Als Vater dies rundweg ablehnte, hatten sie eine Arbeiterversammlung, in der die alten vernünftigen Leute, besonders die aus dem Felde zurückgekehrten, den Spartakusonkel beinahe totschlugen u. mit allen gegen 4 Stimmen (also 4 Spartakusse im Betrieb!) die weitere Arbeitsniederlegung ablehnten. Ich schrieb den Anfang des Briefes am Dienstag Nachmittag, wo ich zu Hause blieb, denn zu Abendbrot hatte ich Richard u. Fritz Pflaums erwartet u. wollte mich darum kümmern, das Haus im besten Kleide zu zeigen. Da stellten plötzlich Stadtbahn u. Elektrische ihren Betrieb ein, in der Wilhelmstr. u. am Brandenburger Tor gab es furchtbare Schießereien, so daß die Pfläume es mit der Angst kriegten, u. zwar sehr berechtigter Weise, denn wie sollten sie aus dem Grunewald her u. wie ev. zurück?! Also fiel mein Zauberfest auf die Hälfte zusammen. Der Tisch war gedeckt u. Lydias Kalbskeule durchzog schon düftereich die Wohnung. Der mutige Teil der Eingeladenen, Dr. Meyer und Schiepans wagten es, mit der Untergrund zu kommen u. es war ein äußerst netter Abend, wenn man von den fortwährend in die Unterhaltung prasselnden Schüssen absieht. Ich spendierte nur das kleine Bratenstück. Die Keule wurde eingeweckt, denn jetzt droht uns Hungersnot mehr denn je. Gestern u. heute haben sich die Dinge sehr verschlimmert. In dieser Nacht wurde um die Reichsdruckerei u. heute den ganzen Tag um Mosse gekämpft. Nur mit Gefahr konnten wir ins Geschäft gehen, Spittelmarkt u. Beuthstr. sind gesperrt, die Durchhäuser u. Spindlershof geschlossen, alle Läden geschlossen u. jetzt, 9 Uhr Abends, geht das Schießen noch immer weiter. Noch immer fährt keine Elektrische, die Postämter u. die Banken sind geschlossen. Funktionieren tut nur die Untergrund u. das Telefon. Ich schicke Dir das heutige Abendblatt des Börsenkuriers, der einzigen Zeitung, die augenblicklich erscheint. Lies nur alles durch, es wird Dich sehr interessieren, was sich in unserem Berlin C[harlottenburg] tut. Dr. Meyer ist natürlich Feuer u. Fett u. macht sich ein Volksfest aus dieser Revolution. Als Reinhold u. ich am Montag mit ihm durch Alt-Berlin wandelten, um ihm die Perlen zu zeigen, das Ephraim'sche Haus, die Nikolaikirche, Krögel, Stadthaus, Klosterstr., Marienkirche u.s.w. gerieten wir immer in die Demonstrantenzüge u. es war bemerkenswert, wie sie ausgerichtet im Tritt marschirten; denn warum denn nicht? Aus dem einfachen Grunde, sie hatten gedient! [. . .]

Kuß Mutt

Berlin, 13. 1. 1919
Montag

Liebes Kind!

Wir haben eine unbeschreibliche Woche hinter uns, unheimlich im größten Grade. Es scheint jedoch, als sei Spartakus jetzt überall vertrieben; diese Schreckensherrschaft war furchtbar. Unsere gute alte Normal-Uhr auf dem Spittelmarkt hat auch einen Schuß ins Zifferblatt u. ins Herz gekriegt u. unserem Wurscht-Maxe Kretschmer sind 2 Kugeln in den Laden geflogen u. durchbohrten seine Milz, zum Glück nur die auf dem Ladentisch. Am Sonnabend Nachmittag ging ich mit Dr. Meyer, der garnicht zu halten war u. die Revolution sehen wollte, durch die stockfinstere Wallstr. bis hinter die Kolonaden in der Leipziger, alles stockduster, die ganze Leipziger in Nacht gehüllt, die Beuthstr. abgesperrt, der Dönhoffplatz vom Widerhall der Schüsse erfüllt, überall gespenstige Gruppen von Menschen, na, wir machten doch schnell wieder Kehrt! Am Abend war dann der „Vorwärts" genommen u. aus dem Mosse-Haus u. Ullstein sind die Spartakus-Herrschaften ausgerückt. Gestern Vormittag besichtigten wir den Kampfplatz in der Lindenstr. Das Vorwärts-Gebäude sieht entsetzlich aus, die Minen haben das Haus vom Dach bis zum Keller durchschlagen. Die Nebenhäuser u. die Gegenübers sehen auch furchtbar aus. [. . .]

Dann fuhren wir sämtlich zu den Weils nach Halensee zum Abendbrot u. setzten den angenehmen Tag so gründlich fort, daß wir schließlich mit Not und Müh' die letzte U-Bahn kriegten u. von der Linkstr. durch die dunkle Leipziger, von Stahlhelm-Patrouillen nach Waffen abgetastet, nach Hause laufen mußten, Ankunft ½2. – Vater läßt Dich schön grüßen, er hat keine Zeit zum Schreiben, er u. Reinhold arbeiten ununterbrochen, es ist viel zu tun! Die Zeit ist den Druckern günstig, Flugblätter u. Aufrufe u. Plakate jagen sich. [. . .]

Kuß Mutt

Clara Zetkin

„Alles aus!" – nach dem Mord an Rosa Luxemburg und Karl Liebknecht

Wilhelmshöhe, den 18. Januar 1919

Liebes, liebes Fräulein Mathilde, teure Freundin, gestern früh kam die entsetzliche Kunde. Am Nachmittag vorher brachten die Zeitungen die Nachricht von Karls und Rosas Verhaftung. Mir ahnte Schlimmes, und ich telegraphierte sofort an Haase und Frau Zietz, daß alles zum Schutz für die beiden aufgeboten werden müsse. Schrieb auch einen Eilbrief in diesem Sinne an Eisner, damit er seinen amtlichen Einfluß geltend mache. Ich war fest entschlossen, trotz Krankheit, Verkehrsschwierigkeiten und Rosas Abmachungen nach Berlin zu reisen, um dort Himmel und Hölle zum Schutz der beiden Teuren, Unersetzlichen in Bewegung zu setzen. Da kamen gestern die Morgenblätter. Alles aus! Ach meine teure Mathilde, Sie müssen verstehen, wie es seither in mir aussieht. Denn wenn Sie auch nicht mit im politischen Kampf standen, so haben Sie die beiden persönlich, menschlich besser gekannt und verstanden wie sehr viele politische Kämpfer. Sie wissen, was mit ihnen gemacht worden ist. Und so komme ich mit meiner Verzweiflung zu Ihnen. Lebe ich überhaupt noch und kann ich nach diesem Furchtbarsten noch leben? Ich möchte Blut weinen, einen Schrei ausstoßen, der die ganze Welt erschüttern, umstürzen müßte, mit den Schädel an der Wand zerschmettern, um nicht zu denken, an das Eine, Entsetzliche zu denken: Sie sind tot, gemeuchelt, gemeuchelt unter den grausigsten Umständen. Ich begreife es nicht, daß das Leben ohne Karl und Rosa seinen Gang weitergehen kann, daß draußen die Sonne scheint. Mir dünkt es, daß sie ihren Glanz verloren hat und daß die Zeit stille steht, daß sie nicht über das Schreckliche hinaus vorwärts will. Ach Mathilde, Mathilde, was haben wir verloren! [. . .] Was müssen Sie, liebste Mathilde, empfinden, was der arme, eingesperrte Leo [Jogiches] und Paul [Levi], was die unglückselige Sonja [Liebknecht], für die Karl der Lebensinhalt war, was die Einfachen, Schlichten, die die letzte Zeit mit den beiden zusammen gearbeitet und zusammen gekämpft haben! Wir gehören in unserer Seelennot zusammen. Mathilde, Mathilde, werden wir es tragen können, ohne die beiden, ohne Rosa zu leben? Der Versuch, es zu tun, hat für mich nur einen Sinn, dem Leben diesen Inhalt zu geben: im Geist der beiden unter den Massen und mit den Massen zu arbeiten und kämpfen, darüber zu wachen, dafür zu sorgen, daß der Geist der Gemeuchelten führend bleibt. Das ist Rosas Testament für mich. Dazu gehört auch, daß Rosas Arbeiten gesammelt und herausgebracht werden. Sie sind eine kostbare, lebendige Hinterlassenschaft, die den Massen gehört, sie werden, zusammen mit der künftigen Entwicklung der revolutionären Bewegung das Denkmal sein, dauerhafter als Erz, das Rosa gebührt. Ich will meine ganze Kraft daran setzen, daß Rosa und Karl dieses ihrer allein würdige Monument in der sozialistischen Literatur und in der Geschichte erhalten. Liebste Freundin, es ist Ihre Aufgabe, darüber zu wachen, daß nicht ein Zettel, nicht eine Zeile von Rosas Manuskripten verschleppt und verstreut wird, nicht eine ihrer älteren bereits gedruckten Arbeiten, Artikel, Broschüren etc. abhanden kommen. [. . .] Ihren letzten Brief erhielt ich mit der gleichen Post, die mir 8 Seiten von Rosa brachte, geschrieben am 11. im Feuer, in der Gefahr des Kampfes. Ein so lieber Brief, ganz Rosa. Mathilde – ich darf nicht denken, der Wahnsinn faßt mich an. Rosa, Rosa, einzige Rosa, Du bist nicht mehr, und ich soll weiterleben. Liebe gute Freundin, verzeihen Sie, daß ich mich nicht mehr in der Hand habe. Es geht über meine Kraft. Grüßen Sie alle, die eines Schmerzes mit uns sind. Ich küsse Sie in herzlicher Freundschaft

Ihre Clara Z

Karin Hartewig

Unruhen und Plünderungen im Ruhrgebiet

Die Plünderungen der Verkaufsstellen und Menagen der Zeche Concordia in Oberhausen, Ende Januar 1919, vermitteln einen Eindruck von der situationsbezogenen Dynamik des Bergarbeiterprotests. Der Verdacht der Belegschaft, daß Lebensmittel und Gebrauchsgegenstände in den Verkaufsstellen der Zeche gehortet würden, und das Gerücht ihrer voraussichtlich ungerechten Verteilung an Beamte und Angestellte ließen die Bergarbeiter zur Selbsthilfe greifen. Um eine gerechte Verteilung der Waren zu gewährleisten, wurden vom Arbeiterrat der Zeche 12 Bergleute zur Bewachung des Lebensmittellagers eingesetzt, bis am 1. 2. 1919 die Verteilung der Waren erfolgen sollte. Die Weigerung des Zechendirektors, diese Wachposten – wie vom Arbeiterrat zugesichert – nach Schichtlohn zu bezahlen, wurde zum Fanal für die Plünderung der Verkaufsstellen durch die gesamte Belegschaft. In der Menage der Zeche wurden 14 Schweine geschlachtet sowie Hühner, Kartoffeln und Heringe gestohlen. Auch der Weinkeller eines Verwandten des Kantinenverwalters fiel den Plünderungen zum Opfer. Darüber hinaus richtete sich die radikale Energie der Belegschaft gegen das Verwaltungsgebäude der Zeche, das demoliert wurde. Die Grubenpferde wurden von unter Tage heraufgeholt und freigelassen. Von den Schachtanlagen der Zeche setzten sich am selben Tag Demonstranten und Plünderer nach Oberhausen in Bewegung, wo es vor dem jüdischen Bekleidungshaus Levy und anderen Konfektions- und Schuhgeschäften zu *„Tumulten“* kam, bei denen die Herabsetzung der Preise gefordert wurde.

Nachdem sich die Demonstranten auf dem Altenmarkt versammelt hatten, kam es zunächst in den Läden rund um den Markt und später in der ganzen Stadt zu Plünderungen. Aus dem Bedürfnis, klassenkämpferische Stärke zu zeigen, vielleicht aber auch mit dem Wunsch nach Genußbefriedigung wählten die Bergarbeiter vornehmlich ‚feine‘ bürgerliche Geschäfte für Zigarren, Spirituosen, Herrenmoden und Hüte. Um 20 Uhr sah sich der Arbeiterrat von Oberhausen gezwungen, den Belagerungszustand über die Stadt zu verhängen. Auf den eilig veröffentlichten Bekanntmachungen war zu lesen: *„Von 9 Uhr abends ab ist jeder Aufenthalt auf den Straßen verboten. Wer beim Rauben und Plündern angetroffen wird, wird standrechtlich erschossen.“* [...]

Neben den Plünderungen auf Wochenmärkten und in Geschäften wurden im Sommer 1919 wie schon im Krieg von Frauen und Kindern zahlreiche Felddiebstähle verübt, bei denen vor allem Kartoffeln gestohlen wurden. Immer häufiger brachen zudem Erwachsene, Jugendliche und Kinder Eisenbahnwaggons auf, die zu Lagerzwecken vorübergehend auf Bahnhöfen abgestellt waren und deren Ladung noch nicht an die betreffenden Adressaten gelangt war. Ihr Inhalt, vor allem Lebensmittel, wurde entweder dem privaten Verbrauch oder dem Schleichhandel zugeführt. Auch Eisenteile der schwerindustriellen Werke und Industriebetriebe wurden entwendet und an Alteisenhändler verkauft oder möglicherweise auf dem schwarzen Markt gegen Nahrungsmittel und Kleidung getauscht.

Diese Praxis der zweifelhaften Selbsthilfe schürte die Animositäten zwischen gesellschaftlichen Gruppen. Sie erhärtete das Mißtrauen der Bauern gegen die Städter, insbesondere gegen die Proletarier der industriellen Ballungszentren. Umgekehrt wurden aber auch die Verdachtsmomente der Arbeiter gegen die Landwirte bestätigt, die der Rationierungswirtschaft und den städtischen Märkten zu wenig Nahrungsmittel zuführten. Und sie verschärfte die Kluft zwischen den Händlern und den Konsumenten.

Im November des Jahres beschrieb die Duisburger Volksstimme die Lage auf dem Warenmarkt und die Stimmung der Industriebevölkerung in der Diktion der Zeit als dramatisch und explosiv: *„Die Preise steigen. Es liegt wie ein Sturm in der Luft. Nicht nur, daß der Winterwind tüchtig bläst, auch sonst geht es wie das Rütteln einer harten und schweren Faust durch die Straßen der Großstadt. Immer unerschwinglicher wird von Tag zu Tag das Leben. Die Preisaufschläge überstürzen sich. Es gibt anscheinend keine Macht, die eine Regelung zwischen Angebot und Nachfrage zu bringen vermöchte.“*

Andreas Kraus

Die Münchener Räterepubliken im April 1919

Diese erste Bayerische Räterepublik dauerte sechs Tage und war reine Anarchie. Verordnungen, Ankündigungen, Proklamationen, Befehle und Gegenbefehle durchkreuzten einander unablässig. Sozialisierungsmaßnahmen und Reorganisationsmaßnahmen der Wirtschaft hoben sich gegenseitig auf. Was blieb, waren nur die Bewaffnung des Proletariats und der Aufbau einer Roten Armee. Die Kommunisten haben die Sechstagerepublik eine Schein-Räterepublik genannt, weil sie nicht dem russischen Vorbild entsprach. Der Name trifft zu, auch wenn man sich an diese kommunistischen Voraussetzungen nicht hält, denn es gab in diesen sechs Tagen keine politische Führung mehr. Der Regierung durch Volksbeauftragte, die hauptsächlich von der USPD gestellt waren, stand der Provisorische Revolutionäre Zentralrat gegenüber, der von Ernst Niekisch und Ernst Toller geführt wurde, dem expressionistischen Dichter. [...] [Gustav] Landauer, 1870 als Sohn eines jüdischen Kaufmanns in Karlsruhe geboren, hatte Germanistik studiert und die Fichte-Gedenkmünze in Gold erhalten, er war in der Öffentlichkeit durch eine Reihe historischer und literarischer Essays bekanntgeworden. Er war kein Marxist, sondern extremer Individualist, seine Vorbilder waren Bakunin und Tolstoj. Seine Vorstellungen über den modernen Sozialismus waren ausgesprochen antiautoritär und humanitär. Terror und Gewalt lehnte er ab. Er glaubte an ein „ideales Gemeinschaftsleben ohne Obrigkeitszwang und Kapitalistenherrschaft" als die Staatsform der Zukunft. Nicht zu den Volksbeauftragten gehörte der einzige politische Kopf unter den Anarchisten, Erich Mühsam, ein gebürtiger Berliner, ein erfolgreicher Journalist, der besonders bei der jüngeren Arbeiterschaft beliebt war. Über seinen eigenen revolutionären Standpunkt besaß er wohl keine volle Klarheit, da er sich zur Gefolgschaft von Bakunin rechnete, sich aber gleichzeitig als Anhänger Lenins bekannte. Seinem Einfluß war wesentlich die Bereitschaft der Münchener Arbeiterschaft zum Übergang zur Räterepublik zu danken, zielstrebige Führungsarbeit vermochte er jedoch nicht zu leisten. Das gilt auch von Ernst Toller, neben Gustav Landauer wohl der anziehendsten Gestalt in diesem Kreis. Er stammte aus Westpreußen, hatte in Heidelberg und München studiert, war 1914 als Kriegsfreiwilliger ins Feld gezogen und 1917 als Invalide entlassen worden und hatte sich dann, enttäuscht von den herrschenden Mächten, der USPD angeschlossen. Er war kein Anarchist, der die staatliche Ordnung schlechthin abgelehnt hätte, sondern stand in seiner politischen Auffassung Kurt Eisner nahe. Wie diesem waren ihm Pazifismus und humanitäre Gesinnung wichtiger als der Sozialismus und die Vergesellschaftung der Produktionsmittel. Sein dichterisches Werk wie seine „Erinnerungen" sind Zeugnis für seinen hochgespannten idealistischen Moralismus, aber nicht für entschiedene, nüchterne politische Überzeugung. Neben ihm besaß von den übrigen Volksbeauftragten keiner mehr irgendwelche Bedeutung. Als am 8. April Ernst Niekisch seinen Rücktritt als Vorsitzender des Provisorischen Revolutionären Zentralrats erklärte, weil er der Überzeugung war, daß die Lage unhaltbar sei, wurde der fünfundzwanzigjährige Ernst Toller sein Nachfolger.

Die Räteregierung vom 7. April war nicht weniger ohne politische Macht, wie das die Regierung Hoffmann gewesen war, zumal sie von der offiziellen SPD-Führung, auch in München, nach wie vor abgelehnt wurde. [...] [Sie] stand damit auf verlorenem Posten, zumal schon am 7. April der amtierende Ministerpräsident Johannes Hoffmann ein Manifest erlassen hatte, in welchem er erklärte: „Die Regierung des Freistaates Bayern ist nicht zurückgetreten. Sie hat ihren Sitz von München verlegt. Die Regierung ist und bleibt die einzige Inhaberin der Gewalt in Bayern und ist allein berechtigt, rechtswirksame Anordnungen zu erlassen und Befehle zu erteilen." Hoffmann residierte in Bamberg. Er konnte damit rechnen, daß außer in München und in einigen Teilen Oberbayerns die Bevölkerung von ihm die Wiederherstellung geordneter Verhältnisse erwartete, er wußte nur nicht, wie das zu machen war. [...] In der Tat war es wohl hauptsächlich der Druck aus Berlin, der Hoffmann dazu brachte, sich ernsthaft um die Durchsetzung der offiziellen Regierungsgewalt zu bemühen. Ebert wies ihn sehr energisch darauf hin, daß die französische Regierung die Entsendung von Truppen angeboten habe und zugleich gedroht habe, die Zufuhr von Lebensmitteln völlig abzuschneiden, wenn in Deutschland nicht die Ordnung aufrechterhalten werde. Militärisches Vorgehen erschien Ebert als die einzig mögliche Lösung. Hoffmann versuchte zunächst, München durch Abschneidung der Zufuhr zur Kapitulation zu zwingen, doch hielt er diese Maßnahme, bei der auch Tausende von Unschuldigen betroffen wurden, so wenig durch, wie er eine genügende Streitmacht auf die Beine brachte.

Zur gleichen Zeit kam in die Münchner Revolution ein ganz neuer Zug von Härte, Zielstrebigkeit und kompromißloser Entschlossenheit. Obwohl Eugen Leviné die Beteiligung der Kommunisten an der neuen Räterepublik abgelehnt hatte, glaubte er, daß jetzt auch die Kommunistische Partei nicht mehr beiseitestehen könne, um sich nicht den Vorwurf des Verrates an der Arbeiterklasse zuzuziehen. So rief er auf zur Wahl revolutionärer Obmänner in den Betrieben und zur Wahl revolutionärer Soldatenvertreter in den Kasernen. Zwei Tage nach diesem Aufruf trat der neue Revolutionsrat zusammen, der sich zum Träger der obersten Gewalt erklärte und die amtierende Räteregierung zum Rücktritt aufforderte. Gleichzeitig traf er Vorbereitungen zum bewaffneten Aufstand und stellte Kader für eine Rote Armee zusammen. Die ausführende Gewalt übertrug der neue Revolutionsrat einem Ausschuß von zwanzig Mitgliedern. Als am 13. April die republikanische Schutztruppe [...] den Zentralrat verhaften ließ, griffen Soldaten ein, vertrieben die republikanischen Schutztruppen, die Betriebs- und Kasernenräte traten zusammen und verpflichteten sich auf das kommunistische Aktionsprogramm. Die gesamte gesetzgebende und vollziehende Gewalt übernahm ein Ausschuß von fünfzehn, später von dreißig Räten, dieser Aktionsausschuß wieder wählte einen Vollzugsausschuß aus vier Mitgliedern. An der Spitze stand Leviné, neben ihm Levien. [...] Unter dem Befehl des Matrosen Eglhofer, der bei der Meuterei in Kiel dabeigewesen war und dann nach

München gekommen war, setzte die systematische Bewaffnung des Proletariats ein mit dem Ziel des Aufbaus einer Roten Armee. Man schätzt die Zahl der bewaffneten Arbeiter und Soldaten auf zehn- bis zwanzigtausend.

Durch diesen letzten Schritt war die Regierung Hoffmann jetzt so entschieden herausgefordert, daß sie handeln mußte, selbst auf die bisher immer wieder vermiedene Gefahr hin, damit von Berlin abhängig zu werden. Noch am 14. April erließ Hoffmann einen Aufruf zur Bildung einer Volkswehr. Gleichzeitig nahm er ein Hilfsangebot des Württemberger Freikorps an und erbat aus Berlin militärische Verstärkung. Der sozialdemokratische Reichswehrminister Noske setzte sofort eine Division in Marsch, zusammen mit dem bayerischen Freikorps und den württembergischen Truppen konnten etwa 35000 Mann gegen München eingesetzt werden. Den Oberbefehl erhielt ein preußischer General, der am 23. April die Weisung empfing, die Gewalt der gesetzmäßigen bayerischen Regierung wieder herzustellen.

Während sich nun von allen Seiten die Regierungstruppen gegen München in Marsch setzten, bot München erneut das typische Bild der Rätewirtschaft, in welcher Machtkämpfe und Richtungsstreitigkeiten keinerlei zielstrebige wirtschaftliche, politische oder militärische Maßnahmen ermöglichten. Die Kommunisten hatten sich zwar zunächst durchgesetzt, aber sie hatten nur die Führung, nicht die Mehrheit im Aktionsausschuß. Hier waren nach wie vor die bisherigen Träger der revolutionären Bewegung vertreten, unter denen sich Ernst Toller zum Sprecher der Opposition gegen Leviné und Levien machte. Der Streit ging vor allem um die zu ergreifenden unmittelbaren Maßnahmen, aber auch um die zukünftige Staats- und Gesellschaftsordnung, für welche die Kommunisten bereits ein sehr detailliertes Programm besaßen. Am 26. April erst gelang es, die inneren Kämpfe zu beenden, als Toller, der ehemalige Vorsitzende des Provisorischen Zentralrates, der eben vor Dachau einen kleinen militärischen Erfolg davongetragen hatte, in einer Rätesitzung im Hofbräuhaus die kommunistischen Führer zum Rücktritt zwingen konnte. Der Sinn dieses Vorgehens war es, Verhandlungen mit Hoffmann zu ermöglichen, doch dieser war längst nicht mehr frei und mußte auf der bedingungslosen Kapitulation bestehen, die aber bei dem neuen Vollzugsrat nicht durchzusetzen war. Die Macht besaß inzwischen die Rote Armee, die von Kapitulation nichts wissen wollte. Eglhofer war es dann wohl auch, wahrscheinlich unter dem Einfluß von Leviné und Levien, der für die verhängnisvolle Radikalisierung verantwortlich ist. Es kam jetzt zur Diktatur der Roten Armee mit Plünderung und Gewalttaten. Am 29. April stellte Eglhofer den Antrag, die Angehörigen der Bourgeoisie auf der Theresienwiese zusammenzutreiben und beim Einmarsch der Weißen Truppen zu erschießen, ein Antrag, der mit einer Stimme Mehrheit abgelehnt wurde. Doch als am 30. April die Einkreisung Münchens Tatsache wurde, erschoß man im Hof des Luitpold-Gymnasiums ohne gerichtliches Urteil zehn Geiseln. Es war der Höhepunkt der Schreckensherrschaft, den wohl niemand packender schildert als Ernst Toller, der voller Verzweiflung alle seine Träume zusammenbrechen sah.

Es nützte nichts mehr, daß sich die amtierende Räteregierung von dieser Greueltat distanzierte. Der Geiselmord im Luitpold-Gymnasium war der letzte Anstoß, der den Bürgerkrieg in ein Gemetzel verwandeln mußte. Auf die Nachricht von diesem schrecklichen Ereignis hin brachen einzelne Trupps der Regierungsarmee vorzeitig in München ein und eröffneten den Kampf mit erschreckender Brutalität. Wer mit der Waffe in der Hand angetroffen wurde, wurde, wie das übrigens einem Befehl Noskes entsprach, an Ort und Stelle standrechtlich erschossen. Etwa 145 Menschen – die Angaben differieren – fielen im Verlauf der Kämpfe, 226 wurden noch nach dem Sieg hingemordet, darunter auch 21 Mitglieder eines katholischen Gesellenvereins, die sich in ihrem Vereinslokal befanden und die ein Denunziant als Spartakisten bezeichnet hatte. 186 wurden standrechtlich erschossen. Von den Führern der Rätebewegung wurden der Kommandant der Roten Armee, Eglhofer, erschossen, und Landauer schon bei der Gefangennahme geradezu viehisch erschlagen. Leviné wurde zum Tode verurteilt und hingerichtet. Andere erhielten, wie Ernst Niekisch, Ernst Toller oder Erich Mühsam, langjährige Gefängnisstrafen.

Gustav Landauer

„... dann war es ein Traum"

7. 4. 1919

Ich danke Dir, lieber Freund. Die Bayerische Räterepublik hat mir das Vergnügen gemacht, meinen heutigen Geburtstag zum Nationalfeiertag zu machen. Ich bin nun Beauftragter für Volksaufklärung; Unterricht, Wissenschaft, Künste und noch einiges. Läßt man mir ein paar Wochen Zeit, so hoffe ich etwas zu leisten; aber leicht möglich, daß es nur ein paar Tage sind, und dann war es ein Traum.
Alle herzlichen Wünsche Euch beiden!
Dein Gustav Landauer

Ernst Toller

„‚Da liegt er jetzt, euer Spezi!'"

Niederschönenfeld 1920

An Maximilian Harden
In meinem Gefängnis lebt ein Kamerad, der in den letzten Stunden vor Landauers Ermordung sein Gefährte war. Mit

Gustav Landauer hat die deutsche Revolution einen ihrer reinsten Menschen, einen ihrer größten Geister verloren. Aber wer kennt heute in Deutschland Gustav Landauers schöpferisches Werk, wer kennt seine Bücher über Shakespeare, Hölderlin, Whitman?

Ein Zeuge, an dessen Glaubwürdigkeit ich nicht zweifle, berichtete mir, daß die letzten Worte Gustav Landauers, die er seinen Folterern, seinen Mördern zurief, lauteten: „Erschlagt mich doch! Daß ihr Menschen seid!"

Und was ist mit den Mördern in der deutschen Republik geschehen? Freiherr von Gagern, der Landauer mit der Reitpeitsche ins Gesicht schlug, ward freigesprochen, der Soldat, der schoß, wegen Diebstahls von Landauers Uhr zu einigen Wochen Gefängnis verurteilt.

Mein Kamerad erzählt:

Es war am Abend des 1. Mai 1919, als im Amtsgerichtsgefängnis in Starnberg, wo die nach dem Einzug der weißen Garden verhafteten Arbeiterräte von Starnberg untergebracht waren, großer Lärm und Spektakel vermuten ließ, daß wieder ein Schwerverbrecher eingeliefert worden sei. Es war dies, wie wir nach einiger Zeit erfahren konnten, unser Genosse Landauer.

Wir wurden nach dem Gefängnis Stadelheim transportiert. Als wir nach Stadelheim kommen, ist der Teufel los. Rufe wie „Den Landauer, den Landauer bringens! Schlagt sie tot, die Hunde!" wurden laut. Von einer Rotte Soldaten in die Mitte genommen, vorwärts geschoben und gestoßen, kamen wir vor das Aufnahmezimmer.

Hier wurde Landauer ein heftiger Stoß oder Schlag versetzt, daß ihm seine Gläser herunterfielen. Dann ging die Schieberei wieder los. Unsere Personalien wurden nicht aufgenommen, und wir kamen vor die Tür zum Hof des Frauengefängnisses.

Hier wurde Landauer, nachdem er etwas über den verfluchten Militarismus gesagt hatte, von einem Soldaten wieder ein heftiger Schlag mit der Hand ins Gesicht versetzt.

Worauf Landauer erklärte, er meine auch den Militarismus der roten Armee. Hier soll ein Offizier gerufen haben: Halt, Landauer wird sofort erschossen!

Ich sah nur, nachdem wir bis in die Mitte des Hofes gedrängt worden waren, wie ein großer, starker Mann unseren Genossen Landauer mit umgekehrter Reitpeitsche ins Gesicht schlug, worauf Landauer mit der Hand vor dem Gesicht stürzte. In diesem Augenblick kam ein Soldat an uns drei Arbeiterräte heran und sagte, wir sollten ihm folgen. Da krachte ein Schuß, dem, als wir durch das Tor von dem kleineren in den größeren Hof gingen, ein zweiter folgte. Ich hörte, wie der Führer der Begleitmannschaft (welcher, nebenbei bemerkt, anständig war) noch sagte: bis hierher hätte er seinen Auftrag erfüllt – nun sei er aber machtlos gewesen.

Wir drei wurden von jenem Soldaten und einem Aufseher durch eine Pforte außen an der Mauer von Stadelheim wieder nach dem Aufnahmezimmer geführt, wo unsere Personalien aufgenommen wurden. Als wir bei dem Gang durch den Neubau durch den kleinen Hof mußten, lag unser armer Genosse Landauer tot in dessen Mitte. Einer der Soldaten sagte: „Da liegt er jetzt, euer Spezi."

Clemens Vollnhals

Der Protestantismus in der Krise

Als die Oberste Heeresleitung Hindenburg-Ludendorff am 29. September 1918 in einer abrupten Kehrtwendung ihrer bisherigen Politik die Reichsregierung aufforderte, unverzüglich um einen Waffenstillstand nachzusuchen, traf dieses offene Eingeständnis der Niederlage die deutsche Öffentlichkeit völlig unvorbereitet. Für die evangelische Pfarrerschaft, die, von wenigen Ausnahmen abgesehen, bis zuletzt mit ihren Predigten die Siegeszuversicht gestärkt hatte, brach mit der unerwarteten Kriegsniederlage und dem anschließenden Sturz des Kaiserreichs in der Novemberrevolution eine Welt zusammen. In seinen Memoiren berichtet der langjährige württembergische Landesbischof Theophil Wurm: „Als ich am 7. Dezember dieses Jahres (1918) meinen 50. Geburtstag feierte, schien mir, als ob mein Leben umsonst gewesen wäre."

Tiefe Verzweiflung und ohnmächtige Empörung bemächtigte sich 1918/19 weiter bürgerlicher Kreise. Die vorherrschende Stimmungslage formulierte Reinhard Moeller, der führende Mann der Evangelischen Kirche der Altpreußischen Union, als er auf dem ersten evangelischen Kirchentag 1919 in Dresden in seiner Begrüßungsansprache unter großem Beifall ausführte: „In einem Weltkrieg ohne gleichen, nach einem mehr als vierjährigen heldenmütigen Ringen ohnegleichen, gegen eine ganze Welt von Feinden ist unser Volk zusammengebrochen. Die Herrlichkeit des deutschen Kaiserreiches, der Traum unserer Väter, der Stolz jedes Deutschen ist dahin. Mit ihr der hohe Träger der deutschen Macht, der Herrscher und das Herrscherhaus, das wir als Bannerträger deutscher Größe so innig liebten und verehrten. Dem furchtbaren Krieg hat ein furchtbarer Friede kaum ein Ende gesetzt. Ein Friede von harter Grausamkeit der Feinde ist uns aufgezwungen, um uns beides zu bringen: ein Ende mit Schrecken und einen Schrecken ohne Ende, um uns nahezu alles zu nehmen, was uns aufrichten könnte, um unser Volk, wenn möglich, politisch, wirtschaftlich und geistig zu zerstören, mit der Wehr ihm auch die Ehre zu nehmen."

Der Zusammenbruch des Kaiserreichs stürzte den Protestantismus in eine tiefe Identitätskrise. Sie ist nur vor dem Hintergrund der vorbehaltslosen Identifikation mit dem wilhelminischen Kaiserreich und der rauschhaften Kriegsbegeisterung zu Beginn des Ersten Weltkrieges verständlich. Der „Geist von 1914" hatte in der evangelischen Kirche zur Ausbildung einer spezifischen Kriegstheologie geführt, die den deutschen Sieg geradezu als eine „Erfüllung der göttlichen Gerechtigkeit“ erscheinen ließ. In zahllosen Predigten war der Krieg als sittlich reinigende Kraft verherrlicht, als Gericht Gottes über die Völker gerechtfertigt, als religiös verbrämter Kampf von protestantisch-deutscher Kultur gegen westliche Zivilisation ideologisch überhöht worden. Beispielhaft für die alle theologischen Richtungen durchdringende nationalprotestantische Gesinnung ist die vergleichsweise noch gemäßigte Predigt Ernst von Dryanders, des preußischen Oberhofpredigers, im Berliner Dom am 4. August 1914: „[. . .] wir ziehen in den Kampf für unsere Kultur gegen die Unkultur, für die deutsche Gesinnung wider die Barbarei, für die freie, deutsche, an Gott gebundene Persönlichkeit wider die Instinkte der ungeordneten Masse [. . .] und Gott wird mit unseren gerechten Waffen sein! Denn mit der deutschen Gesittung hängt auf das engste zusammen deutscher Glaube und deutsche Frömmigkeit.“

Die enge Verknüpfung von religiösem und nationalem Empfinden, die Identifikation von Kaiser, Reich und Protestantismus entsprach seit der Reichsgründung 1871 dem Selbstgefühl einer ganzen Generation von Theologen und Kirchenmännern. Hinzu kam die allgemeine Überzeugung, daß Deutschland am Ausbruch des Weltkriegs schuldlos sei und einen gerechten Verteidigungskrieg führe. Mit der Zeit setzte zwar eine gewisse Ernüchterung ein, doch blieben die liberalen Kräfte in Theologie und Kirche, die auf einen Verständigungsfrieden und innere Reformen setzten, eine kleine Minderheit gegenüber den Propagandisten einer annexionistischen Kriegszielpolitik.

Die Dolchstoßlegende fiel deshalb gerade auch in der evangelischen Kirche auf fruchtbaren Boden. „Kein Feind hat uns überwinden können; unbesiegt blieb unser Heer bis zuletzt. Aber die Uneinigkeit und der Parteienhader, das alte deutsche Erzübel, hat uns unterhöhlt und unsere Kraft innerlich zerfressen“, schrieb beispielsweise das Berliner evangelische Sonntagsblatt am 23. März 1919. Die Evangelische Kirchenzeitung hatte bereits am 27. Oktober 1918 dem neuen Kabinett unter Max von Baden „organisierten Landesverrat" vorgeworfen. Die Konsequenz der uneingestandenen Kriegsniederlage war die Ablehnung der Weimarer Republik. Pfarrer Gustav Traub, Reichstagsabgeordneter der DNVP und Herausgeber der „Eisernen Blätter", gab den Tenor zahlreicher Stellungnahmen aus dem evangelischen Lager wieder: „Weimar und die Republik sind und bleiben ein Notdach; denn die Revolution, die Mutter der Republik, ist aus Meineid und Hochverrat geboren."

[...] Mit dem Sturz der Fürsten, die seit der Reformation als oberste Kirchenherren fungiert hatten, ging die nahezu vierhundertjährige Epoche des landesherrlichen Kirchenregiments zu Ende. Dies stellte die Landeskirchen vor große rechtliche und materielle Probleme, was die geistige Neuorientierung zusätzlich erschwerte. Der Aufbau eigenständiger Kirchenleitungen wurde von den Kirchenführern allgemein als Befreiung von staatlicher Bevormundung begrüßt, während man dem Verlust der Vorrangstellung des Protestantismus im festen Bündnis von Thron und Altar noch lange nachtrauerte. Dieser Macht- und Prestigeverlust wurde um so mehr als Bedrohung der eigenen Position empfunden, als die Weimarer Republik in erster Linie von jenen politischen Kräften getragen wurde, die im preußisch-protestantisch geprägten Kaiserreich als Reichsfeinde geächtet waren: Sozialdemokraten, Katholiken und Liberale.

Kurt Nowak

Neue Chancen für die Katholiken

Die Katholiken vermochten den Entwicklungen ein wenig gelassener entgegenzusehen als die Protestanten. Das landesherrliche Episkopat hatte in der Vergangenheit dem

Protestantismus eine bevorrechtete Stellung gesichert. Die obersten Bischöfe gehörten mit der Abdankung der Könige und Fürsten einer erledigten kirchenhistorischen Epoche an. Damit war eine wesentliche Voraussetzung zur vollen konfessionellen Parität in Deutschland geschaffen. Außerdem sahen die Bischöfe in den katholischen Vereinen und deren Zusammenhalt mit der Zentrumspartei eine schlagkräftige Lobby zur Durchsetzung der religions- und verfassungspolitischen Interessen des Katholizismus. Blickte man auf die konfessionellen Strukturen in Europa nach dem Ersten Weltkrieg, konnten die Katholiken zusätzlich eine gewisse Genugtuung hegen. Die römisch-katholischen Nationen Frankreich, Belgien und Italien standen bei den Siegern. Die Polen, die Litauer und die katholischen Slawen des einstigen Habsburgerreiches zählten gleichfalls zu den Nutznießern des Kriegsausgangs. Wer als Katholik nicht schroff nationalistisch dachte, konnte Deutschlands Niederlage, die allerdings auch eine Niederlage des „katholischen Deutschland“ war, also durchaus in einen konfessionellen Sieg des Katholizismus umdeuten. Jesuitische Theologen wie Hartmann Grisar haben das getan. Der Untergang des Deutschen Kaiserreiches bedeutete in seinen Augen eine Widerlegung der Reformation Luthers. Und schließlich: da die katholische Kirche in einigen deutschen Ländern bis 1918 rechtliche Einschränkungen und Behinderungen hatte erdulden müssen, konnte sie bei einer klug geführten Religionspolitik im neuen Staatsaufbau nur gewinnen.

Reinhold Zippelius

Die Weimarer Verfassung

Am 6. Februar 1919 trat die Nationalversammlung in Weimar zusammen. Schon am 10. Februar erließ sie ein Gesetz über die vorläufige Reichsgewalt; in diesem nahm sie für sich selbst die gesetzgebende Gewalt in Anspruch und übertrug die Aufgaben des Reichsoberhauptes einem Reichspräsidenten; dieser sollte eine Reichsregierung berufen, die des Vertrauens der Nationalversammlung bedurfte; auch wurde ein Staatenausschuß geschaffen, durch den die Länder Einfluß auf die Willensbildung des Reichs nehmen konnten. Bereits am nächsten Tag wählte die Nationalversammlung Friedrich Ebert zum vorläufigen Reichspräsidenten, der am 13. Februar eine erste Reichsregierung unter Scheidemann berief.

Den weiteren Verfassungsberatungen lag ein Entwurf des Staatsrechtlers Hugo Preuß zugrunde, dem Ebert schon zuvor das Reichsamt des Innern übertragen hatte. Am 11. August 1919 wurde die von der Nationalversammlung beschlossene Reichsverfassung vom Reichspräsidenten unterzeichnet, am 14. August trat sie in Kraft.

Der Geist dieser Verfassung war geprägt von den drei Parteien, auf die bei der Wahl zur verfassunggebenden Nationalversammlung die weitaus meisten Stimmen entfallen waren: der SPD, dem Zentrum und der Deutschen Demokratischen Partei. Innerhalb der von ihnen geteilten Grundkonzeption – eine parlamentarische, demokratische Republik zu schaffen – war die Verfassung in vielen Einzelfragen ein Kompromiß zwischen den liberalen, sozialistischen und katholischen Konzeptionen, die in der Nationalversammlung aufeinandertrafen. [...]

Nach herrschender Auffassung war das Reich ein Bundesstaat, kein dezentralisierter Einheitsstaat, wie ihn Preuß in seinem ursprünglichen Verfassungskonzept geplant hatte. Allerdings war die zentrale Reichsgewalt, verglichen mit jener im Zweiten Kaiserreich, sehr verstärkt, so daß man das Reich auch als unitarischen Bundesstaat bezeichnet hat [...]. Die Stärkung des Zentralismus ergab sich schon aus der Entstehungsgeschichte: Während das Zweite Kaiserreich als ein Bund souveräner Einzelstaaten entstanden war, die auf die Wahrung ihrer Hoheitsrechte bedacht waren, war die Weimarer Verfassung das Werk einer vom gesamten Volk gewählten Versammlung. Erst recht galt also nun der Grundsatz: Reichsrecht bricht Landesrecht. [. . .]

Das Reich war eine demokratische parlamentarische Republik. Grundlage der Staatsgewalt war der Wille des Volks (Art. 1 Abs. 2 WV). Die gesetzgebende Gewalt lag in erster Linie beim Reichstag. In die vollziehende Gewalt teilten sich Reichspräsident und Reichsregierung.

a) Der Wille des Volkes sollte sich außer in Wahlen (Art. 22 WV) in „Volksbegehren", „Volksabstimmungen" und „Volksentscheiden" (Art. 18, 43, 73–76 WV) kundtun. Anders als die Wahlen gewannen die plebiszitären Instrumente aber auf Reichsebene keine nennenswerte Steuerungsfunktion. Das Verfahren der Volksgesetzgebung wurde bis zum Jahre 1932 nur in sieben Fällen versucht, jedesmal ohne praktischen Enderfolg. Die auf eine Enteignung der ehemaligen Fürstenhäuser (Volksentscheid vom 20. 6. 1926) und gegen den Young-Plan (Volksentscheid vom 22. 12. 1929) gerichteten Verfahren wurden zu Spielwiesen politischer Agitation.

b) Der vom Volke gewählte Reichstag sollte wichtigstes Organ der Staatsgewalt sein. Er hatte unter Mitwirkung des Reichsrats die Gesetze zu beschließen (Art. 68 ff. WV) und den Haushaltsplan festzustellen (Art. 85 WV).

Für die Abgeordneten galt das Prinzip der auftragsfreien Repräsentation (Art. 21 WV). Sie wurden in allgemeiner, gleicher, unmittelbarer und geheimer Wahl nach den Grundsätzen der Verhältniswahl gewählt (Art. 22 WV). [. . .] Die rigorose Durchführung des Verhältniswahlrechts führte zu einer starken Parteienzersplitterung.

c) Der Reichsrat war – wie der Bundesrat im Kaiserreich – das Länderorgan, nun aber mit einer geminderten staatsrechtlichen Kompetenz. Ihm gehörten Mitglieder (oder Bevollmächtigte) der Landesregierungen und der preußischen Provinzialverwaltungen an (Art. 63 WV). Den

Vorsitz führte ein Mitglied der Reichsregierung. Der Reichsrat konnte gegen die vom Reichstag bschlossenen Gesetze Einspruch einlegen; dieser konnte, wenn keine Einigung zustande kam – je nach dem Zwischenentscheid des Reichspräsidenten – durch Volksentscheid oder mit Zweidrittelmehrheit des Reichstags überwunden werden (Art. 74 WV).

d) [. . .]

e) Der Reichspräsident hatte das Reich nach außen zu vertreten. Auch innenpolitisch war er repräsentatives – nicht nur repräsentierendes – Oberhaupt des Reichs. Eine starke demokratische Legitimation erhielt sein Amt dadurch, daß er auf sieben Jahre unmittelbar vom Volk gewählt wurde (Art. 41, 43 WV; Wiederwahl war zulässig). Ihm oblag die Ernennung des Reichskanzlers, der Reichsminister, der Beamten und der Offiziere (Art. 46 und 53 WV). Er hatte die verfassungsmäßig zustande gekommenen Gesetze auszufertigen und zu verkünden (Art. 70 WV). Als überkommenes Recht des Staatsoberhauptes kam ihm auch das Begnadigungsrecht zu (Art. 49 WV).

Die Präsidialgewalt umfaßte auch das Recht zur Ernennung und Entlassung des Reichskanzlers und der Reichsminister und den Oberbefehl über Heer und Kriegsmarine.

Zu einer unvorhergesehenen Bedeutung gelangt das – für kritische Ausnahmesituationen geplante – Notmaßnahmerecht (Art. 48 Abs. 2 Satz 1 WV). Es ermächtigte den Reichspräsidenten, „die zur Wiederherstellung der öffentlichen Sicherheit und Ordnung nötigen Maßnahmen zu treffen, wenn im Deutschen Reich die öffentliche Sicherheit und Ordnung erheblich gestört oder gefährdet“ wurde. Die herkömmliche Bedeutung dieser Worte und die Entstehungsgeschichte der Bestimmung sprachen dafür, die „öffentliche Sicherheit und Ordnung“ in einem engen (wenn auch nicht unbedingt streng polizeilichen) Sinn zu verstehen. In kurzer Zeit gab aber die Verfassungspraxis dieser Vorschrift einen anderen Sinn. Sie überdehnte den Begriff der „Maßnahmen“ so weit, daß er auch gesetzesvertretende Verordnungen umfaßte. Sie deutete auch die Worte „Störungen der öffentlichen Sicherheit und Ordnung" um und verstand darunter nun auch wirtschaftliche und soziale Nöte, finanzielle Schwierigkeiten, Störungen im Funktionieren des parlamentarischen Regierungssystems, ja sogar die Unmöglichkeit, die notwendige Mehrheit im Parlament zu bilden. Schon während der Inflationszeit wurde das Notverordnungsrecht in weitem Umfang auch zu wirtschaftsrechtlichen Vorschriften genutzt.

f) Die Reichsregierung war das Kollegium der Reichsminister unter dem Vorsitz des Reichskanzlers (Art. 52 WV). Ernannt wurde der Reichskanzler vom Reichspräsidenten. Die Reichsminister wurden auf Vorschlag des Reichskanzlers vom Reichspräsidenten ernannt und entlassen (Art. 53 WV).

Der Reichskanzler und die Reichsminister bedurften des Vertrauens des Reichstags. Jeder von ihnen mußte zurücktreten, wenn ihm der Reichstag durch ausdrücklichen Beschluß das Vertrauen entzog (Mißtrauensvotum, Art. 54 WV).

Der Reichskanzler hatte in der Weimarer Republik eine andere Position als im Kaiserreich. Auch jetzt hatte er eine herausgehobene Stellung, insofern er die Richtlinien der Politik zu bestimmen (Art. 56 WV) und die Befugnis hatte, dem Reichspräsidenten die Ernennung und Entlassung der Reichsminister vorzuschlagen (Art. 53 WV). Im übrigen war er primus inter pares im Kabinett. Nach dem Ressortprinzip hatte jeder Minister unter eigener parlamentarischer Verantwortung die Rechte und Pflichten seines Geschäftsbereichs selbständig wahrzunehmen.

Die Reichsregierung war das Organ der Reichsexekutive. Sie hatte also die Reichsverwaltung zu führen, die Reichsaufsicht über die Länder zu üben und konnte allgemeine Verwaltungsvorschriften zur Ausführung der Reichsgesetze erlassen (Art. 15, 77 WV).

Das Amt der Regierung ging aber weit über den bloßen Gesetzesvollzug hinaus. Sie hatte vor allem auch die jeweiligen konkreten Hauptziele der Staatstätigkeit laufend zu erarbeiten und aufeinander abzustimmen, die politischen und juristischen Mittel zur Erreichung dieser Ziele zu erwägen und bereitzustellen: etwa durch Anbahnung völkerrechtlicher Abkommen oder in Gestalt von Gesetzentwürfen. Ihr Recht, an der Reichsgesetzgebung mitzuwirken, war von großer Bedeutung; so hatte sie selbst das Recht der Gesetzesinitiative (Art. 68 WV); Gesetzentwürfe, die von anderer Seite kamen, mußten über sie dem Reichstag zugeleitet werden (Art. 69 Abs. 2, 73 Abs. 3 WV). [. . .]

Die Weimarer Reichsverfassung setzte – in ihrem zweiten Hauptteil – zum ersten Male für das gesamte deutsche Reich ausdrücklich einen Katalog von Grundrechten in Kraft. Dieser knüpfte an den Entwurf von 1848 an. Insbesondere war Preuß in der Ideenwelt von 1848 verwurzelt. Freilich konnte man sich nicht mit einer bloßen Wiederholung der Grundrechtsbestimmungen von 1848 begnügen. Manches erschien unter den veränderten Verhältnissen, wie Preuß sagte, als „Museumsstück“ und „alter Ladenhüter“.

Zudem stellten die Sozialdemokraten die Forderung nach einer gründlichen Umgestaltung der wirtschaftlichen und sozialen Verhältnisse. Vorrechte des Geschlechts oder des Geburtsstandes waren aufzuheben. So wurde nun die Gleichberechtigung der Geschlechter gewährleistet. Adelsbezeichnungen galten nurmehr als Teil des Namens und durften nicht mehr verliehen werden (Art. 109 Abs. 1–3 WV). Den unehelichen Kindern waren durch die Gesetzgebung die gleichen Bedingungen für ihre leibliche, seelische und gesellschaftliche Entwicklung zu schaffen wie den ehelichen Kindern (Art. 121 WV). Die Koalitionsfreiheit zur Wahrung und Förderung der Arbeits- und Wirtschaftsbedingungen wurde gewährleistet (Art. 159 WV). Sozialstaatliche Bindungen wurden insbesondere sichtbar in dem Zusatz zur Eigentumsgarantie: „Eigentum verpflichtet. Sein Gebrauch soll zugleich Dienst sein für das Gemeine Beste“ (Art. 153 Abs. 3 VW). Private wirtschaftliche Unternehmungen, die zur Vergesellschaftung geeignet waren, konnte das Reich durch Gesetz, unbeschadet der Entschädigung, in Gemeineigentum überführen (Art. 156 Abs. 1 Satz 1 WV). Auch auf der Ebene einfachen Rechts wurde der Sozialstaat ausgebaut, so etwa durch die Tarifvertragsverordnung vom 23. 12. 1918, das Betriebsrätegesetz vom 4. 2. 1920, das Mieterschutzgesetz vom 1. 6. 1923, die Reichsfürsorgepflichtverordnung vom 13. 2. 1924 und das Gesetz über Arbeitsvermittlung und Arbeitslosenversicherung vom 16. 7. 1927.

Als Reaktion auf sozialistische Reformbestrebungen verlangten andererseits die bürgerlichen Parteien jetzt auch die Gewährleistung mancher Institutionen, die sie gefährdet glaubten, so etwa des Erbrechts (Art. 154 WV), der Familie (Art. 119 WV), des Berufsbeamtentums (Art. 129 f. WV), der bevorzugten Rechtsstellung der Kirchen (Art. 137 WV) und des Religionsunterrichts in der Schule (Art. 149 WV).

Michael Salewski

Das Trauma von Versailles

Der Versailler Vertrag war sicherlich ein „Diktat", denn die Deutschen hatten an seinen Bestimmungen nur marginal etwas ändern können. Die Annahme des Vertrages wurde von den Siegern ultimativ erzwungen – was anderes wäre dies als ein Diktat? Eben so bezeichneten die Deutschen aller Couleur dieses Vertragswerk, viele nennen es heute noch so. Aber das stellt nur die eine Seite der Medaille dar, es gab eine andere, und sie läßt den Begriff des „Diktats" fraglich werden. Will man diesen anscheinenden Widerspruch lösen, bedarf es einer historischen Rückblende in die Schlußphase des Ersten Weltkrieges.

Erinnert man sich an die Kriegsziele Englands und Frankreichs, so wäre es nicht verwunderlich gewesen, wenn die Sieger nur wahr gemacht hätten, was ihre Propaganda ihren Völkern versprochen hatte: die Revision des Frankfurter Friedens von 1871, die Rückgängigmachung der Reichsgründung, die mit der Kaiserproklamation in Versailles für alle Franzosen als besondere Schmach galt. Tatsächlich machten sich Literaten und Historiker wie Jacques Bainville oder Gabriel Hanoteaux stark für die „Zerstückelung" des Reiches; die Abtrennung aller linksrheinischen Gebiete vom Reich gehörte aber auch zum erklärten Programm der führenden Eliten, an ihrer Spitze Clemenceau und Marschall Foch. [...]

Wenn es dazu nicht kam, genauer: wenn Frankreich dazu niemals eine Chance besaß, obwohl es die Hauptlast des Krieges getragen und nun den Hauptverdienst am Siege reklamieren konnte, so war das Folge der englischen, vor allem aber der amerikanischen Politik. [...]

Das Reich und damit die deutsche Einheit blieben bestehen, das war tatsächlich fast ein „Wunder" (Hagen Schulze). Die territorialen Abtretungen waren gewiß schmerzlich, sie gingen aber nicht an die Substanz des Deutschen Reiches. Bei der Gestaltung ihrer inneren Angelegenheiten blieben die Deutschen – anders als nach 1945 – souverän. Die militärischen Bestimmungen, vor allem die Abschaffung der Wehrpflicht, dieses „Heiligtums" des deutschen Nationalbewußtseins, wurde als bitter empfunden, die erlaubte Hunderttausend-Mann-Armee als lächerlich – dennoch waren die Friedensunterhändler auf dem Höhepunkt ihrer Bemühungen um Erleichterungen bereit, alles dieses zu akzeptieren, ja noch mehr anzubieten. Es blieben die Reparationen. Daß die Siegermächte hier zu keinem Ergebnis kamen, die Endsumme offenließen und dann später mit untauglichen Mitteln versuchten, Deutschland wie eine Zitrone auszupressen, hat das Verhältnis zwischen Siegern und Besiegten von Anfang an vergiftet – aber inzwischen weiß man, daß selbst dieses Problem eher marginaler Natur hätte sein können. Deutschland selbst hielt intern eine Reparationssumme von 100 Milliarden Goldmark für denkbar – eben diese Ziffer kam schon ganz nahe an die alliierten Vorstellungen heran.

Der Vertrag war also objektiv betrachtet besser als sein Ruf. Er spiegelte die angloamerikanischen Grundprinzipien wider, hatte, natürlich, auch eine Menge „französischer" Elemente in sich aufgenommen, war aber – verglichen etwa mit Brest-Litowsk – kein ungewöhnlich harter Vertrag, vor allem wenn man den Hintergrund des Krieges in Betracht zog. Ostfrankreich war zur Mondlandschaft geworden, die Blüte der französischen Jugend deckte die Erde Lothringens und Flanderns, wie England, so hatte auch Frankreich allen Kredit verloren, war mit Schulden überhäuft, sah sich politisch im Stich gelassen, nachdem England und Amerika die Frankreich versprochenen Garantieverträge nicht hielten und damit dieses Land wieder allein mit Deutschland auf dem Kontinent zurückließen – einem Deutschland, das zwar momentan geschlagen und geschwächt, potentiell aber immer noch mächtiger war als Frankreich. [. . .]

Da die Sieger von Deutschland große Reparationsleistungen haben wollten, diese auch brauchten, bedurfte es einer völkerrechtlichen Klausel, auf die man sich bei seinen Forderungen stützen konnte. Bisher nämlich war in die üblichen europäischen Friedensverträge das sogenannte „Oblivitionsprinzip" eingepaßt worden. Es zog gleichsam einen Schlußstrich unter alle wechselseitigen Forderungen der Vergangenheit, es wurde eine Art tabula rasa geschaffen, auf der nun neue Beziehungen, vor allem ökonomischer und finanzieller Natur, aufgebaut werden konnten.

Da man 1919 aber gar nicht wußte, nicht wissen konnte, was alles und wann und wie man von Deutschland „Wiedergutmachung" fordern sollte, kam es den Fachleuten, in erster Linie amerikanischen Bankiers, den großen Gläubigern, darauf an, eine Formel zu finden, die Deutschland zur

Anerkennung dieser noch gar nicht im einzelnen bezifferten Wiedergutmachungsleistungen nötigen sollte; eben das war die Genese des „Kriegsschuldparagraphen", der von seinen ursprünglichen Intentionen her also eher ein „Kriegsschuldenparagraph" gewesen war.

Diese Zusammenhänge konnten oder wollten die Alliierten den Deutschen nicht vermitteln, und indem sie der deutschen Deutung des Artikels 231, nach der das Reich die Alleinschuld am Ausbruch des Krieges zu tragen habe, nicht widersprachen, verdarben sie den gesamten Friedensvertrag: Er wurde für das deutsche Selbstverständnis schlicht ungenießbar – und zwar für nahezu alle Parteien von links außen bis rechts außen.

Es waren also keine ökonomischen, materiellen Fragen, die den Vertrag für Deutschland zu einem unerträglichen Diktat stempelten, es waren wieder einmal Motive der Ehre, des nationalen Selbstbewußtseins, die den Ausschlag gaben. Das war schon 1871 so gewesen, das hatte sich wie ein roter Faden durch die Geschichte gezogen, so abgebrüht und schnoddrig war 1918/19 niemand, daß er den Ehrengesichtspunkt hätte wegwischen können. [...]

Mit Abstand betrachtet, wird man die tragische Note in der Entstehungsgeschichte des Versailler Vertrages nicht verkennen. Als die Sieger in Paris zur Friedenskonferenz zusammentraten, da spürten sie alle wohl den Geist von 1815, den Geist Metternichs und Alexanders, Humboldts und Talleyrands, subjektiv waren sie besten Willens, es diesen großen Altvorderen gleichzutun, einen neuen säkularen Frieden zu stiften – aber die aufgepeitschten nationalen Leidenschaften, der über vier Jahre aufgespeicherte Haß zwischen den Völkern ließ sich nicht abbauen, die Zeit der Kabinettsdiplomatie war vorbei [...].

Über die Frage, ob das Reich den Vertrag unterzeichnen solle oder nicht, zerbrach die Regierung Scheidemann, die Regierung der Dreiviertelmehrheit. Eindrucksvoller konnte die Sprengkraft des Versailler Vertrags für das Weimarer

System kaum unter Beweis gestellt werden. Und alle nachfolgenden Regierungen waren parlamentarisch schwächer! Indem aber die DDP die Verantwortung für die doch unvermeidliche Unterzeichnung ablehnte, die erforderliche Mehrheit dann nur mit den Stimmen der USPD zustande kam, war es den bürgerlich-konservativen Kräften fortan ein Leichtes, die Sozialdemokratie als Hauptverantwortliche für die Unterzeichnung des „Schanddiktats" dingfest zu machen. Das war empörend ungerecht – aber was fragt Politik nach Gerechtigkeit?

Am 10. Januar 1920 trat der Versailler Vertrag in Kraft, nun mußte man mit ihm leben – oder sollte man besser sagen: leben, um ihn zu beseitigen, zumindest zu revidieren? [...]

Ob man mit dem Friedensvertrag überhaupt leben konnte oder wollte, wurde nach dem 10. Januar 1920 in allen politischen Lagern lebhaft diskutiert. Wie die Reparationsforderungen in der Praxis geregelt werden konnten, war anfangs völlig unklar, erst in einem umständlichen Klärungsprozeß fanden die Alliierten selbst zu einer einheitlichen Richtlinie, die sich sehr bald als gefährliche Sackgasse erweisen sollte. Was die territorialen Bestimmungen anging, so wurde in den „Abstimmungsgebieten" Ostpreußens, Oberschlesiens, Nordschleswigs deutlich, daß das Selbstbestimmungsrecht der Völker [...] für die Besiegten doch nur eingeschränkt galt. Zum einen versuchte das junge expansionsbedürftige und von allen Seiten gleichzeitig gefährdete Polen, eine Schöpfung der Pariser Friedenskonferenz, in Oberschlesien gewaltsam faits accomplis zu polnischen Gunsten zu schaffen, zum anderen galt die Abtretung von Westpreußen, Memel und Danzig als schallende Ohrfeige ins Gesicht des Selbstbestimmungsrechtes für die Deutschen. Ostpreußen, politisch zur Insel geworden, sah sich fortan als Bollwerk des Deutschtums im Osten, hier wie nahezu überall schien es ausgemacht, daß die territorialen Verhältnisse so, wie sie der Versailler Vertrag geschaffen hatte, nicht bleiben konnten: Das Reich war also nicht mehr „saturiert“, es war darauf aus, zumindest die „Grenzen von 1914“ wiederherzustellen.

Mit dieser Hypothek mußte die europäische Politik in Zukunft fertig zu werden suchen, sollten nicht die Grenzprobleme im Osten den nächsten Krieg geradezu programmieren. Auch im Westen stand nicht alles zum Besten, wenngleich es in Deutschland nur wenige gab, die ernsthaft die verlorenen „Reichslande“ Elsaß und Lothringen zurückforderten. Schwerwiegender waren die Besatzungsregelungen für die Rheinlande – die hier präsenten alliierten Mächte, nach dem Rückzug der USA vor allem also Franzosen und Belgier, wirkten wie ein brennender Stachel im Fleisch der deutschen Souveränität. Dabei war es wenig tröstlich, daß die bis zu 15 Jahren konzipierten Besatzungsfristen verkürzt werden konnten, wenn Deutschland den Vertrag loyal und pünktlich erfüllte – solange die Alliierten ihre Hand auf das industrielle Herzstück des Reiches jederzeit zu legen vermochten, konnte sich Deutschland, nach den Maßstäben der Zeit, insgesamt nicht frei fühlen.

Aber weder die Reparationspolitik noch die territorialen Probleme stellten das Weimarer System auf seine erste Probe – es waren, und das war durchaus charakteristisch, die militärischen Bestimmungen, letztlich also ein eher immaterielles Problem, selbst wenn die von der Entwaffnung Betroffenen höchst materielle Auswirkungen befürchten mußten.

Anders als beim Reparationsproblem lagen die Verhältnisse auf dem Entwaffnungssektor klar vor Augen: die Regierung mußte in konkret vorgeschriebenen kurzen Fristen die bewaffnete Macht der Republik auf 100000 Mann reduzieren. Die Gründung der „Reichswehr“, der eigentlichen Wehrmacht der Republik, war natürlich nur mit Hilfe der alten Gewalten und der alten Generäle möglich, unter ihnen gab es dem republikanisch-demokratischen System gegenüber aufgeschlossene Persönlichkeiten wie den Chef der Heeresleitung, Reinhardt, vielleicht auch Groener, und es gab Männer, die sich korrekt und loyal verhielten, aus ihrer Abneigung gegen das „System“ aber keinen Hehl machten, zu ihnen zählte Seeckt. Rigoros ablehnend verhielten sich die Condottieri der Revolutionszeit, also jene militärischen Führer und Verbände, die von der Regierung nolens volens gegen die Spartakusaufstände und gegen die Münchener Räterepublik eingesetzt worden waren. Diese Haudegen als erste wieder loszuwerden, lag nicht nur im alliierten, sondern auch im wohlverstandenen Interesse der Regierung selbst. Die Freikorps und jene Verbände der Reichswehr, die aufgelöst werden sollten, standen also zwischen Feuern, sie suchten verzweifelte Auswege auf gewaltsame Weise, sie putschten.

II. Die Krisenjahre: Kämpfe, Attentate, Inflation (1920 – 1923)

Gordon A. Craig

Der Kapp-Lüttwitz-Putsch

Im Februar [1920] ordnete die Regierung die Ausmusterung zweier bedeutender Freikorps an, der Baltikum-Brigade der Eisernen Division [...], die sich bei der Eroberung Rigas aus den Händen der Bolschewiken im Mai 1919 ausgezeichnet hatte, und der 2. Marinebrigade des Korvettenkapitäns Hermann Ehrhardt. Ihre Führer wandten sich an Lüttwitz, und der cholerische General stampfte in Eberts Arbeitszimmer und verlangte die Rücknahme der Befehle, die Beendigung der gesamten Politik des Truppenabbaus, die Entlassung des gegenwärtigen Chefs der Reichswehr, General Reinhardt, der trotz der Rolle, die er in der Krise um die Annahme des Friedensultimatums gespielt hatte, für seine republikanischen Sympathien bekannt war, Neuwahlen und die Ernennung einer nicht parteigebundenen Regierung von Fachleuten. Leicht fassungslos angesichts dieser Liste von Forderungen, wies Ebert sie doch ohne Zögern zurück, und Noske, der mitanwesend war, erklärte dem General, er solle, wenn er nicht bereit sei, sich der Politik der Regierung zu fügen, seine Entlassung einreichen. Lüttwitz tat nichts dergleichen, sondern erteilte Ehrhardt in Döberitz den Befehl, den Putsch gegen die Republik mit einem Marsch auf Berlin einzuläuten.

Von einem Journalisten über das informiert, was sich zusammenbraute, berief Noske schnellstens die Mitglieder des Hauptquartiers im Reichswehrministerium zusammen; im Laufe der Unterredung mußte er zu seiner Verblüffung feststellen, daß er nicht auf die Hilfe der Reichswehr beim Kampf gegen die Meuterer würde zählen können. Reinhardt forderte zwar ein rasches Vorgehen, aber die untergeordneten Kommandeure folgten nicht seinen Befehlen, sondern denen des Generals Hans von Seeckt, des Chefs des Truppenamts der Reichswehr und De-facto-Stabschefs. Seeckt, der wegen seiner hervorragenden Leistungen an der Ostfront im Krieg bei allen seinen Kollegen in hohem Ansehen stand, widersetzte sich in entschiedener Form jeder bewaffneten Verteidigung der Hauptstadt. Die Reichswehr könne nicht auf ihre Kriegskameraden schießen, ohne sich damit selbst zu zerstören. Die Regierung müsse sich nach anderen Beschützern umsehen.

Und genau dies tat das Kabinett. Während Seeckt sich in aller Ausführlichkeit verabschiedete und den Rückzug in sein Hauptquartier antrat und Ehrhardts Truppen triumphierend in Berlin einzogen, wichen Ebert und seine Minister in kluger Voraussicht zunächst mit dem Auto nach Dresden und dann mit dem Zug weiter nach Stuttgart aus, von wo aus sie die Arbeiterklasse aufriefen, die Republik zu verteidigen. Der Generalstreik, der folgte, machte der glücklosen Regierung der Nationalen Vereinigung, die am 13. März in Berlin gebildet worden war, ein rasches Ende. Kapp und Lüttwitz, die sie anführten, wußten überhaupt nicht, was sie mit der Macht, die ihnen Ehrhardt in die Hände gelegt hatte, anfangen sollten, und der Zusammenbruch der öffentlichen Dienstleistungen und die Unmutskundgebungen, zu denen es in einigen Berliner Garnisonen kam, verwirrte sie und ließ sie den Mut verlieren. Am 17. März war ihr Abenteuer beendet.

Es hatte freilich eins deutlich werden lassen: daß die Befehlshaber des Heers sich nicht so gewissenhaft wie Ebert an die am 9. November 1918 geschlossene Vereinbarung gehalten hatten. Die Neutralität Seeckts im Angesicht des Putsches schien zu zeigen, daß die Reichswehr die Republik zwar gegen Angriffe von links verteidigen würde, sich aber nicht verpflichtet fühlte, dieselbe Haltung auch gegen die „nationale“ Opposition einzunehmen.

Wolfram Wette

„Staat im Staate" – das Risiko Reichswehr

„Der Kaiser ging, die Generäle blieben", lautet der Titel eines Romans von Theodor Plivier, in dem die revolutionäre Übergangszeit von der Monarchie zur ersten deutschen Republik beschrieben wird. Was der Schriftsteller ausdrücken wollte, ist klar: Der Wandel vollzog sich auf der Ebene des Staats- und Regierungssystems, nicht aber im Bereich der innenpolitischen Machtverhältnisse. Wenn „die Generäle blieben", so bedeutete dies, daß jene revolutions- und reformfeindliche gesellschaftliche Elite, die während der Zeit des deutschen Kaiserreiches eine herausragende Rolle gespielt und die im Verlaufe des Ersten Weltkrieges sogar den Reichsregierungen ihren Willen aufzuzwingen vermocht hatte, noch immer einen innenpolitischen Machtfaktor ersten Ranges darstellte. Damit ist ein wesentliches Strukturelement der jungen Weimarer Republik treffend ins Blickfeld gerückt.

[...] In der Zeit nach dem Ersten Weltkrieg war es unter friedenspolitischen Gesichtspunkten daher eine entscheidende Frage, ob es den Anhängern der Republik gelingen würde, die innenpolitische Macht der traditionell einflußreichen militärischen Elite zu brechen oder sie zumindest in eindeutiger Weise – verfassungsrechtlich wie auch tatsächlich – dem Primat der Politik zu unterwerfen. Deutlicher noch als der Zeitgenosse vermag der aus größerer zeitlicher Distanz zurückblickende Betrachter zu sehen, daß von der Lösung dieser Frage nichts Geringeres als der Bestand der Republik selbst sowie der mit ihr verknüpften Verständigungspolitik abhing.

Bekanntlich blieben die Generäle. Mit ihnen lebten sowohl antidemokratische Einstellungen als auch der imperiale Gedanke und das Streben nach einer Weltmachtstellung für das Deutsche Reich fort. Ein solches Ziel würde ohne den Einsatz kriegerischer Gewalt kaum zu erreichen sein. Als ein früher und ungemein sprechender Beleg für diese Kontinuität der Weltmachtambitionen führender Militärs können Überlegungen gelten, die bereits am 20. Dezember 1918, wenige Wochen nach dem Abschluß des Waffenstillstands von Compiègne, im Generalstab in Berlin angestellt wurden. Die Offiziere waren sich darin einig, daß das vorrangige Ziel deutscher Außenpolitik in der Wiederherstellung der soeben verlorenen Großmachtposition zu bestehen habe. Die vorhandenen Meinungsunterschiede bezogen sich lediglich auf die Frage des günstigsten Weges zu diesem Ziel. Die deutsche Revolution von 1918/19 bewirkte also bei der militärischen Elite keine grundlegende Neuorientierung des außenpolitischen Denkens. [. . .]

Nach dem Ersten Weltkrieg, besonders in der unmittelbaren Nachkriegszeit, als die Demobilmachung des Millionenheeres stattfand und sich aufgrund der militärischen Bestimmungen des Versailler Vertrages eine drastische Verminderung der verbliebenen Truppen und damit auch der Angehörigen der Führungsschicht abzeichnete, bestand die Chance, unter Anlegung neuer Auswahlkriterien den homogenen Block der monarchistischen Offiziere aufzubrechen und bevorzugt republikanisch eingestellte Offiziere zum Zuge kommen zu lassen. Tatsächlich wurde im Jahre 1919 ein heftiger Kampf um die Frage geführt, ob in der künftigen Reichswehr der Republik eher die Generalstabsoffiziere oder eher die Frontoffiziere Verwendung finden sollten. Hinter diesen für den militärischen Laien kaum verständlichen Gruppierungsbezeichnungen versteckte sich Politisches. Denn bei den Frontoffizieren wurde die Tendenz zu einer republikanischen Orientierung vermutet, während die Generalstabsoffiziere in wesentlich stärkerem Maße aus den „erwünschten Kreisen“ kamen und daher für eine monarchistische Orientierung standen.

Für den Fortgang der Geschichte der Weimarer Republik war es eine folgenschwere Entscheidung, daß die Generäle

v. Seeckt und Groener den Vorrang für die Generalstabsoffiziere und damit die traditionelle Homogenität durchsetzen konnten. Der sozialdemokratische Reichswehrminister Gustav Noske hat dieser ganz entscheidenden personalpolitischen Weichenstellung viel zu wenig Bedeutung beigemessen und die Generäle gewähren lassen, wo die Ingangsetzung eines grundlegenden personellen Wandels erforderlich und auch möglich gewesen wäre. So konnte die durch den Versailler Vertrag erzwungene Verminderung des Offizierkorps von dessen monarchistischem Kern dazu genutzt werden, die Auswahl erneut nach dem Modell der „erwünschten Kreise" zu betreiben. Im Ergebnis hatte die Reichswehr der Republik dann ein geschlossen reaktionäres, „sozialistenreines", antidemokratisch eingestelltes Offizierkorps, das sich sozial abkapselte und, wie es der Redakteur des sozialdemokratischen „Vorwärts", Erich Kuttner, schon im Herbst 1919 formulierte, einen „Staat im Staate" bildete.

Karin Hartewig

Frauenarbeit im Krieg und in der Nachkriegszeit

Ilse Moritz wurde am 8. 12. 1901 in Essen-Katernberg als Tochter eines Bergmanns geboren. Sie hatte acht Geschwister. Als sie im Frühjahr 1916 aus der Volksschule entlassen wurde, konnte sie keinen ihrer Wunschberufe, Schneiderin oder Krankenschwester, erlernen, weil die Eltern das monatliche Schulgeld von 10 Mark bei dieser großen Kinderzahl nicht aufbringen konnten. Um den elterlichen Haushalt finanziell zu entlasten, ging Ilse Moritz zunächst für ein knappes Jahr als Dienstmädchen in Stellung.

„Die erste Stelle nach der Schule, da war ich bei einem Pastor im Haushalt. Da hat man gemeint, wenn man jetzt zum Pastor komme, das ist schon der liebe Gott selber, also

das war sowas Besonderes! Und da waren vier Kinder, ach, die waren sehr liebe Menschen, aber was ich da für Arbeit hatte. 10 Zimmer und vier Kinder, und ich war 15 Jahre alt, und 20 Mark gab es im Monat. Aber die waren sehr lieb und gut."

Nach einem Krankenhausaufenthalt wegen Überarbeitung konnte sie ihre Arbeit im Haushalt des Pastors nicht fortsetzen. Wie ihre Mutter, die im Krieg auf der Kokerei der Zeche Bergmannsglück beschäftigt war, fand Ilse, die zu diesem Zeitpunkt noch keine 16 Jahre alt war, im Bergbau neue Arbeit.

„*Es blieb nichts anderes übrig, man hat jede Arbeit angenommen, die man nur kriegen konnte. Ich habe, bevor ich in Essen war, auf der Zeche Bergmannsglück in den Nebengewinnungsanlagen gearbeitet, wo Naphtalin gemacht wurde. Ammoniak wurde da gewonnen, und von diesen Restbeständen wurde dann Naphtalin gemacht. Das war in Gruben, das schwamm in Wassern, wo dann die Mottenkugeln daraus gemacht wurden. Dann bekamen wir solche komischen Stiefel an, mußten wir da rein und dies mit Gabeln aus diesen Laugen herausholen. Das wurde dann getrocknet, und das gab dann Naphtalin und Ammoniak für das Land als Dünger.*

Meine Mutter hat auch auf der Kokerei gearbeitet, Koks geschippt."

Diese Arbeit, die Ilse Moritz nach eigenen Angaben als einzige Arbeiterin unter männlichen Kollegen auf Zeche Bergmannsglück ausführte, mußte sie nach einer Magenvergiftung bald aufgeben. Etwas über ein Jahr lang war sie dann bis zum Ende des Krieges in der Werkskantine der Firma Krupp beschäftigt, was sie im Rückblick als „*schöne Arbeit*" und als persönliches Glück, das ihr der Krieg beschert hatte, erinnerte.

„*Wir haben in der Küche gearbeitet, in der Menage. Meine Tante war da in der Brotküche beschäftigt. [. . .] Und da war ich eigentlich traurig, als der Krieg aufhörte. Da war meine schöne Arbeit wieder weg. Plötzlich hörte der Krieg auf 1918: Bis Kriegsende war ich da. Dann kam das Ende.“*

Die Abwesenheit des Vaters, der 1914 eingezogen worden war und der erst nach acht Jahren nach Hause zurückkehrte, weil er sich von 1918 bis 1922 dem Freikorps Lichtschlag anschloß, änderte an ihrer Situation als jugendliche Mitverdienerin für die vaterlose Familie auch nach dem Krieg nichts.

„Und so habe ich dann alle Arbeiten angenommen, die irgendwie nur möglich waren, weil es ja nichts anderes gab. Und ich wollte immer nur der Mutter helfen mit den Geschwistern.“

1922, im selben Jahr, als ihr Vater zur Familie zurückkehrte, zog Ilse Moritz für zwei Wochen zu ihren zukünftigen Schwiegereltern nach Recklinghausen und befand sich – nun zur Gründung ihres eigenen Haushalts – weiterhin auf der Suche nach Arbeitsgelegenheiten.

„Ich arbeitete da in Recklinghausen, wohnte schon bei den Schwiegereltern für zwei Wochen, weil wir ja heiraten wollten. Ich hatte da eine Arbeit auf dem Bau, Kalksteine wurden da gemacht. Da habe ich ein paar Monate gearbeitet. Wenn ich keine Arbeit hatte, habe ich genommen, was zu kriegen war.“

Sie heiratete im selben Jahr; 1923, im Jahr der Hyperinflation wurde das erste von vier Kindern geboren. Auch als Ehefrau und Mutter blieb Ilse Moritz erwerbstätig, weil ihr Ehemann – Bergarbeiter wie ihr Vater – an einem Magengeschwür und an Bronchitis litt.

„Dann sind die Jahre vergangen ohne Lehre und ohne alles und ich habe dann mit 20 geheiratet. Tja, und mit der Heirat fing dasselbe Elend an, als wie's schon vorher war. Wir waren ein Jahr verheiratet, fing mein Mann schon an mit Magengeschwüren und mit Bronchitis [. . .]. Ja so war das, so mußte ich eben auch als Verheiratete dauernd arbeiten. Gelernt hatte man nichts. Was blieb? Auch nur Waschstellen, Putzstellen, Putzstellen!“

Werner Bührer

Die Unternehmer und der neue Staat

Obgleich zumindest der Ausgang des Ersten Weltkriegs zu einem nicht geringen Teil auf die mit großer Hartnäckigkeit verfolgten expansionistischen Ziele der deutschen Großindustrie zurückzuführen war, blieb eine selbstkritische Auseinandersetzung mit dem eigenen Anteil an diesem Geschehen aus. „Die ‚Politik' an der Ruhr – wenn man überhaupt von einer solchen sprechen kann –", schrieb Hugo Stinnes in einem Brief vom Februar 1923, „hat stets nur friedliche Arbeit ersehnt und ist an dem Krieg von 1914/18 absolut unschuldig." Ohnehin war es nicht der Krieg, sondern lediglich die Niederlage, welche die Frage nach Verantwortlichen aufwarf. Die Haltung Emil Kirdorfs, der u.a. im Centralverband Deutscher Industrieller eine wichtige Rolle spielte, dürfte für viele Schwerindustrielle typisch gewesen sein: Auf der Suche nach einem Sündenbock schob er einen Teil der Schuld den Siegermächten zu, die das Reich überfallen und zersetzt hätten; die zweite Ursache der Niederlage erblickte er im „Verrat im eigenen Land". Etwas realistischer fiel da schon die Analyse des Geschäftsführers des Vereins Deutscher Eisen- und Stahlindustrieller (VDESI), Jakob Reichert, aus, der vor allem den materiellen Beitrag der USA verantwortlich machte; den Krieg selbst vermochte freilich auch er nur unter dem Gesichtspunkt der Leistungsfähigkeit der deutschen Stahlindustrie zu sehen. War schon die „Dolchstoßlegende" hervorragend geeignet, eine wirkliche Ursachenforschung zu verhindern, so lieferten der Versailler Vertrag und insbesondere die alliierte Kriegsschuldthese eine weitere Handhabe, von der eigenen Mitverantwortung abzulenken. Man mag einwenden, daß eine „ehrliche" Aufarbeitung der Kriegsschuldfrage dadurch blockiert wurde, daß die deutsche Seite unter Rechtfertigungsdruck geriet; doch auch ohne diesen äußeren Zwang wären friedenspolitische Lernerfolge in schwerindustriellen Kreisen kaum zu erwarten gewesen. Machtpolitik, Krieg, Annektionen – all dies waren derart selbstverständliche Bestandteile der internationalen Politik, daß sich ein „Unrechtsbewußtsein" schlechterdings nicht einstellen wollte. Dies war freilich kein Spezifikum der Unternehmerschaft, sondern traf auf andere traditionelle Eliten ebenso zu. [. . .]

Am Ende des Ersten Weltkrieges ging es dabei aus der Sicht der Industrie um zweierlei: Zunächst mußte das Unternehmertum, wie der bereits erwähnte VDESI-Geschäftsführer Reichert Ende Dezember 1918 rückblickend schilderte, „vor der drohenden, über alle Wirtschaftszweige hinwegfegenden Sozialisierung, der Verstaatlichung und der nahenden Revolution" bewahrt werden; daneben galt es, den im Verlauf des Krieges gestiegenen Staatseinfluß so weit wie möglich zurückzudrängen. [. . .]

Während sich der Konflikt mit den staatlichen Stellen um die Autonomie der Wirtschaft spätestens Mitte 1916 abzuzeichnen begann und die Anhänger des „freien Unternehmertums" genügend Zeit hatten, wichtige Positionen im kriegswirtschaftlichen Apparat zu erobern, um die Zwangswirtschaft von innen aufbrechen zu können, mußten sie auf die revolutionäre Herausforderung kurzfristig reagieren. Sie taten dies in einer Mischung aus Pragmatismus und Opportunismus und vermieden dabei eine riskante Konfrontation mit den sozialisierungswilligen Kräften. Sie beteiligten sich in den Jahren 1918 bis 1920 aktiv an der Sozialisierungsdiskussion, aber nicht als „Verteidiger von ‚free enterprise', sondern als Experten", die, wie Paul Silverberg, Präsidiumsmitglied des Reichsverbands der Deutschen Industrie, später eingestand, die Sozialisierung abwürgten, indem sie „ständig neue Ideen unterbreiteten". Abgesehen von zwei „bescheidenen Sozialisierungsgesetzen", die Produktion und Absatz in der Kohlen- und Kaliindustrie unter staatliche Aufsicht stellten, das Privateigentum an den Gruben aber nicht antasteten, blieben diese Verhandlungen denn auch ohne nennenswerte Ergebnisse. Die Weimarer Reichsverfassung vom August 1919 garantierte der Privatindustrie, ungeachtet der Verankerung einer Reihe von sozialen Rechten zugunsten der Arbeiterschaft, wieder eine volkswirtschaftliche Schlüsselstellung und schirmte das kapitalistische Wirtschaftssystem gegen sozialistische Experimente ab. Manche dieser sozialistischen Zugeständnisse, zu denen sich einflußreiche Großindustrielle unter dem Eindruck der revolutionären Ereignisse bereitgefunden hatten, wurden nach und nach ausgehöhlt. Parallel dazu versuchten schwerindustrielle Kreise, die verbliebenen staatlich-parlamentarischen Kontrollmöglichkeiten gegenüber der Wirtschaft dadurch zu unterlaufen, daß Unternehmer oder Verbandsfunktionäre für die Partei- und Regierungsarbeit „abgestellt" wurden. Zudem verstanden es diese Kreise recht geschickt, die dem Deutschen Reich auferlegten Reparationsverpflichtungen zur Abwehr der Sozialisierungsexperimente einzusetzen: Gerade angesichts der gewaltigen Forderungen, so das Argument, müsse an den bewährten wirtschaftlichen Strukturen festgehalten werden. [. . .]

Nach dem Ersten Weltkrieg hatten es die Unternehmer in erster Linie der Führung der Freien Gewerkschaften zu verdanken, daß sie ihre Machtstellung behaupten konnten. Ihre Absichten beim Abschluß des Arbeitsgemeinschaftsabkommens erhellten aus dem bereits zitierten Vortrag Jakob Reicherts vom Dezember 1918: „Inmitten der allgemeinen großen Unsicherheit, angesichts der wankenden Macht des Staates und der Regierung gibt es für die Industrie nur auf Seiten der Arbeiterschaft starke Bundesgenossen, das sind die Gewerkschaften." Das zugrundeliegende Kalkül dabei war, „durch ein Bündnis mit der Arbeiterschaft auf der sozialen Ebene deren Macht und Einfluß auf der politischen Ebene zu neutralisieren". Eine wirkliche Abkehr vom tradierten „Herr-im-Hause"-Standpunkt hin zur nicht nur taktisch motivierten Anerkennung gewerkschaftlicher Gleichberechtigung war mit der Zentralarbeitsgemeinschaft (ZAG) folglich nicht verbunden, wie schon die Kritik aus dem Unternehmerlager selbst an den „übertriebenen" Konzessionen erkennen ließ. Wenn den Unternehmern ihr altes Selbstbewußtsein in den Tagen um den 9. November je verloren gegangen war, so hatten sie es jedenfalls sehr schnell wieder zurückgewonnen. Mit der Rückkehr zu „normalen" politischen und wirtschaftlichen Verhältnissen verlor die ZAG Schritt für Schritt ihre Bedeutung für die Unternehmer. Das Betriebsrätegesetz von 1920, das der Arbeiterschaft nur geringe Mitsprachemöglichkeiten sicherte, war Reflex der veränderten gesellschaftlichen Machtkonstellation und nur noch ein schwacher Ersatz für die gewerkschaftlichen Positionsgewinne des November 1918.

Die treibende Kraft bei diesem Versuch des sozialpolitischen „roll back" waren die schwerindustriellen Verbände. Dem Selbstverständnis ihrer Mitglieder entsprach es offenbar am allerwenigsten, die Gleichberechtigung der Gewerkschaften zu akzeptieren. Die Kooperation während des Krieges hatte diese Einstellung nicht zu ändern vermocht. Für viele Stahlindustrielle und Bergbauunternehmer kam die Gewerkschaftsmitgliedschaft eines „ihrer" Arbeiter immer noch fast einer offenen Auflehnung gleich. In dieser Hinsicht unterschieden sie sich merklich von den Kollegen aus den verarbeitenden Branchen, welche die punktuelle Zusammenarbeit mit den „freien" Gewerkschaften durchaus schätzengelernt hatten.

Heinrich Potthoff

Die Gewerkschaften nach dem Krieg

Das Ende des Ersten Weltkrieges erlebten die Gewerkschaften als weitgehend intakte Organisationen. In der Phase der revolutionären Umwälzung galten sie für die Unternehmer

– und nicht nur für diese – als stabilisierender Faktor, der am ehesten Ordnung und Kontinuität verbürgen konnte. Ein beispielloser Mitgliederzulauf und die Ausweitung ihrer Wirkungs- und Entfaltungsmöglichkeiten führten die Gewerkschaften in Deutschland auf den Höhepunkt ihrer gesellschaftlichen Macht. Im Gefolge des Krieges errangen sie staatliche und gesellschaftliche Anerkennung und mit der Niederlage und dem Zusammenbruch des alten Systems stiegen sie zu einer bedeutenden Ordnungs- und Gestaltungskraft in der neuen Republik auf. [. . .]

Demobilisierung und Sozialisierung, Rätebewegung und Nationalversammlung, Ordnung oder Chaos waren die Schlagworte und Themen der Zeit. Die Versorgung der Bevölkerung mit Lebensmitteln und Heizmaterial, die Umstellung und Ankurbelung der industriellen und landwirtschaftlichen Produktion waren die drängenden Probleme. Die Millionen der heimkehrenden Kriegsteilnehmer erwarteten sehr konkret, daß sie an ihre alten Arbeitsplätze zurückkehren bzw. geeignete neue erhalten würden. Das aber hieß in vielen Betrieben, daß Frauen ihren Platz für die Heimkehrer zu räumen hatten. Dieser antiemanzipatorische Verdrängungsprozeß nahm an der betrieblichen Basis Züge an, die sogar den Gewerkschaften – zumindest den Freien – selbst weitgehend eine „Männergesellschaft“, zu hart schienen. Das stärkte in ihren Reihen die ohnedies vorhandenen Vorbehalte gegen eine Mitbestimmung betrieblicher Vertretungsorganisationen der Arbeitnehmer bei Einstellungen und Entlassungen.

In die Abneigung der meisten Gewerkschafter gegen Räte und Rätechaos mischten sich neben vielen anderen Momenten wohl auch Aversionen gegen alles Osteuropäische. Russisches Chaos und polnische Anarchie waren Vokabeln, die durchaus zum Standardrepertoire zählten. Die Abneigungen wurzelten zum einen in der antizaristischen Tradition der deutschen sozialistischen Arbeiterbewegung, in den tatsächlichen politischen und wirtschaftlichen Zuständen in

Sowjetrußland und in dem neuen Polen und in der Überheblichkeit der sich als fortschrittlich und erfolgreich dünkenden deutschen Gewerkschaftsbewegung.

Orientierungspunkte der Freien Gewerkschaften in der damaligen Zeit waren die entwickelten europäischen Industriegesellschaften und eine parlamentarisch-soziale Demokratie. Vom Ende des Krieges erhofften sie sich einen mächtigen Schub zur sozialen Besserstellung der Arbeiterschaft, die im Verbund mit den westeuropäischen Schwesterorganisationen realisiert werden sollte. Mit einem umfangreichen Programm über Arbeiterschutz, Arbeitsrecht und Sozialpolitik hatten sie schon 1917 weitgehend identische Forderungen für den Friedensvertrag angemeldet. Die Waffenstillstandsbedingungen konfrontierten die deutschen Gewerkschaften dann mit den harten machtpolitischen Bedingungen. Doch man wiegte sich noch in Illusionen, bis das Oktroi des Versailler Vertrages den Schleier zerriß. Als Ruin für die Wirtschaft und als Versuch zur Versklavung des deutschen Volkes geißelten die Gewerkschaften aller Richtungen öffentlich diesen „Schmachfrieden" und bemühten sich bis zuletzt, den Alliierten noch Zugeständnisse abzuringen. In der entscheidenden Frage, Annahme oder Ablehnung, waren die Meinungen in den Freien Gewerkschaften gespalten und sie vermieden, anders als beim Kriegsausbruch 1914, jegliche Festlegung.

Erst die Durchführung des Versailler Friedensvertrages verstrickte die deutschen Gewerkschaften in Konflikte, die konkrete Entscheidungen forderten. Dieses Reagieren, wenn sie von außen gefordert wurden, war in gewisser Weise bezeichnend für ihre Auseinandersetzung mit der Kriegsfolgeproblematik. Bei den Christlichen ging es vorrangig um eine Legitimation ihres unter dem Druck der vollendeten Tatsachen vollzogenen Schwenks von der Monarchie zur parlamentarischen Republik. Zwar gab es kurzfristig und vereinzelt vorsichtige Kritik am Versagen der deutschen Führung im Krieg und einer Fehleinschätzung der Machtpotentiale. Eine prinzipielle Auseinandersetzung mit den Fragen von Kriegsschuld, Kriegsdauer und Niederlage fand jedoch nicht statt. Mit der Formel vom „Schicksal“ und dem „Walten“ einer „unerforschlichen Vorsehung“ wurden sie der Diskussion enthoben und der Weg zu einer positiveren Sicht des Krieges bereitet. [. . .]

Bei den Freien Gewerkschaften entzündete sich an der Kriegspolitik der Instanzen dagegen ein heftiger innerer Streit. Allerdings resultierte dieser gar nicht vorrangig aus der Einsicht in die Notwendigkeit, diese aufzuarbeiten. Gewiß spielte das mit. Aber den harten Kern des Konfliktes machte etwas anderes aus. Es war ein Kampf um die innergewerkschaftliche Macht und ein Ringen divergierender Auffassungen über die gewerkschaftliche Strategie gegenüber Unternehmertum und bürgerlicher Gesellschaft, bei dem die Kriegspolitik als Waffe genutzt und instrumentalisiert wurde.

Es war bezeichnend, daß die eigentlichen Debatten um die Kriegspolitik auf dem Nürnberger Gewerkschaftskongreß 1919 und den ersten Nachkriegsverbandstagen geführt wurden, als es programmatisch und personell um den Kurs der Freien Gewerkschaften in der neuen Republik ging. Die Opposition hielt sich zugute, daß sie die deutsche Kriegs- und Annexionspolitik und insonderheit den Diktatfrieden von Brest-Litowk angeprangert hatte. Von da aus leitete sie für sich „das moralische Recht“ her „zu sagen, daß wir den Gewaltfrieden der Entente genauso verabscheuen wie damals den Gewaltfrieden von deutscher Seite“. Aber sie bekannte sich zugleich dazu, diesen „räuberischen Gewaltfrieden“ zu schlucken, „um Schlimmeres zu verhüten“. Die Anstöße der Opposition, die eigene gewerkschaftliche Kriegspolitik kritisch zu hinterfragen, verpufften bei der tonangebenden Mehrheit ins Leere.

[. . .] Die Mehrheitsvertreter drehten den Spieß um und richteten ihn gegen die Opposition. Sie werteten die Friedensbedingungen als Beweis, daß die aggressiven Ziele der

Kriegsgegner ihre eigene Kriegspolitik rechtfertigten und Deutschland sich in einem Verteidigungskrieg befunden habe. Die Generalkommission brachte diese Position in ihrem Geschäftsbericht auf den Nenner: „Wenn es einer Bestätigung der Eroberungs- und Vernichtungsabsichten der Feinde Deutschlands bedurft hätte, so erbringt sie der Inhalt dieses Entwurfs (des Friedensvertrages). Er bildet die bündigste Rechtfertigung dafür, daß das deutsche Volk diesen Krieg als Verteidigungskrieg führen und daß es die äußersten Kräfte zur Abwehr solcher Gegner aufbieten mußte."

Peter Brandt

Die SPD als Staatspartei

Die Mehrheitssozialdemokratie bekannte sich in ihrem Görlitzer Programm 1921 vorbehaltlos zur Republik. „Staat und Sozialdemokratie gehören zusammen", kommentierte Friedrich Stampfer. Den Staat gelte es für die Interessen „des arbeitenden Volkes in Stadt und Land" – nicht mehr nur „der Arbeiterklasse" – nutzbar zu machen. In diesem Sinne erstrebte die SPD „die Zusammenfassung aller körperlich und geistig Schaffenden, die auf den Ertrag eigener Arbeit angewiesen sind, [...] zur Kampfgemeinschaft für Demokratie und Sozialismus". Die im Görlitzer Programm enthaltenen Ansätze einer Selbstdarstellung der SPD als Volkspartei und einer ethischen Begründung ihres „demokratischen Staatssozialismus" wurden ab 1922 mit der Vereinigung der SPD und der Rest-USPD wieder abgeschwächt. Das Heidelberger Programm der vereinigten SPD von 1925 war stärker marxistisch geprägt als das Görlitzer, aber im Bekenntnis zur demokratischen Republik eindeutig. In ihr besitze die Arbeiterklasse „die Staatsform, deren Erhaltung und Ausbau für ihren Befreiungskampf eine unerläßliche Notwendigkeit ist". „Wir bekennen uns zu diesem Staat", so Otto Wels 1927, „weil wir ihn besitzen wollen; wir schützen ihn, weil er ein gastliches Haus werden soll für uns und erst recht für die kommenden Generationen." [...]

Für eine größere Parteiöffentlichkeit wurde die Staatsbejahung der SPD von Rudolf Hilferding auf dem Kieler Parteitag 1927 begründet. Ausgehend von der Theorie des „organisierten Kapitalismus", gekennzeichnet durch die Tendenz zur fortschreitenden gegenseitigen Durchdringung von Staat und Wirtschaft, postulierte Hilferding, die Zeit des reinen Klassenstaats sei vorbei; es gelte, die Republik im Interesse der Arbeiterklasse bedingungslos zu verteidigen, auf allen institutionellen Ebenen zu beeinflussen und auf diesem Weg umzugestalten. Schädlich sei das Schlagwort von den „demokratischen Illusionen" in der Arbeiterbewegung, der einzigen festen Stütze der Demokratie. Daher wies Hilferding auch nachdrücklich die linkssozialistische Abwertung des bestehenden Staates als „bürgerliche" und „formale" Demokratie zurück. Sie war aus seiner Sicht historisch und politisch grundfalsch. Auch Kautsky hatte in seinem Kommentar zum Heidelberger Programm mit Nachdruck darauf hingewiesen, daß „die volle Demokratie" keine kapitalistische Erfindung und kein Machtmittel des Kapitals sei, sondern eine Errungenschaft des Kampfes der Arbeiterbewegung.

Praktisch zeigte sich die Differenz zur Parteilinken vor allem in der Behandlung der Koalitionsfrage, die die ganze Zeit zwischen der Revolution und dem Ende der Republik ein sicheres Kriterium der innerparteilichen Flügelbildung ausmachte. Zwar war die Linke nicht unter allen Umständen gegen Koalitionen und die Rechte nicht unter allen Umständen dafür, aber in der Tendenz galt für den linken Flügel die Koalitionsablehnung und für den rechten Flügel, bis weit in die Mitte der Partei, die Koalitionsbejahung. Die Linke, rund ein Viertel der Parteitagsdelegierten in Kiel 1927, argumentierte, nachdem sich die Bourgeoisie mit der parlamentarischen Demokratie abgefunden habe, trete der Kampf für die einfache Erhaltung der Republik zurück hinter den proletarischen Klassenkampf für den Sozialismus. „Angesichts dieser Konstellation muß die Taktik der Sozialdemokratie sein: *Opposition statt Koalition.*" Demgegenüber behielt für die Mehrheit die Verteidigung der Republik auch angesichts ihrer relativen Stabilisierung einen besonderen Stellenwert. Es gelte, im Einzelfall zu prüfen, „ob die Stärke der Sozialdemokratie im Volke und im Reichstag die Gewähr gibt, durch Teilnahme an der Regierung in einer gegebenen Situation bestimmte, im Interesse der Arbeiterbewegung gelegene Ziele zu erreichen oder reaktionäre Gefahren abzuwehren."

Otto Dann

Flaggen und Gedenktage – Symbole einer gespaltenen Republik

Die Gesellschaft dieses Nationalstaates hat sich nicht zu der Feier eines gemeinsamen politischen Gedenktages zusammenfinden können. In den ersten Jahren der Republik gab es Gedenkfeiern der Revolution am *9. November.* Sie wurden jedoch nur von der USPD voll unterstützt. Alle bürgerlichen Parteien distanzierten sich vehement davon, und die SPD blieb reserviert. – Seit 1921 proklamierten die Weimarer Koalitionsparteien demgegenüber den *Verfassungstag am 11. August* zum nationalen Feiertag, verfügten aber bereits nicht mehr über die parlamentarische Mehrheit, um ihn gesetzlich zu verankern. Um so mehr wurde der 11. August zu einem Bekenntnistag der Sozialdemokratie und der Demokraten zu ihrem Staat; er wurde als Volksfest gestaltet und war seit 1925 geprägt von den Aufmärschen des Reichsbanner Schwarz-Rot-Gold. Die bürgerlichen

Parteien einschließlich der Zentrumspartei und das gesamte konservative Lager begingen daneben und sehr viel emphatischer den *Reichsgründungstag am 18. Januar.* Hier versammelten sich die ‚Bismarckdeutschen', die sich absetzten von den ‚Novemberdeutschen'. – Besondere Akzente im Festkalender der Weimarer Republik setzte die Totalopposition: Die KPD feierte mit steigender Anteilnahme am *7. November* den ‚Roten Oktober', den Jahrestag der russischen Oktoberrevolution; sie betonte damit ihren Internationalismus, der in Wirklichkeit eine Unterordnung unter die Hegemonie der KPdSU bedeutete. Die NSDAP zelebrierte den Mythos ihrer ‚Märtyrer' des *9. November 1923* und wollte damit auf ihre Weise die Erinnerung an die Novemberrevolution verdrängen helfen.

In der Flaggenfrage war es für die Sozialdemokratie selbstverständlich, an das *Schwarz-Rot-Gold* der nationaldemokratischen Bewegung des 19. Jahrhunderts anzuknüpfen und durch einen Farbenwechsel den demokratischen Neuanfang von 1919 sichtbar zu machen. Doch bei den parlamentarischen Verhandlungen zeigte sich, daß nur die Mehrheit der Zentrumspartei und einige DDP-Abgeordnete in dieser Richtung mitzogen. Die USPD wünschte die *Rote Fahne* der Arbeiterrevolution, die überwiegende Mehrheit der Bürgerlichen wollte am *Schwarz-Weiß-Rot* des Kaiserreiches festhalten. Schwarz-Rot-Gold war also nur über einen Kompromiß durchzusetzen: In der Handelsflagge blieb Schwarz-Weiß-Rot erhalten und wurde später auch für die Reichskriegsflagge übernommen. Das bedeutete: Der neue Nationalstaat hatte hinsichtlich seiner Flagge keine eindeutige Identität. Die Kritiker dieses Staates fühlten sich legitimiert, die kaiserliche Flagge zu hissen und taten dies seit der Wahl Hindenburgs in zunehmendem Maße. Die Antwort von links blieb nicht aus, und so entwickelte sich in der politischen Öffentlichkeit ein *Flaggenstreit,* der im Jahre 1926 sogar zum Rücktritt einer Regierung führte. Die Auseinandersetzung um die Flagge wurde zum Stellvertreterkrieg des Kampfes um den Nationalstaat. Die nationalpolitische Spaltung der deutschen Gesellschaft war nicht zu übersehen, zumal seit 1928 auch die schwarz-weiß-rote *Hakenkreuzfahne* der NSDAP immer häufiger in Erscheinung trat.

Hermann Kurzke

„Von deutscher Republik" – die Wandlung Thomas Manns

Das Kriegsende und die Ausrufung der Republik bedeuten für ihn einen gelinden Schock. Er vertritt zunächst eine wenig präzisierte Form der sogenannten „konservativen Revolution". [...]

Es mußte daher alle überraschen, daß er 1922 in der Rede *Von deutscher Republik* die Deutschen aufforderte, die ihnen zugefallene Republik mit Leben zu erfüllen. Die Wandlung zum Republikaner ist der wichtigste und meistkommentierte Vorgang der Biographie Thomas Manns. [...]

Die Wandlung erfolgt keineswegs gleich 1918 als Folge des verlorenen Krieges und der Revolution. Sie tritt vielmehr erst 1922 zutage. Ihr genauer Verlauf in den Jahren 1918 bis 1922 ist immer noch ungeklärt. Was waren die wichtigsten Anstöße? Offenbar fühlt er sich weder bei der Rechten noch bei der Linken zu Hause. Er freut sich über das Ende der Münchener Räterepublik, weil es sich unter der Militärdiktatur freier atme, ist aber skeptisch gegenüber dem Kapp-Putsch, der die konservative Idee kompromittiere. Es sieht so aus, als habe sich untergründig ein langwieriger Erkenntnisprozeß vollzogen, dessen Ergebnis dann zwar überraschend offenbar wird, der aber keineswegs so punktuell auf einzelne Ereignisse wie die Krankheit Heinrichs oder den Rathenau-Mord zurückgeführt werden kann.

Nach [Terence J.] Reed sind die Jahre bis 1922 als ein Werben und Suchen um eine Art Konservatismus zu verstehen, an den man sich anschließen kann – es gibt aber keinen; es gibt nur Skurrilitäten, Peinlichkeiten, Lächerlichkeiten, Atrozitäten. Am Ende bleibt nur, die deutsche Humanität in der Republik zu verwirklichen. Die Republik wäre also das nur negative, das nie gesuchte, aber zwangsläufig resultierende Ergebnis der Krise. [...]

Man muß es daher wohl glauben, wenn er in *Von deutscher Republik* einleitend beteuert: „Ich weiß von keiner Sinnesänderung. Ich habe vielleicht meine Gedanken geändert, – nicht meinen Sinn." Thomas Mann verteidigt die Republik denn auch nicht mit den Argumenten der aufklärerisch-demokratischen, sondern mit denen der romantisch-vitalistischen Tradition, mit Novalis, Nietzsche, Hauptmann und Whitman, verteidigt sie als „Schicksal", als „Leben", als „Heimat". Von 1914, „der Stunde der Ehre und des todbereiten Aufbruchs", nicht 1918 habe er sie datiert. Er setze mit dem Republikvortrag die Linie der *Betrachtungen [eines Unpolitischen]* fort und werfe sich, wie damals der revolutionären Welle, im Namen deutscher Humanität heute der reaktionären Welle entgegen. Die Fronten sind also nach wie vor „deutsche innerliche Kultur" contra „Politik", nur daß jetzt die Republik auf der Kulturseite steht und der Rechtsradikalismus wie der Linksradikalismus im Topfe „Politik" landen. Das Denksystem ist das gleiche geblieben. Bis hierhin ist die „Wandlung" nur ein Oberflächenphänomen bei erhalten gebliebener Tiefenstruktur. [...]

Von der sittlichen Notwendigkeit des Republikvortrags war Thomas Mann sein Leben lang überzeugt, von seiner ästhetischen und gedanklichen Qualität hegte er jedoch nur eine geringe Meinung. Daß die *Betrachtungen* ästhetisch, als Dichtung genommen, in ihrer Melancholie weit mehr taugen als jene väterliche Ermunterung zur Republik, das gibt er in *Kultur und Sozialismus* (1928) offen zu. [...] Die ganze Argumentationsstrategie des Republikvortrags, dessen

Kronzeugen ja allesamt keine Republikaner sind, ist darauf gerichtet, das Herz von den Einsichten des Kopfes zu überzeugen. Doch es bleibt bei einem Entschluß jener Art, wie ihn Friedrich Meinecke faßte, beispielgebend für eine schmale Schicht konservativer Intelligenz (z.B. Troeltsch, Rathenau, Thomas Mann): „Ich bleibe, der Vergangenheit zugewandt, Herzensmonarchist und werde, der Zukunft zugewandt, Vernunftrepublikaner." [...]

In der zweiten, der Stabilisierungsphase der Weimarer Demokratie hat Thomas Mann immer wieder kleinere politische Auftritte. [...] Der wichtigste literaturpolitische Schritt war die Teilnahme an der Gründung der Sektion für Dichtkunst in der Preußischen Akademie der Künste (ein sozialdemokratisches Prestige-Projekt). Die individualistisch-metaphysische Auffassung von deutschem Dichtertum sperrte sich lange gegen den Akademiegedanken, dem der Geruch des Französischen, Etatistischen und Sozialistischen anhaftete. Auch Thomas Mann hatte sich (in einem Brief an Albert Ehrenstein vom 11. 11. 1915) zunächst als Gegner des Akademiegedankens erwiesen. („Ist die deutsche Literatur nicht zu wesentlich anarchisch, um eine Akademie zu dulden?") Umso beachtlicher war es, daß der Ex-Unpolitische Thomas Mann diese Bedenken überwand und an führender Stelle stets loyal, sozial und demokratisch an der Akademiearbeit mitwirkte, obgleich das eine undankbare Aufgabe war. [...]

Die letzten Jahre der Weimarer Republik sind neben den ersten Jahren des USA-Exils die „politischste" Zeit seines Lebens. Ein Indiz ist die besonders große Zahl politischer Interviews in diesen Jahren. [...] Die Reden über Lessing und über Freud im Jahre 1929 werden in den Dienst des Kampfes gegen die völkischen und irrationalistischen Bewegungen gestellt. Im gleichen Jahr erhält Thomas Mann den Nobelpreis für Literatur. Internationaler Ruhm unterstützt also seine demokratischen Aktionen, wenn auch ohne Absicht: das Nobelpreiskomitee ehrte ausdrücklich den

Verfasser der *Buddenbrooks,* nicht den des *Zauberbergs.* Ein Gipfelpunkt des öffentlichen Auftretens ist die von rechtsradikalen Störtrupps heimgesuchte *Deutsche Ansprache* im Oktober 1930, die das Gebaren der Nationalsozialisten wortgewaltig charakterisiert und das deutsche Bürgertum auffordert, sich an die Seite der Sozialdemokratie zu stellen. [...] Auch alle anderen, auch die im engeren Sinne der Literatur geltenden Schriften, wie etwa die Goethe-Reden von 1932, sind in jenen Jahren vom Kampf gegen den Nationalsozialismus gefärbt. Auch wenn es Mann nie zum Volkstribun bringen kann, ist die institutionelle und meinungsweise Politisierung des ehemals „Unpolitischen" doch auf eine erstaunliche Höhe gelangt. Er ist wie Gerhart Hauptmann und sein Bruder Heinrich zum kulturellen Aushängeschild der Weimarer Republik geworden.

Gordon A. Craig

Antisemitismus I – Leben und Tod Walther Rathenaus

Im Jahre 1921 stellte sich Kurt Tucholsky, der größte deutsche Satiriker nach Heine, in einem seiner vielen Artikel über den Antisemitismus vor, General Erich Ludendorff treffe vor der Himmelstür ein und werde dort sehr streng gefragt, wie er den Tod von zwei Millionen Menschen während des Krieges rechtfertigen könne. „Lieber Gott", läßt er Ludendorff antworten, „es waren die Juden!"

Tucholskys Vorstellungsbild ist keineswegs so übertrieben, wie es scheinen mag. Während des 19. Jahrhunderts machte man die Juden für jedes Unheil verantwortlich, das das Land befiel, und erklärte man sie im Ersten Weltkrieg nicht zum Sündenbock für die Fehler von Ludendorffs Generalstabsführung, so hieß es doch, sie seien der Armee 1918 in den Rücken gefallen und hätten zu einem schädlichen Friedensvertrag beigetragen. In der Folge wurde ihnen jeder wirtschaftliche Rückschlag angelastet, den die Weimarer Republik erlitt – die Inflation von 1922/23 zum Beispiel –, sowie alles, was an der Außenpolitik des jungen Staates mißfiel. [. . .]

„In den Jugendjahren eines jeden deutschen Juden", schrieb Walther Rathenau 1911, „gibt es einen schmerzlichen Augenblick, an den er sich zeitlebens erinnert: wenn ihm zum ersten Male voll bewußt wird, daß er als Bürger zweiter Klasse in die Welt getreten ist, und daß keine Tüchtigkeit und kein Verdienst ihn aus dieser Lage befreien können."

Der Fall Walther Rathenaus ist lehrreich, denn Rathenau war wie Heinrich Heine ein Ruhestörer, einer, dessen Leistungen eine Provokation darstellten, die ihm den Haß weniger begabter Männer eintrug. Zu seinem Unglück besaß er weder den Witz noch die Freude am Spott über die Philister, die Heine aufrechterhielten, und auch nicht das erhabene Selbstvertrauen, das es dem Dichter gestatte, sein Judentum zuzugeben, ohne einen Augenblick lang an seinem wesentlichen Deutschtum zu zweifeln. Das jüdische Erbe war für Rathenau etwas, das er ehrte, indem er dem orthodoxen Glauben treu blieb, dessen er sich aber gleichzeitig schämte. Er wollte unbedingt mit seinen Fähigkeiten, derer er sich bewußt war, gerade von der Gruppe anerkannt werden, die am wenigsten bereit war, ihn zu verstehen, von den blonden, blauäugigen Preußen, deren fundamentale Geistesfeindlichkeit Heine in *Deutschland. Ein Wintermärchen* verspottet hatte, die Rathenau aber idealisierte und der er nachzueifern suchte.

Als Sohn des Gründers der Allgemeinen Elektrizitäts-Gesellschaft (AEG), die sich zu einem der größten Industriekonzerne im Wilhelminischen Deutschland entwickelte, studierte Walther Rathenau in Berlin und Straßburg Mathematik, Physik und Chemie und promovierte 1889 mit einer Arbeit über *Lichtabsorption durch Metalle.* Während einer zehnjährigen Lehrzeit war er zunächst in einer Aluminiumfabrik in der Schweiz, dann als Leiter eines elektrochemischen Betriebs in Bitterfeld bei Leipzig tätig. Danach stand fest, daß er alle Fähigkeiten besaß, um Emil Rathenau an der Spitze der AEG nachzufolgen, denn in ihm verband sich praktisches und administratives Geschick mit einer scharfen kritischen und analytischen Veranlagung. [. . .]

Er wurde auch in die Politik hineingezogen, obwohl er zu einem Freund sagte, die äußeren Umstände seien gegen seinen Erfolg gerichtet. „[. . .] so bin ich, wie Ihnen bekannt sein dürfte", schrieb er, „als Jude Bürger zweiter Klasse. Ich könnte nicht politischer Beamter werden, nicht einmal in Friedenszeiten Leutnant. Durch einen Glaubenswechsel hätte ich mich den Benachteiligungen entziehen können, doch hätte ich hierdurch nach meiner Überzeugung dem von den herrschenden Klassen begangenen Rechtsbruch Vorschub geleistet." [. . .]

Während des Ersten Weltkriegs erhielt Rathenau die erste wirkliche Gelegenheit, seiner Nation zu dienen, und er bewies seine Fähigkeiten durch die überlegene Art und Weise, wie er die Kriegsrohstoffabteilung in der Krisenzeit 1914/15 aufbaute und führte. Trotz der Bedeutung seines Beitrags zur Überwindung des gefährlichen Mangels an strategischen Materialien, dem sich Deutschland 1914 gegenübersah, hatte er das Gefühl, seine Arbeit sei ihm sowohl vom Militär wie von den Industriellen verübelt worden, mit denen er hatte verhandeln müssen, und als er 1915 zurücktrat, um die Präsidentschaft der AEG zu übernehmen, schrieb er an einen Freund: „Daß ich als Privatmann und Jude unaufgefordert dem Staat einen Dienst geleistet habe, können beide beteiligten Gruppen mir nicht verzeihen, und ich glaube nicht, daß zu meinen Lebzeiten diese Stellungnahme sich ändert." Deshalb verweigerte er dem Staat jedoch nicht seine guten Dienste. In den letzten Kriegsjahren stand er zur Verfügung, wenn man ihn um Rat anging, vor allem in wirtschaftlichen Fragen, und er schrieb eine Reihe von Berichten, in denen er jene ökonomischen Probleme voraussah, denen Deutschland und seine Nachbarn nach Kriegsende gegenüberstehen würden. Seine Gedanken darüber und sein großes Finanzwissen machten ihn für die republikanischen Regierungen nach 1919 unentbehrlich; er nahm 1920 an der Reparationskonferenz in Spa teil und wurde im Jahr darauf Wiederaufbauminister im Kabinett Wirth.

Zu einer Zeit, als die Rechtsparteien die Dolchstoßlegende verbreiteten und einen unmöglichen Widerstand gegen die alliierten Forderungen verlangten, bewies Rathenau Mut mit der Bereitschaft, solch heikle Aufträge zu übernehmen, um so mehr, als er so aufrichtig war, öffentlich auszusprechen, daß Deutschland nichts anderes übrig blieb, als nach besten Kräften den Bedingungen des Versailler Vertrags nachzukommen, wie unpopulär sie auch sein mochten. Er wurde zum stärksten Fürsprecher der Erfüllungspolitik in der Hoffnung, diese könne die Alliierten beizeiten veranlassen, die Friedensvertragsbedingungen zu mildern, und er setzte zur Erreichung dieses Ziels bei Verhandlungen mit den westlichen Regierungen seine ganze Energie ein. „Wir müssen Wege finden", sagte er in einer Ansprache an das deutsche Volk, „uns mit der Welt wieder zusammenzubringen."

Diese Bemühungen empörten nur die grollenden Patrioten, die in Rathenaus Tätigkeit eine Fortsetzung der Kapitulation von 1918 sahen, die ihrer Überzeugung nach nicht nötig und von Verrätern, hauptsächlich Juden, herbeigeführt worden war. Es war deshalb unvermeidlich, daß diese Leute auf Rathenaus Ernennung zum Außenminister im Februar 1922 leidenschaftlich reagierten. Nun sei es also so weit gekommen, schrieb ein rechtsgerichtetes Blatt, Deutschland habe einen jüdischen Außenminister; das sei eine unerhörte Provokation des deutschen Volkes! Und bald sangen die blutdürstigen Gruppen ehemaliger Freikorpskämpfer:

Knallt ab den Walther Rathenau,
Die gottverdammte Judensau!

Der Vers war eine Absichtserklärung. Am Morgen des 24. Juni 1922 wurde Rathenau, als er, im offenen Fond seiner Limousine sitzend, die Königsallee hinunterfuhr, von einem Wagen überholt, in dem sich drei junge Männer befanden, von denen einer eine Handgranate hinüberwarf, während ein anderer mit einer Pistole auf ihn schoß. Er starb wenige Stunden später.

Mit der Ermordung Walther Rathenaus war eine Grenze überschritten, und Deutschland hatte ein neues und erschreckendes Gebiet betreten, in dem Jude-Sein nicht mehr nur ein Handikap und gesellschaftlicher Nachteil war; jetzt bedeutete es Gefahr, möglicherweise für Leib und Leben. Denn Rathenaus einziges Verbrechen hatte darin bestanden, daß er ein Jude war, der es gewagt hatte, sich nicht nur als Deutscher auszugeben, sondern Deutschland auch nach außen zu vertreten. Sein Tod löste im Land eine Welle des Schauderns aus, aber zweifellos betrachteten viele ihn insgeheim als eine nicht ungerechtfertigte Strafe. Die obszöne Raserei der Antisemiten aus der Vorkriegszeit hatte ihren ersten konkreten Ausdruck gefunden. Der Tod wurde beklagt, aber vernunftmäßig erklärt. Das Undenkbare war denkbar geworden. Bis zur „Reichskristallnacht" waren es nur noch sechzehn Jahre, und die „Endlösung" begann im Hirn des Führers der Nationalsozialistischen Partei schon Gestalt anzunehmen.

Inge Blank

Antisemitismus II – Juden aus Osteuropa

In der Weimarer Republik avancierten die Ostjuden als angebliche Kriegs- und Inflationsgewinnler oder als Sendboten des Bolschewismus zum Lieblingsobjekt antisemitischer Propaganda. Es war in der Tat nicht schwer, einige aufsehenerregende Spekulantenfälle in ostjüdischen Kreisen aufzuzeigen, die es dort ebenso gab wie in einschlägigen nichtjüdischen Kreisen. Nicht minder einfach war es, Ängste eines durch die Revolution verunsicherten Bürgertums mit Namen wie Rosa Luxemburg, Karl Radek oder Eugen Leviné zu schüren. Zur Sichtbarkeit der Fremden aus dem Osten trug zudem bei, daß sie, wie andere Einwanderer auch, gern dort zunächst Quartier nahmen, wo ihnen Landsleute erste Orientierungshilfen zu geben vermochten und wo sie ihre Gebetshäuser und überlieferten sozialen Institutionen vorfanden. Vor allem in Berlin, wo man 1925 40,7% aller jüdischen Ausländer im Reichsgebiet zählte, lebte die Masse armer ostjüdischer Zuwanderer in einigen Straßen des ‚Scheunenviertels' inmitten eines Verbrecher- und Dirnenmilieus in einer Art Ghetto, dessen Umfang jedoch von den ostjüdischen Vierteln in Westeuropa und den USA weit in den Schatten gestellt wurde. Es blieb den deutschen Antisemiten vorbehalten, die wenigen Straßenzüge als ‚Brutstätten künftiger deutscher Staatsbürger jüdischen Glaubens' und ‚gefährliche Eiterbeule' zu brandmarken.

1918-1923 nahmen die antisemitischen Aktivitäten stark zu. [. . .]

Immer häufiger kam es zu Razzien auf Personen, die in den Nachkriegswirren ihre persönlichen Dokumente nicht beibringen konnten, immer drängender forderten kommunale und polizeiliche Behörden die sofortige Internierung und Ausweisung aller Ostjuden. [. . .] Auf Anordnung des Preußischen Innenministers Dominicus (DDP) wurden im Frühjahr 1921 in Cottbus und Stargard (Pommern) zwei ‚Konzentrationslager' genannte Abschiebelager errichtet. Die Wachmannschaften demütigten und beleidigten die jüdischen Lagerinsassen und ließen sich auch zu körperlichen Mißhandlungen hinreißen. Trotz erregter Parlamentsdebatten wurden die Lager erst im Dezember 1923 geschlossen. Im November 1923 gab es pogromartige Ausschreitungen im Berliner ‚Scheunenviertel'. Am zweiten Abend erst kam die

Polizei ihrer Pflicht nach, die Angegriffenen zu schützen. [...]

Eindrücke vom Alltagsleben im Berliner ‚Scheunenviertel' fügen sich nur in Bruchstücken zusammen aus Lebenserinnerungen, Photos, zeitgenössischer Publizistik und wenigen anderen Quellen. Der große östjüdische Schauspieler Alexander Granach glaubte sich mitten in Berlin nach Lemberg versetzt in den kleinen finsteren Gäßchen mit ihren zahlreichen Läden und den Passanten, die gekleidet waren wie Juden in Galizien. Hier wie in anderen Lebenserinnerungen erscheint das Berliner Ghetto als eine abgeschlossene Welt mit eigenen Gesetzen, Sitten, Gebräuchen und einer eigenen sozialen Hierarchie, die vom Rabbiner herabreichte bis zum Hausierer und Schnorrer. Unverwechselbares Ambiente: die Winkelbetstuben neben den Kaufläden, die Talmudschulen in den Hinterhöfen neben kleinen Werkstätten; am Schabbath und den hohen jüdischen Feiertagen überall die weißgedeckten Tafeln mit den gleichen Leuchtern und Geräten, um die sich die Familie vereinigte; voller Menschen die Straßen, wenn ein chassidischer Zaddik eine Zeitlang bei seinen Anhängern Hof hielt – und zwischendurch Paßkontrollen, Haussuchungen, Razzien.

Karin Hartewig

Die Ruhrbesetzung 1923 aus der Perspektive von unten

Als die Besatzungsmächte sich nach dem 18. Januar 1923 entschlossen, durch Repressionsmaßnahmen und vor allem durch Verhaftungen von Beamten und Industriellen ihre Politik der ‚produktiven Pfänder' durchzusetzen, schlug die Situation schlagartig in eine Welle des Proteststreiks, passiver Resistenz und aktiver Sabotage der Arbeiterschaft im Bergbau, in der Stahlindustrie, bei der Reichsbahn und -post und in der Binnenschiffahrt um. Unter den ersten Verhafteten im Januar befanden sich der Präsident des Landesfinanzamtes, Schlutius, der Direktor der staatlichen Kokereien in Recklinghausen und der Direktor der staatlichen Zechen Raiffeisen, der Industrielle Fritz Thyssen sowie die Zechenbesitzer Kester, Wüstenhöfer, Tengelmann, Olfe und Spindler und Beamte der Reichsbahn, die sich zum Teil vor einem französischen Kriegsgericht in Mainz gegen den Vorwurf der Obstruktion gegen die Reparationsbestimmungen verantworten mußten. Gegen diese Aktionen protestierten gerade die Belegschaften im Bergbau nachdrücklich. So legten die Bergarbeiter des Thyssen-Bergbaus Schacht III/VII am 22. 1. 1923 die Arbeit für 24 Stunden nieder. Auf der Gutehoffnungshütte solidarisierten sich Arbeiter und Angestellte am 19. 2. für die Freilassung des Bergwerksdirektors Boecker und protestierten gegen dessen unwürdige Behandlung. Und am 12. 2. traten die Bergleute der Zeche Zollverein in Katernberg in den Ausstand, nachdem der Bergwerksdirektor Latten am Vortag verhaftet worden war. Gegen die Verurteilung der Ruhrunternehmer durch das französische Kriegsgericht in Mainz legte eine Arbeiterdelegation, die vor allem aus lokalen Gewerkschaftern und Betriebsräten der Stinnes- und Thyssenwerke bestand, im Namen von Hunderttausenden von Arbeitern aus dem besetzten Gebiet wie aus dem restlichen Reich Protest ein. Die Rückreise der zu Geldstrafen Verurteilten von Mainz geriet zu einer riesigen nationalen Demonstration, die als Ausdruck einer neuen Protestwelle mit Breitenwirkung von den Gewerkschaftsverbänden mit Argwohn und Ablehnung betrachtet wurde.

Solche Proteste und Demonstrationen, die oft in der Forderung gipfelten, die Besatzungstruppen mögen Deutschland verlassen, wurden zu Kundgebungen des Patriotismus und eines neuen Burgfriedens der Arbeiterschaft mit den (verhafteten) Unternehmern. Eine relativ vielschichtige Gefühls- und Erfahrungslage der Bevölkerung ließ die Ruhrbesetzung gleichzeitig zu einem zweiten ‚1914' und einem zweiten ‚1920' werden. Die wachsende Ablehnung des Versailler Vertrages, die einhellige moralische Empörung gegen eine als Aggressor empfundene Siegermacht, der Nationalismus, der sich als Widerstand und Notwehr gerierte, und die ausgeprägte Ablehnung der Arbeiterschaft gegen jede Form von militärischer Intervention im Ruhrgebiet vermischten sich. Sie wurden sozialpolitisch aufgeladen durch die Krise in der Lebensmittelversorgung und die galoppierende Inflation. In der Frage der Transporte von Kohle aus dem besetzten Gebiet und von Lebensmitteln in das Ruhrgebiet entzündete sich ein Kleinkrieg von gegenseitigen Mißverständnissen, unterschiedlichen Auslegungen von Anweisungen und kleinen Schikanen zwischen der deutschen Verwaltung und den französisch-belgischen Besatzungsbehörden, den das allgemeine Gerücht nährte, die Bevölkerung des besetzten Gebietes solle ausgehungert werden. [. . .]

Die „Rote Erde", Generalanzeiger für die werktätige Bevölkerung des Industriegebietes, widmete sich in abschrekkender Absicht regelmäßig dem Verhalten der Frauen während der Besatzungszeit. In einer Art von Schaukasten, der mit schwarzem Trauerrand umrandet war und „Dirnenpranger" genannt wurde, gab die Zeitung die Namen und vollständigen Adressen von Frauen bekannt, die *„Umgang mit den Angehörigen der fremden Besatzung treiben oder getrieben haben"*. Für die Wahrheit dieses Sachverhaltes verbürgte sich die Zeitung: *„Wir veröffentlichen grundsätzlich die Namen nur solcher Personen, deren Schuld durch schärfste Nachprüfung durchaus einwandfrei festgestellt ist."*

[. . .] Aus der Sicht des Alten Verbandes und des Gewerkvereins bildeten der förmliche Protest, der 24stündige Proteststreik und die passive Resistenz am Arbeitsplatz, eine Kampfform der Syndikalisten, die die Verlangsamung des Arbeitstempos, den umständlichen Dienst nach Vorschrift und das Ausweichen auf Instandsetzungs- und andere unproduktive Arbeiten meinte, die adäquaten Mittel, um die ökonomische Besatzungspolitik zu unterlaufen und einen Beitrag zur Deeskalation zu leisten. Gleichzeitig sprach man sich für eine schnelle Lösung des Konflikts auf diplomatischem Weg aus. [...]

Dagegen stand zum einen das Konzept der Kommunistischen Partei, mit Hilfe des Generalstreiks die Auseinandersetzung an zwei Fronten zu suchen und erfolgreich zu entscheiden: im Kampf gegen die französische Besatzung und gegen das französische Kapital ebenso wie gegen die Republik des deutschen Kapitalismus. Dies wurde auf die Parole gebracht: *„Schlagt Poincaré und Cuno an der Ruhr und an der Spree!"* Zum anderen aber formierte sich im Frühjahr und im Sommer 1923 eine nationalistische politische Subkultur, die zwar offiziell von der Reichsregierung, der Reichswehr und von der Unternehmerschaft stigmatisiert, heimlich jedoch materiell unterstützt wurde und die zum aktiven Widerstand, also zu Sabotageakten und Sprengstoffattentaten in Betrieben und an Gleisanlagen, überging. Solche Aktionen genossen vermutlich breite Sympathie und heimliche Freude in der Bevölkerung, und sie wurden auch von den Kommunisten für die eigenen politischen Ziele ideologisch versuchsweise vereinnahmt. Das bekannteste Beispiel der ‚Übernahme' eines nationalistischen ‚Helden' in den kommunistischen Kanon politischer Großtaten ist der Versuch, A.L. Schlageter, Mitglied eines nationalsozialistischen Sprengkommandos und Freikorpsmitglied im Baltikum und im Ruhrkrieg 1920, der von einem französischen Gericht zum Tod verurteilt wurde, zu einem kommunistischen Kämpfer zu stilisieren.

Wie eine unmittelbare Vorgeschichte der Eskalation in Richtung auf den aktiven Widerstand muten dabei die Ereignisse in der Kruppschen Gußstahlfabrik am Karsamstag, dem 31. März 1923, an. Französisches Militär besetzte an diesem Tag die Kraftwagenhalle der Gußstahlfabrik, um Lastwagen zu beschlagnahmen, installierte ein Maschinengewehr, nachdem die Belegschaften in einen Proteststreik getreten waren und die Wagen nicht herausgeben wollten, und richtete ein Blutbad in der Menge an: Dabei wurden 13 (Berg-)Arbeiter getötet und 41 verletzt. Zum Andenken an die „*Gefallenen*", die den „*französischen Kugeln im Frieden zum Opfer fielen*", wurde ein vierseitiges Erinnerungsblatt mit vier Fotografien der Aufbahrung und des Leichenzuges durch Essen gedruckt und verteilt. Die Verhaftung der Krupp-Direktoren Hartwig, Bruhn und Oesterlen, des Betriebsratsmitgliedes Müller und von Gustav Krupp von Bohlen und Halbach selbst sowie dessen Verurteilung zu 15 Jahren Gefängnis und zu einer hohen Geldstrafe durch das französische Militärgericht in Werden führten erneut zu einer Welle des Patriotismus. Das hinderte aber rund 1500 Bergleute aus Lintfort nicht daran, im September 1923 das Kruppsche landwirtschaftliche Gut Neenratshof vollständig zu plündern und zu brandschatzen, so daß die gesamte Ernte dabei vernichtet wurde und alle Maschinen verbrannten.

Betty Scholem

Der „Millionen-Hexensabbath"

Berlin, 15. 10. 1923
Montag

Mein liebes Kind!

[. . .]

Inzwischen haben sich hier die Zustände katastrophal verschlimmert. Du siehst dieser Brief kostet 15 Millionen Porto u. von übermorgen an 30, aber höchstens gelten die Erhöhungen 2 Tage. Es geht nur noch nach Milliarden. Um für den nächsten Freitag die Löhne wertbeständig aufzubewahren, haben die Jungen am Sonnabend für 1½ Billionen

(!!lächerlich!!) Dollarschätze gekauft, die dann am Donnerstag wieder verkauft werden, um die Leute zu bezahlen. Der Lohn dieser Woche beträgt vorläufig 8 Milliarden, es sind aber heute schon Verhandlungsschmuse, weil die Arbeiter das Doppelte verlangen. Die Brotkarte ist aufgehoben, ein Einheitsbrot heute 540 Millionen, morgen gewiß wieder das doppelte. Die Lektrische 20 Mill (morgen 50 Millionen!). Ach Gott, Du hast wahrscheinlich keinen Schimmer mehr von diesem Millionen-Hexensabbath u. kannst Dir garnichts dabei denken. – Du weißt doch, daß wir für Frau Jacques Meyer die dämlichen Zeitschriften hinschicken. Da sendet uns ihr Mann vor einigen Tagen als à Conto-Zahlung einen Check auf Berlin über 5 Millionen!! Wenn wir ihn bei der betreffenden Kasse einziehen wollten, kostet er 40 Millionen Fahrgeld! Nun frage ich mich, ob die nachbarlich angrenzenden Schweizer wirklich so ahnungslos in Bezug auf unsere Verhältnisse *sind* oder ob sie nur so *tun!* [...] Diese kleine Episode beleuchtet aber die ganze Lage. Wenn in aller Welt eine solche Verständnislosigkeit uns gegenüber herrscht, wie können wir dann erwarten, daß irgend Jemand uns hilft! Es scheint unabwendbar, daß wir Rhein und Ruhr verlieren, daß Bayern sich abzweigt u. Deutschland wieder auseinanderfällt, in kleine Murksstaaten.

In der vorigen Woche ging der Dollar von 900 Millionen auf 6 Milliarden, das ist doch schon blödsinnig. Ein Glück ist es, daß wir Geld drucken, doch lebt man auch damit in ewiger Unruhe, denn wir bekommen immer nur für einen Tag Papier. Trotz der jetzt in Angriff genommenen „Rentenmark" – so soll die neue Währung heißen – wird ja die Notenpresse noch eine Weile fortdrucken, es werden zu viel Papierfetzen gebraucht. Der bargeldlose Verkehr ist wirklich völlig lahmgelegt. Jeder verlangt sofort die Barsumme. [...]

Wenn ich Dir hinaus in die Weite so'n Quatsch aus diesem Hexenkessel schreibe, so kommt mir das dumm vor.

Aber wir sitzen doch hier so tief drin in Dummheiten, verstrickt in Kleinlichkeit, die Sorge um das Morgen, von der Notwendigkeit gepeitscht, jede Summe sofort zu vergeuden, weil sie morgen nichts mehr wert ist, – da wird man selber dumm, kleinlich u. schlecht. [...]

Kuß Mutt

Friedrich Lenger

Als Gelehrter in der Inflation – Werner Sombart

Der Nationalökonom verkaufte [...] nach der Übersiedlung der durch die Verheiratung aller Töchter stark geschrumpften Familie nach Berlin sein Anwesen in Mittelschreiberhau. Nach Auskunft seiner Tochter erhielt er dafür 250 000 Mark und damit trotz der bereits sehr spürbaren Geldentwertung nicht mehr als den ursprünglichen Kaufpreis. [...]

Die sechs Zimmer [in Berlin] [...] hatten [...] einen weit bescheideneren Zuschnitt als das prächtige Anwesen, das Fritz Schumacher dem Nationalökonomen in Schreiberhau gebaut hatte. Da neben dem Ehepaar Sombart und einem Dienstmädchen zunächst auch die älteste Sombarttochter mit ihrem ersten Kind dort wohnte, waren die neuen Wohnverhältnisse geradezu beengt. [...] Drastischer als die Verringerung der Zimmerzahl machte das Ansinnen eines ehemaligen Majors deutlich, wie sehr sich die Lebensverhältnisse gegenüber der Vorkriegszeit verändert hatten: „Auf dem Wohnungs-Amte", so schrieb dieser dem Nationalökonomen im April 1922, „wurde mir erklärt, daß Sie zur besseren Ausnutzung Ihrer großen Wohnung ohnehin demnächst Zwangs-Einquartierung erhalten." Deshalb solle er ihn und seine Frau doch besser gleich als Untermieter aufnehmen, zumal „sich meine Frau mit Ihrer Wirtschaftsdame, Frln. Schubert ganz ausgezeichnet versteht". Dazu scheint es nicht gekommen zu sein, doch hatte z.B. in den zwanziger Jahren sein Kollege Eduard Meyer „sein Telefon aufgegeben, weil es einen Zwangsmieter hatte, der es zu stark benutzte".

Nun war die Wohnungsbewirtschaftung kein Privileg der Hochschullehrerschaft, doch fehlt es nicht an Hinweisen dafür, daß deren Lage sich gegenüber der Vorkriegszeit besonders drastisch verschlechtert hatte. Hiervon war auch Werner Sombart betroffen. Anfang 1923 gab er einem japanischen Interessenten Privatunterricht, um an amerikanische Dollars zu gelangen, und im Herbst desselben Jahres schickte ihm ein ehemaliger ungarischer Schüler ein Lebensmittelpaket. [. . .]

Anfang 1923 vermochte auch die von der Berliner Kaufmannschaft getragene Handelshochschule nicht länger Honorare zu zahlen, mit denen sie den Nationalökonomen zu einer Fortsetzung seiner Lehrtätigkeit hätte bewegen können: „Daß auch wir Geistesarbeiter, eigentlich nur wir, den Zeitumständen Rechnung tragen", ließ Sombart die Handelshochschule wissen, „versteht sich ja. Aber das hat natürlich seine Grenzen. Da sich in Papiermark überhaupt nichts ausmachen läßt, so kommt nur ein Honorar in Goldmark in Frage. Wenn ich von dem Friedenshonorar ausgehe, so bekam ich damals, d.h. vor der Geldentwertung, wenn ich nicht irre 2000 Mark für die Stunde (oder waren es 4000?). Ich würde jetzt ein Zehntel resp. ein Zwanzigstel dieser Summe beanspruchen, d.h. 200 Goldmark pro Semesterstunde (wiederum nach den Notierungen der Reichsbank berechnet.)" Als er mit seinem Vorschlag auf Widerstand stieß, rückte er von seinem Insistieren auf einem Goldmarkhonorar ab, meinte aber: „Wenn ich für meinen neuen Sommeranzug 1⅓ Millionen Mark zahlen muß, scheinen mir 12–14 Stunden wissenschaftlicher Vorträge mit einer Million wahrhaftig nicht zu hoch bezahlt. Die gerade von den reichsten Herren Geschäftsleuten immer befürwortete Arbeitsteilung, wonach uns Professoren der Idealismus und der Verzicht zusteht, ist gewiß sehr hübsch gedacht, hat aber doch für uns ihr Mißliches. Auch wir müssen schließlich daran denken, uns und unsere Familien am Leben zu halten und müssen sehen, unsere Arbeit so vorteilhaft wie möglich zu verwerten." [...]

Zu den Belegen für die auch wirtschaftlich äußerst schwierige Lage der Hochschullehrerschaft gehören auch die zahlreichen Bibliotheksverkäufe während der Inflation. [...] Sombart verkaufte seine Bibliothek noch nicht, doch machen häufige Angebote und Verhandlungen über den Preis einzelner Zeitschriftenreihen sowohl die Nachfrage nach Bibliotheken wie die generelle Verkaufsbereitschaft auf Seiten des Nationalökonomen deutlich. Anfang 1922 betonte ein interessierter Buchhändler „ausdrücklich daß, sofern es sich um eine wirklich gute Bibliothek handelt, das Objekt einige M 100 000,– kosten kann." Sombart hatte zu diesem Zeitpunkt bereits einige Bücher verkauft und u.a. über den Verkauf der *Jahrbücher für Nationalökonomie und Statistik* verhandelt. Im Sommer 1923 ging es dann erneut um den Verkauf der Gesamtbibliothek. Ein Bremer Interessent, der ihren Verkauf nach Japan vermitteln wollte, wies darauf hin, daß „seit Friedensschluß" ja schon die Bibliotheken seiner Kollegen „Bücher und Menger nach Japan verkauft worden" seien, und zur gleichen Zeit hatte die Frankfurter Gesellschaft für Sozialforschung bereits eine Mitarbeiterin damit beauftragt, den Katalog der Sombartschen Bibliothek abzuschreiben, um eine verläßliche Grundlage für deren Taxierung zu haben. Auch hier kam es zu keinem Abschluß, doch spricht die ernsthafte Bereitschaft des Nationalökonomen, sich von seiner umfangreichen Bibliothek zu trennen, für die Annahme, daß er sich auf dem Höhepunkt der Inflation in erheblichen finanziellen Schwierigkeiten befand.

Michael North
Die Inflationsjahre

Anders als Deutschland zu Beginn des Weltkriegs gehofft hatte, konnte es sich nicht an den Besiegten schadlos halten, sondern wurde seinerseits mit Forderungen der Sieger konfrontiert, die nach dem Motto „*Le boche payera tout*" versuchten, ihre Kriegskosten weitgehend dem Besiegten aufzuerlegen. Dabei waren es nicht so sehr die erbrachten Reparationsleistungen in einem Wert von ca. 10% des Volkseinkommens, sondern „die Ungewißheit über das zukünftige Ausmaß der Zahlungsverpflichtungen" (Holtfrerich), die zusammen mit den Kriegsschulden den Reichshaushalt und die finanzielle Situation im Nachkriegsdeutschland destabilisierten. Unter dem Damoklesschwert drohender Reparationsleistungen an das Ausland war der Anreiz für eine Haushaltssanierung gering. Die Verschuldung mit Hilfe von Schatzanweisungen wuchs unaufhörlich, die Notenpresse lief auf vollen Touren. Gleichzeitig schwächten die Ablieferungen von Verkehrsmitteln (Schiffe, Eisenbahnwaggons, Lastwagen) an die Siegermächte die Rohstoffversorgung der ohnehin durch Streiks und politische Kämpfe in Mitleidenschaft gezogenen deutschen Wirtschaft. Die Produktion ging zurück; die Diskrepanz zwischen Warenangebot und Geldangebot vergrößerte sich und beschleunigte die Geldentwertung. Nach dem Wegfall der Preisfestsetzungen und der Nahrungsmittelbewirtschaftung konnte die Inflation nicht länger wie im Weltkrieg „zurückgestaut" werden.

Den Wert der Mark im konkreten Fall bestimmte die aktuelle Nachfrage nach Geld. Sie war in erster Linie von dem Vertrauen abhängig, das der einzelne in die Währung hatte. Vor allem das Ausland setzte lange Zeit auf die Mark und kaufte spekulativ Papiermark auf. Dies ging so weit, daß manche Familien der Besatzungssoldaten ihre Ersparnisse in

Mark anlegten, weil sie mit einer Erholung der Mark und einem Kursgewinn rechneten. Jedoch zerstoben diese Hoffnungen im Laufe des Jahres 1922. Sowohl der Bericht des internationalen Bankierkomitees, das langfristige Anleihen an Deutschland von der Lösung der Reparationsfrage abhängig machte, als auch die Ermordung Walter Rathenaus ließen das Ausland nicht länger an die innere Stabilität der jungen Republik glauben. Die einsetzende Kapitalflucht leitete die Phase der Hyperinflation ein. Bis dahin hatte das Vertrauen in die Mark und die daraus resultierende Nachfrage nach dieser Währung trotz wachsender Geldmenge den Preisanstieg und den Wechselkursverfall gebremst.

Spätestens im Herbst 1922 aber war klar, daß die Mark nicht länger die grundlegenden Geldfunktionen des Wertaufbewahrungsmittels, der Recheneinheit und des Tauschmittels erfüllen konnte. Die Reichsbank emittierte Banknoten zu 10 000 M und 50 000 M, im Februar 1923 wurden erstmals Notenwerte von 1 Mill. M in Verkehr gebracht, und im September überschritt man die Milliarden-, Anfang November sogar die Billionen-Schwelle. Das Geld wurde so schnell ausgegeben, wie man es erhielt. Wenn die Betriebe nicht eigenes Notgeld ausgaben, entlohnten sie ihre Arbeiter und Angestellten am Morgen und gaben ihnen anschließend Gelegenheit, ihre Löhne in Nahrungsmittel umzusetzen, da diese nach Feierabend bereits an Wert verloren hatten. Das Kilogramm Brot kostete Ende Oktober 680 Mill. M. Eine Sanierung der Währung war unausweichlich.

Karl Helfferich, zu dessen Zeit als Finanzstaatssekretär im Ersten Weltkrieg die Entwertung der Mark begonnen hatte, schlug eine auf Getreide basierende Roggenmark im Wert von 5 kg Roggen als neue Währungseinheit vor. Zur Ausführung kam aber die Rentenmark, eine durch den gewerblich genutzten Boden gedeckte Übergangswährung, die die Rückkehr zur Goldwährung vorbereiten sollte. Dazu wurde am 15. Oktober 1923 die Deutsche Rentenbank gegründet, deren Grundkapital von 3,2 Mrd. Rentenmark

Land- und Forstwirtschaft sowie Industrie, Handel und Gewerbe aufbrachten. Dafür gab die Bank Rentenbankscheine mit Nennwerten bis zu 1000 Rentenmark aus, in die die entwertete Papiermark im Verhältnis von 1 Billion Mark zu 1 Rentenmark eingetauscht werden konnte. Da der Umlauf auf 3,2 Mrd. Rentenmark begrenzt war, blieb die Rentenmark erstaunlich stabil. Unterstützt wurde dieser Stabilitätskurs durch Reichsregierung und Reichsbank, die den Reichshaushalt drastisch beschnitten bzw. den Kreditspielraum der Wirtschaft einschränkten.

Den weiteren Fortgang der Währungsreform diktierte das Ausland mit dem sog. Dawes-Plan. Der Dawes–Plan, der nach dem Scheitern der französischen Ruhrbesetzungspolitik die deutschen Reparationen neu festlegte und dem Reich für die Anfangszahlungen ein Darlehen gewährte, forderte nämlich im Rahmen der amerikanischen Politik der Währungsstabilisierung die Rückkehr zum Goldstandard, oder besser, zum Gold-Devisen-Standard. Dieser wurde mit der Reichsmark als neuer Währungseinheit anstelle der Rentenmark am 30. August 1924 eingeführt. Für den Banknotenumlauf galt eine Deckungsvorschrift von 40% in Gold oder Devisen, während für den Rest erstklassige Handelswechsel gefordert wurden. Die Zeiten der Reichsschatzanweisungen waren endgültig vorbei. Obwohl man auf die Emission von Goldmünzen verzichtete, wuchs das Vertrauen des In- und Auslands in die deutsche Währung. Die goldenen „Zwanziger" mit stabilen Preisen und steigendem Volkseinkommen begannen.

Was blieb, war das Trauma der Inflation. Besonders die vermeintliche Enteignung des „Mittelstandes" blieb tief in der deutschen Psyche verwurzelt. Systematische Untersuchungen der sozialen Auswirkungen der Inflation haben aber in jüngster Zeit die „Proletarisierung des Mittelstandes" ebenso in Zweifel gezogen wie die von der Linken in der Weimarer Zeit behauptete „Bereicherung der Kapitalisten" auf Kosten der übrigen Bevölkerung. So kann beispielsweise Holtfrerich nachweisen, daß die Inflation zwar einen „Prozeß der Vermögensumverteilung" in Gang setzte, an dessen Ende aber die deutschen Einkommen viel gleichmäßiger verteilt waren als am Vorabend des Ersten Weltkriegs: „Nicht die mittleren oder kleineren Einkommen und Vermögen waren durch die Inflation vernichtet worden, sondern die ganz großen." So zeigt beispielsweise ein Vergleich der Einkommen 1913 und 1928, daß sich 1928 alle Einkommensbezieher mit einem Jahreseinkommen unter 16 000 RM besser standen als 1913, während die Einkommen darüber deutliche Verluste hinnehmen mußten. Denn bei diesen war der Anteil der Kapitalerträge am Einkommen erheblich größer als beim sog. Mittelstand oder der Arbeiterschaft.

Aber selbst innerhalb des Mittelstandes machten sich die Auswirkungen der Inflation unterschiedlich bemerkbar. Ein Vergleich der Reallöhne Hamburger Beamter und Arbeiter zeigt beispielsweise, daß die Beamten den größten Teil ihrer Realgehälter bereits in der Kriegszeit eingebüßt hatten, während von 1920 an eine relative Stabilisierung festzustellen ist. In der Zeit der Hyperinflation profitierten dann die Beamten im Gegensatz zu den meisten übrigen Berufsgruppen von ihrer vierteljährlichen Vorauszahlung des Gehalts, die dieses von der rapiden Papiergeldverschlechterung weitgehend unabhängig machte. So konnte ein Beamter sein Gehalt in Sachwerten anlegen und diese mit der Zeit in Nahrungsmittel und andere Güter des täglichen Bedarfs umtauschen. Nach der Stabilisierung der Währung erreichten die Beamten im Laufe des Jahres 1924 wieder das Vorkriegsniveau ihrer Gehälter, wobei sich die Unterschiede zwischen höheren, mittleren und unteren Gehaltsgruppen aber deutlich verringert hatten.

Bei der Arbeiterschaft, die in der Nachkriegszeit aufgrund ihrer politischen Macht mehrfach Lohnerhöhungen durchsetzen konnte, blieb das Reallohnniveau der Vorkriegszeit auch in den Inflationsjahren weitgehend erhalten; nur in der Zeit der Hyperinflation wurden die Arbeitereinkommen stärker als die der Beamten dezimiert, so daß diese am Ende der Inflation materiell wieder besser dastanden als die Arbeiterschaft. Mindestens ebenso wichtig wie ein eventueller Inflationsausgleich war für den Lohn- und Gehaltsempfänger die Tatsache, ob er seinen Arbeitsplatz behielt oder nicht; und dabei war das Risiko des Arbeitsplatzverlustes für Beamte und Angestellte erheblich geringer als für die Arbeiterschaft. Dennoch war der Begriff Inflation in den Köpfen des Mittelstandes „zum Synonym für Zerrüttungen aller geordneten Verhältnisse, für Erschütterungen des Staatswesens, für Existenzangst geworden", und sechs Jahre später in der Weltwirtschaftskrise kamen „tiefverwurzelte Ängste vor dem erneuten Verlust einer relativen ökonomischen Sicherheit" (Witt) wieder hervor.

Gordon A. Craig

Gustav Stresemann

Der Mann, der [den Platz von Reichskanzler Wilhelm Cuno] einnahm, sollte in der deutschen Politik zum beherrschenden Mann der nächstens sechs Jahre werden. In dieser Zeit wurde er für viele Deutsche die letzte noch verbliebene Hoffnung für das Überleben der Republik. Gustav Stresemann war als Kandidat für diese Rolle eigentlich ziemlich unpassend. Als junger Mann in der Nationalliberalen Partei der Vorkriegszeit war er ein Bewunderer der Weltpolitik Bülows gewesen, und im Krieg hatte er zu den lautstarken Annexionisten gehört und bei der Intrige, die zu Bethmanns Sturz führte, die Hände im Spiel gehabt; die Heeresleitung hatte er so kritiklos unterstützt, daß er bald als „Ludendorffs junger Mann" bekannt war. Die Niederlage von 1918 hatte bei ihm nicht unmittelbar einen Sinneswandel herbeigeführt. Als überzeugter Monarchist ließ er die Hoffnung auf eine Restauration nur langsam und widerwillig fahren. 1920 galt seine Sympathie den Kapp-Putschisten, wenngleich das Fehlschlagen der Aktion ihm die Augen für die Kurzsichtigkeit und den Dilettantismus der rechten Draufgänger öffnete. Es bedurfte der Morde an Erzberger und Rathenau, die ihn zutiefst trafen, um ihm die letzten Illusionen über die sogenannte nationale Opposition zu nehmen. Er wurde zum Anhänger der Republik, weil er sich allmählich davon überzeugte, daß die Alternative zu ihr eine Diktatur von rechts oder – wahrscheinlicher – von links war. Beides würde ungünstige Voraussetzungen für die Verwirklichung der Dinge bieten, die er für wichtig erachtete: für die Anpassung der besten Errungenschaften der alten Ordnung an die Bedingungen des zwanzigsten Jahrhunderts, für die wirtschaftliche Erholung des Landes und seine Rehabilitierung als starkes und geachtetes Mitglied der europäischen Staatengemeinschaft. Als Stresemann die DVP 1920 zum ersten Mal in eine Regierungskoalition führte, tat er es nicht ohne Vorbehalte. In der auf den Sturz Cunos folgenden Krise, zu einem Zeitpunkt, als es schien, als könne sich der Kommunismus in Sachsen und in Thüringen etablieren, und als aufgeschreckte Konservative nach einer militärischen Machtübernahme riefen, stürzte er sich mit ganzem Herzen in den Kampf um die Erhaltung der verfassungsmäßigen Regierung.

Hans Mommsen

Hitler und der Putsch vom 9. November 1923

Hitler hatte sich seit Juli 1921, als er aus eher nebensächlichem Anlaß die Machtergreifung in der NSDAP vollzog, durch pausenlose chauvinistische Agitation, nicht zuletzt durch einen an Schärfe nicht mehr zu überbietenden Antisemitismus in der Münchner rechtsextremen Szene einen Namen verschafft und eine exzentrische Rolle in der bayerischen Politik zu spielen begonnen. Durch unablässige Propaganda und den am 17. Dezember 1920 zustandegekommenen Kauf des völkischen „Münchner Beobachters“, der mit der finanziellen Unterstützung großbürgerlicher Sympathisanten wie der Verlegerfamilie Bruckmann, dem Klavierfabrikanten Bechstein und dem früh mit der NSDAP sympathisierenden Fritz Thyssen am 8. Februar 1922 in eine Tageszeitung umgewandelt wurde, gewann die NSDAP breite Resonanz in völkischen Kreisen. Bis zum November 1923 hatte sie einen bemerkenswerten Mitgliederzustrom zu verzeichnen und zählte zu diesem Zeitpunkt nach eigenen Angaben 50 000 Mitglieder, von denen der bei weitem größere Teil erst im gleichen Jahr beigetreten war.

Der erste Parteitag der NSDAP von Januar 1923, den Hitler trotz eines anfänglichen Versammlungsverbots durchsetzte, vermittelte mit Aufmärschen der SA, Flaggenweihen, mit der ritualisierten Ansprache des Führers und rauschhaften Akklamationen einen Vorgeschmack von der späteren Virtuosität politischer Schaustellerei. Unter dem Einfluß von Hitlers engerer Münchner Gefolgschaft setzte sich in der NSDAP ein extremer Führerkult durch. Einen vorläufigen Höhepunkt fand diese Tendenz auf dem erwähnten Parteitag, auf dem Hitler als „Führer der deutschen Freiheitsbewegung“ herausgestellt wurde. Die Beschwörung des Führergedankens setzte sich im April in geradezu grotesker Form fort, als Hermann Esser bei einer öffentlichen Versammlung aus Anlaß von Hitlers Geburtstag im Münchner Zirkus Krone im Namen der Parteimitgliedschaft ein persönliches Treuegelöbnis ablegte.

Die Durchsetzung des auf Hitler bezogenen Personenkults hatte primär innerparteiliche Funktion und gewährleistete den Zusammenhalt der alles andere als homogenen Organisation. [...]

Indem Hitler verfügte, daß „Name, Programm und Tendenz der Bewegung“ unabänderlich seien, prägte er der Partei einen faschistischen Charakter auf, der sie vom Typus der völkischen Hinterzimmervereinigung grundlegend unterschied. [. . .]

Hingegen bestand keinerlei Klarheit darüber, wie die NSDAP ihr Ziel, eine fundamentale Veränderung der Verhältnisse durchzuführen, zu erreichen gedachte. Die spätere Strategie, sich der Wahlbewerbung zu bedienen, stand noch außerhalb jeder Erwägung. [. . .]

Hitler hatte sich zum Ziel gesetzt, wie er etwas umständlich darlegte, „Wegbereiter zu sein der großen deutschen Freiheitsbewegung“. Die Partei war nur ein Mittel dazu. Schon im Februar 1921 hatte er betont, daß es auf die „Schaffung und Organisation einer einzigen sich steigernden Massenkundgebung, bestehend aus Protest um Protest“ ankomme, und entsprechend konzipierte er die Rolle der Partei. Die Mobilisierung des anvisierten Zusammenschlusses von Hunderttausenden zur „Befreiung unserer Rasse im Inneren, zur Lösung der Kette nach außen“ war für ihn gleichsam Selbstzweck.

Hitler begriff sich gleichsam als Sprachrohr der kommenden „nationalen Erhebung“, als Trommler und Missionar der „deutschen Erneuerung“. Der Gedanke, daß die Novemberrevolution von einer wahrhaft nationalen Revolution abgelöst werden müsse, war von den Autoren der Konservativen Revolution, von Oswald Spengler und Arthur Moeller van den Bruck samt ihrer Adepten, in vielfältiger Brechung propagiert worden, und es gehörte nicht viel Originalität dazu, ihn aufzugreifen. Hitler tat das auf seine Weise: er wurde vom Propagator der „nationalen Revolution“ schließlich zu deren Vollstrecker. [. . .]

Anfang November [1923] schien sich endgültig zu bestätigen, daß Hitler, dessen Name von den Direktoriumslisten der rechtsnationalen Honoratioren verschwand, ins politische Abseits geraten war. Der Parteiführer reagierte darauf mit der für ihn kennzeichnenden Mischung aus Nervosität und

Unschlüssigkeit, zumal er Schwierigkeiten hatte, die Geldmittel aufzutreiben, um seine auf den Umsturz wartende Privatarmee zusammenzuhalten. In dieser Lage formte sich bei ihm die Vision, daß nur unmittelbares Handeln die bevorstehende nationale Katastrophe abzuwenden vermöge. [...]

Daß Hitler die für das Wochenende geplante Aktion kurzfristig auf den Abend des 8. November vorverlegte, womit der größere Teil der militärischen Vorbereitungen, insbesondere die Heranziehung von in der Provinz stehenden Verbänden des Kampfbunds, nicht mehr durchführbar war, geschah in hektischer Reaktion auf das von Kahr am Abend veranstaltete Treffen von bayerischen Honoratioren im Bürgerbräukeller, hinter dem Hitler die Absicht vermutete, die Kampfbundführung definitiv auszubooten. Auch wenn dies nicht das erklärte Ziel Kahrs war, der allerdings zögerte, den ewig zur Aktion drängenden Hitler zu empfangen, diente die Versammlung doch dem Zweck, die in den Vortagen unternommenen Anstrengungen fortzusetzen, die Führer der nationalen Verbände bis zur Klärung in Berlin von der Auslösung gewaltsamer Aktionen – der ursprünglich vereinbarte Zeitpunkt des Losschlagens war der 15. November – zurückzuhalten.

Bekanntlich suchte Hitler sich in der Versammlung im Bürgerbräukeller mit dem Mittel der Erpressung der Zustimmung des Triumvirats zu versichern, daß er zusammen mit Ludendorff an die Spitze einer „provisorischen nationalen Regierung“ trete. Von Kahr, von Lossow und von Seißer hielten sich jedoch nicht an das ihnen [...] abgepreßte Ehrenwort und leiteten schon in der Nacht Gegenaktionen gegen den von den Verbänden des Kampfbundes unternommenen Staatsstreich ein, der wegen mangelnder logistischer Vorbereitung und Entschlossenheit nicht zu durchgreifenden militärischen Erfolgen führte.

Angesichts des am frühen Morgen offenkundig werdenden Steckenbleibens der Erhebung verlor Hitler den Kopf. Er setzte seine Hoffnung auf eine Vermittlung durch den

Kronprinzen Rupprecht, dessen Kabinettschef von den Putschisten samt einigen Mitgliedern der bayerischen Regierung in Geiselhaft genommen war und der Hitlers politische Qualitäten ziemlich gering einschätzte. [. . .]

Hitler, der zunächst unschlüssig war und vergeblich auf eine Antwort des Kronprinzen wartete, bestand ebenso nachdrücklich wie erfolglos darauf, daß es sich um eine unbewaffnete Demonstration handeln müsse (doch waren Teile des Zuges schwer bewaffnet, und auch Hitler trug seine Browning-Pistole mit sich). [. . .] Mit dem Gedanken an einen rauschhaften Propagandamarsch, der die Herzen der Nation erobern sollte, fühlte er sich wieder in seinem Element, wohingegen er zuvor die militärischen Aktionspläne aus einer Mischung von Rivalität und Mißtrauen skeptisch betrachtet hatte. Er glaubte an die Macht der Propaganda und hielt es für ausgeschlossen, daß sich die bayerische Landespolizei oder Einheiten der Reichswehr dem nationalen Demonstrationszug in den Weg stellen würden.

Der [. . .] am späten Vormittag improvisierte Marsch auf die Feldherrnhalle sollte in letzter Minute das vollständige Debakel eines völlig unzureichend vorbereiteten und mit dilettantischen Mitteln unternommenen Umsturzversuchs ungeschehen machen und das Steuer zugunsten der erstrebten „nationalen Revolution" herumreißen. Er brach jedoch, wie vorauszusehen war, am Odeonsplatz unter den Kugeln der Bayerischen Landespolizei kläglich zusammen.

Die schon in den Tagen nach dem gescheiterten Putsch aus dem Boden schießenden Legenden verwandelten die vernichtende Niederlage der nationalsozialistischen Politik am 9. November in einen entscheidenden Schritt auf dem Weg zur inneren Erneuerung Deutschlands. Sofort ging die nationalsozialistische Propaganda dazu über, den Putschversuch in eine heroische Niederlage umzustilisieren. Mit den jährlich wiederkehrenden Ritualen im Bürgerbräukeller und dem Aufmarsch der Blutordensträger, der 1933 einsetzte, wurde der 9. November 1923 zu einem zentralen historischen Bezugspunkt des nationalsozialistischen Selbstverständnisses. [. . .]

Im Grunde war Hitler schon vor dem Putschversuch der Auffassung gewesen, daß die nationale Revolution nicht mit militärischen, sondern allein mit propagandistischen Mitteln durchgesetzt werden müsse, und daher betrachtete er sich als deren geborenen Führer, was von den Militärs auch in seiner engeren Umgebung belächelt wurde. Der Ausgang des Marsches auf die Feldherrnhalle befestigte in ihm die Überzeugung, daß in jedem Falle nicht gegen die bewaffnete Macht gehandelt werden dürfe [. . .].

Bei der Neugründung der NSDAP 1925 achtete er peinlich darauf, daß alles auf seine Person und seine uneingeschränkte Führerrolle abgestellt war. Die Phase der Putschversuche von rechts war vorüber. Für Hitler galt es, den Siegeszug der „nationalsozialistischen Idee“ mit allen propagandistischen Mitteln zu betreiben. Seine Version blieb die gleiche wie 1923: Die Macht mußte ihm durch die unaufhaltsame Kraft der Bewegung und der „Idee“ gleichsam selbsttätig und nicht als Resultat von Koalitionsabreden und Interessenbündnissen zufallen. Mit diesem visionären Kalkül eines „Alles oder Nichts“ gewann er am 30. Januar 1933 die Regierung und damit die Macht.

III. Die „goldenen Zwanziger": Licht und Schatten (1924–1929)

Klaus Mann

Die „Jazz-Infektion"

„Millionen von unterernährten, korrumpierten, verzweifelt geilen, wütend vergnügungssüchtigen Männern und Frauen torkeln und taumeln dahin im Jazz-Delirium. Der Tanz wird zur Manie, zur idée fixe, zum Kult. Die Börse hüpft, die Minister wackeln, der Reichstag vollführt Kapriolen. Kriegskrüppel und Kriegsgewinnler, Filmstars und Prostituierte, pensionierte Monarchen (mit Fürstenabfindung) und pensionierte Studienräte (völlig unabgefunden) – alles wirft die Glieder in grausiger Euphorie. Die Dichter winden sich in seherischen Konvulsionen; die ‚Girls' der neuen Revuetheater schütteln animiert das Hinterteil. Man tanzt Foxtrott, Shimmy, Tango, den altertümlichen Walzer und den schicken Veitstanz. Man tanzt Hunger und Hysterie, Angst und Gier, Panik und Entsetzen. Mary Wigman – jeder Zoll eckige Erhabenheit, jede Geste eine dynamische Explosion – tanzt Weihevolles, mit Musik von Bach. Anita Berber – das Gesicht zur grellen Maske erstarrt unter dem schaurigen Gelock der purpurnen Coiffure – tanzt den Koitus. Man tanzt in antiken Gewändern, gotischen Rüstungen und mit entblößtem Bauch; man tanzt à la Isidora Duncan, à la Nijinsky, à la Charlie Chaplin; man imitiert Indianer, Kongoneger, Südseeinsulaner und die gemarterte Pantomime eingekerkerter Tiere im Zoologischen Garten. Ein geschlagenes, verarmtes, demoralisiertes Volk sucht Vergessen im Tanz. Aus der Mode wird die Obsession; das Fieber greift um sich, unbezähmbar, wie gewisse Epidemien und mystische Zwangsvorstellungen des Mittelalters. Die Symptome der Jazz-Infektion, die Zeichen der hüpfenden Sucht lassen sich im ganzen Land bemerken; am gefährlichsten betroffen aber ist das schlagende Herz des Reiches, die Hauptstadt."

Wolfgang Benz

Berliner Leben – Glanz und Elend

Pathos oder Feierlichkeit waren freilich selten in Berlin, seltener auch als in anderen europäischen Metropolen. An der Spree gab man sich lieber schnodderig oder frivol. Das galt nicht zuletzt für die Künstler und Intellektuellen, die mit der Legende der goldenen zwanziger Jahre den kulturellen Glanz der Reichshauptstadt begründeten. An diesem Glanz wollten viele teilhaben, neureiche Inflationsgewinnler ebenso wie seriöse Großbürger. Ein junger Theaterschriftsteller, der in Berlin sein Glück suchte, Carl Zuckmayer, zusammen mit Bert Brecht gnadenhalber als Dramaturg an einem der vielen Theater angestellt, erinnert sich: „Manchmal wurde man zu einer jener rauschhaften Berliner Partys eingeladen oder einfach mitgenommen, wobei es nicht unbedingt notwendig war, den Gastgeber, aus den Reihen der Hochfinanz oder der Börsenjobber oder der gerade erfolgreichen Film-Könige, persönlich zu kennen. Gewöhnlich kannte der große Mann die Hälfte seiner Besucher nicht, es genügte ihm, daß sie Künstler waren oder sich dafür hielten, seine kalten Platten kahlfraßen und seine ungezählten Flaschen austranken. Das war eine Mischung aus Sport, Snobismus, Angeberei und Generosität. Wir Aspiranten schlürften am Rande mit und wurden gegen Morgen, falls wir nicht vorher genug hatten, von Lohndienern und Putzfrauen hinausgestaubt.“ [...]

Im Verlag Mosse erschienen das liberale Berliner Tageblatt, die Berliner Volkszeitung und die Berliner Morgenzeitung, zum politisch weit rechts stehenden Hugenberg-Konzern gehörte der Scherl-Verlag mit dem deutschnationalen, republik- und demokratiefeindlichen Berliner Lokalanzeiger und weiteren Zeitungen und Zeitschriften. Der Ullsteinverlag publizierte die berühmte Vossische Zeitung, die B.Z. am Mittag, die Berliner Morgenpost, die Berliner Allgemeine Zeitung, Bücher und wichtige, vielgelesene Zeitschriften wie die Berliner Illustrierte, Uhu, Koralle, Querschnitt. Für das florierende Unternehmen der Brüder Ullstein wurde es im Presseviertel an der Kochstraße zu eng, 1927 wurde das neue Druckhaus in Tempelhof fertiggestellt; es galt als technisches Wunder und war damals einer der größten und modernsten Industriebauten Europas.

Der Weltruhm der Theater- und Kulturmetropole, der Zeitungsstadt, der Verlagskapitale gründet sich auf Anstrengung und Leistung von Publizisten wie Kurt Tucholsky und Carl von Ossietzky, Maximilian Harden, John Heartfield, Theodor Wolff und Georg Bernhard, auf Regisseure wie Max Reinhardt und Erwin Piscator, auf Verleger wie Samuel Fischer, auf Schriftsteller, Maler, Filmschauspieler. Freilich war dieses Berlin auch eine Enklave, eine „Republik der Außenseiter". Der Mann auf der Straße hatte andere Probleme: „Von der kulturellen Metropole Europas merkten wir im Norden Berlins wenig. Die ‚goldenen zwanziger Jahre' fanden in den Theaterzentren, Galerien und feinen Restaurants statt, waren eine Angelegenheit sensationeller Bälle und Galas der Neureichen, der Nachtlokale und Künstler-Cafés der Bohème [...] Die große Masse verstand die Avantgardisten nicht, die anklagen, aufrütteln wollten. Auch wir waren nicht auf sie vorbereitet [...] sie waren uns weit voraus, auf einem anderen Planeten. Eine intellektuelle Isolierung hatte begonnen, die nie völlig überbrückt werden konnte. Wir schlichen in die Museen zurück, zu Böcklin und Feuerbach. Den Kulturbedarf der breiten Massen befriedigten das Radio, der neue Unterhaltungsfilm, die Trivialliteratur sowie Revuen und Tanzlokale. Die Schlager und die Melodien der Operetten-Renaissance mit ihren Superstars Richard Tauber, Martha Eggert und Jan Kiepura halfen Luftschlösser bauen, erleichterten die Flucht aus dem grauen Alltag. Wir betrachteten sie alle, so gut sie auch sangen, als Ausdruck bürgerlicher

Verlogenheit, kennzeichneten sie als ausschweifend und kitschig."

Das war die Position eines in der Sozialistischen Arbeiterjugend Engagierten. Zur Schattenseite der Weltstadt gehörte „Die Kinderhölle in Berlin". So lautete der Titel einer Broschüre, mit der Harry Graf Kessler auf die Not der Unterprivilegierten aufmerksam machte. Kurt Tucholsky schrieb dazu in der Weltbühne: „Der Graf Harry Kessler hat die Kinderhöllen in Berlin photographiert: Das sind die Wohnungen der nicht einmal immer arbeitslosen Proletarier aus den Arbeitervierteln Berlins. [...] Keiner hat ein Bett für sich allein. Sieben, zehn, dreizehn Menschen schlafen in einem Raum, in den kein Agrarier seine Schweine hineintreiben würde. [...] Kümmerliche Ordnung, der kümmerlich aufflackernde Wille, nicht zu verlausen. Und alles vergebens. Der Friedenskram an den Wänden zerbröckelt. Neuen kann man nicht kaufen. In aller Augen: Es hat ja doch keinen Zweck. Die glücklichen Kinder sterben. Die andern tun so, als ob sie leben."

Ursula A.J. Becher

Die Entstehung der modernen Massenkultur

Erst in der Weimarer Republik wurden mit Arbeitszeitverkürzung und Urlaubsregelungen die Voraussetzungen für die moderne Freizeit geschaffen. Erst jetzt war es einer breiten Bevölkerung möglich, die nach ihrer Berufstätigkeit verbleibende Zeit nach eigenen Wünschen zu gestalten und an Vergnügungen teilzunehmen, die bisher vorwiegend dem Bürgertum vorbehalten geblieben waren. Außer den traditionellen und nun erweiterten Bildungsangeboten wie Theater, Bibliotheken, Museen, Konzerte, Veranstaltungen der Volkshochschulen wurden Massenspektakel populär:

Boxkämpfe und Sechstagerennen zogen Zuschauermengen an. Die neuen Kinopaläste, Varietés, Tanzsäle, Sportarenen waren Hochburgen der neuen Freizeitwelt. [. . .]

Nicht nur der Zerfall bisher gültiger Formen und die experimentelle Suche nach neuen Ausdrucksweisen, nicht nur die Mechanisierung der Welt und die Schnellebigkeit des Lebens beeinflußten das Zeitgefühl: Mit Rundfunk und Film prägten neue Leitmedien das kulturelle Leben und blieben nicht ohne Wirkung auf Lebensweisen und Lebensgefühl. Es waren Medien, die viel nachhaltiger und weitreichender die Bevölkerung erreichen konnten als Bücher und Zeitschriften. [. . .]

Massenkultur ist nicht zu denken ohne Massenkonsum. Die Versorgung der deutschen Bevölkerung mit neuen technischen Produkten verbesserte sich stetig. Im Jahre 1932 kamen in Deutschland auf je 1000 Einwohner 66 Rundfunkgeräte, 52 Fernsprechanschlüsse und 8 Personenautos. Das entsprach einem europäischen Durchschnittswert. Dagegen waren die USA Europa weit überlegen. Dort kamen im Jahre 1932 auf 1000 Einwohner 131 Rundfunkgeräte, 165 Fernsprechanschlüsse und 183 Personenautos. Das amerikanische Beispiel wirkte stimulierend – und nicht nur auf die Wirtschaft –, es in der Produktion und Distribution technischer Güter den USA gleichzutun. Amerika wurde zum Vorbild für den modernen Lebensstil, der sich jetzt auch in Deutschland durchsetzte. Diese Entwicklung war nicht unumstritten, aber offenbar unumkehrbar. Während Konservative den allgemeinen Kulturverfall beklagten und gegen den Einfluß westlicher Zivilisation deutsche Kulturwerte setzten, bemerkten immer größere Teile der Bevölkerung, daß sich ihr persönlicher Gestaltungsspielraum wie nie zuvor erweitert hatte. Freilich wurde dieser hoffnungsfrohe Optimismus gegen Ende der Weimarer Republik durch die Instabilität und radikale Bedrohung des politischen Systems und die Labilität der Wirtschaft erschüttert.

Walther Kiaulehn

„Keine Zeit, keine Zeit, keine Zeit!"

Vor dem ersten Weltkrieg gab es in ganz Berlin nur siebentausend Kraftwagen. 1926 waren es schon siebenmal soviel. Immerhin kam damit erst auf beinahe hundert Berliner ein Automobil, während Paris schon für je vierzig Einwohner ein Kraftfahrzeug besaß und in New York sogar jeder sechste Bürger ein Auto hatte. In den breiten Berliner Straßen hätten die fünfzigtausend Automobile kaum auffallen dürfen. Dennoch gab es am Potsdamer Platz immer Verkehrsstockungen. Der Grund dafür lag auf der Hand, doch war er schwer zu beseitigen: wegen der konfusen Entwicklung seines Stadtplans fehlten Berlin zwei wichtige Nordweststraßen, die man zur Entlastung der Leipziger und Potsdamer Straße gebraucht hätte. Die Französische Straße hätte durch die Ministergärten zur Tiergartenstraße durchgebrochen werden müssen, die andere in der Verlängerung der Anhalter Straße strikt nach Westen. Weil diese Durchbruchstraßen fehlten, war die Leipziger Straße überbelastet und immer von brodelndem Leben erfüllt, und die langsame Straßenbahn blockierte mit ihren Haltestellen den Autoverkehr. So kam es am Potsdamer Platz zu den ständigen Verkehrszusammenbrüchen. Er war ein kritischer Punkt erster Ordnung. Die Verkehrsstrategen ersannen den Kreisverkehr, man erwog, eine spinnenartige Fußgängerbrücke über den Potsdamer Platz zu schlagen und errichtete, um das ständige Chaos zu bändigen, schnell den ersten Verkehrsturm. Zum erstenmal blitzten die roten, gelben und grünen Lichter auf, die ‚Schupos' bliesen auf Hörnern, wenn die Jagd losging und das Karussell sich wieder drehte.

Der Verkehrsturm war sofort mächtig populär. Jeder wollte ihn sehen und den Kreisverkehr erleben, und so wurde das Gedränge noch größer. Am Potsdamer Platz entstand damals das Hochwertigkeitsgefühl der Berliner

Automobilisten, über das Carl von Ossietzky in der ,Weltbühne' notierte: „Der Führerschein IIIb ist heute schon mehr wert als der Dr. rer. pol., und beinahe schon so viel, wie früher das Leutnantspatent." Die deutsche Autofahrerei hatte damals noch einen exklusiven Zug. Als die Firmen Opel und Hanomag in den zwanziger Jahren die ersten Kleinwagen herausbrachten, ,Kommißbrot' und ,Laubfrosch' genannt, mußten sie noch psychologische Werbefeldzüge gegen den Feudalkomplex führen, der mit dem Begriff des Autofahrens etwas ,Herrschaftliches' verband. Der ,Herrenfahrer' setzte sich nur dann in ein niedriges Gefährt, wenn es ein Rennwagen war. Autofahren war Sport, war die Gefühlserregung durch den Rausch der Schnelligkeit.

Wer auf die Massenverkehrsmittel angewiesen war, und das waren über 95% aller Berliner, der konnte sich frühmorgens an einer Art von Frühsport beteiligen, das war der Verkehr. Er wurde unter Benutzung aller Verkehrsmittel betrieben, das große Einmannspiel gegen Zeit und Entfernung, gespielt von einigen hunderttausend Teilnehmern, ein Massenrausch. Um sich darin zu behaupten, mußte man ,kombinieren' können, mußte Stadt- und Ringbahn, Hoch- und Untergrundbahn, Omnibus und Straßenbahn so ineinander übergehend benutzen, daß man am Schluß der Sieger über Zeit und Entfernung war. Jeder Berliner Volksschullehrer sagte seinen Kindern das stolze Wort: „Es gibt keine Entfernungen in unserer Stadt!" Als Wahrheitsbeweis für dieses Wort wurde in den zwanziger Jahren der Einheitstarif des Verkehrs mit seinen vielen Umsteigemöglichkeiten geschaffen. [...]

Wer viel unterwegs sein mußte, genoß auch den wechselnden Rhythmus des Verkehrs. Zwischen sieben und acht Uhr morgens stiegen sechzigtausend Menschen am Alexanderplatz von der Untergrundbahn auf die Stadtbahn und von der Stadtbahn auf die Straßenbahn und in den Autobus um; am Kreuzungspunkt Friedrichstadt waren es zu dieser Stunde hunderttausend, am Gleisdreieck einhundertfünfzigtausend Personen. Eine Stunde später jedoch hatte überall dieser Strom nur noch ein Fünftel seiner Stärke. Aber dafür brauste er jetzt am Zoo so stark wie vorher in der Friedrichstadt.

[. . .] Walter Mehring dichtete in den zwanziger Jahren: „Die Linden lang, Galopp, Galopp, mit der Uhr in der Hand, mit dem Hut auf'm Kopp; keine Zeit, keine Zeit, keine Zeit!"

Martina Kessel (Hrsg.)
Ein Hausfrauenleben

Ehemalige Textilarbeiterin, 20 Jahre:
Ich kann mich der glücklichen Lage erfreuen, ein schönes, sonniges Heim zu besitzen. Morgens wache ich, von der Sonne geweckt (wenn sie scheint), früh auf und gehe meinen Hausfrauenpflichten nach. Ich bin 20 Jahre alt und seit Januar 1928 verheiratet. Mit meiner Schulentlassung trat ich in den Produktionsprozeß als Fabrikarbeiterin ein und erlernte im 16. Lebensjahr den Stickerinnenberuf, welchen ich *bis zu meiner Ehe innehielt. Da ich nie im Haushalt tätig war, muß ich jetzt viele häuslichen Schwierigkeiten überwinden lernen.* Ist gegen 11 Uhr die Hausarbeit erledigt, so kann ich bis 4 Uhr die Zeit verbringen, wie es mir paßt. Wenn das Wetter gut ist, so fahr ich oft hinaus und nehme Luftbäder, natürlich muß die unvermeidliche Lektüre immer dabei sein. Ist das Wetter schlecht, so lese, schreibe oder lerne ich in aller Ruhe und Stille; ach es wartet noch so viel Verbandsarbeit auf mich. Um halb 5 Uhr kommt mein Mann, wir speisen und jeder geht dann seinen eigenen Interessen nach. Ich habe gerade in dieser Zeit so viele Versammlungen, die ich *unmöglich* besuchen könnte, wenn ich noch einer *beruflichen* Beschäftigung nachgehen würde. Die

Verbandsarbeit macht mir manchmal sehr viel Freude, denn die Hausarbeit *alleine* kommt mir kleinlich vor und *befriedigt mich nicht.* So versuche ich nun, Verbandsarbeit und Hausarbeit harmonisch zu verbinden. Ich versuche, mir mein Leben so vielseitig und interessant zu gestalten, daß es mir lebenswert erscheint.

Das Wochenende benutze ich zur Erholung und versuche, es mir und meinem Manne so nutzbringend wie möglich zu gestalten. Die Voraussetzung dafür – ein früher Arbeitsschluß am Sonnabend – ist leider nicht *allen* Arbeitsschwestern beschieden.

Besonders gerne wandern wir, um ein wenig das Häusermeer der Großstadt vergessen zu können. Gerade Sonnabend nachmittag und Sonntag verlebe ich ganz anders (und ich empfinde – besser) wie viele andere Menschen. [. . .] Baden, Wäsche und Wohnungsreinigen verschiebe ich auf andere Wochentage. Sonntags wird fast nie besonders gekocht, sondern ich koche Sonnabends reichlicher und habe dann am Sonntag auch meinen freien Tag.

Viel schöner stelle ich mir eine Gemeinschaftsküche vor, die preiswert, gut und schnell das Essen herstellt. Lächerlich kommt es mir immer wieder vor, wenn ich meine (für zwei Personen) wenigen Kartoffeln schäle usw. und ein Stockwerk tiefer oder höher macht jede Hausfrau dasselbe!!! *Im Zeitalter der Rationalisierung ein unbegreiflicher Zustand* und wieviel Werte gehen dabei verloren! Ich erziehe allerdings meinen Mann so, daß ihm *alles* schmackhafte Essen schmeckt, nicht *nur* das, was ihm ausgerechnet „seine Frau“ bereitet! Ein Grammophon habe ich „leider“ nicht im Hause, dafür aber Rundfunk durch Lautsprecher. Eine feine Sache; bei der Hausarbeit, beim Nähen, Stopfen und Handarbeiten höre ich gern Musik und gute Vorträge an. Ich bedauere nur tief, daß die Arbeiterschaft auf die Radio-Darbietungen so gar keinen Einfluß nimmt und daher so viel bürgerlicher Schmus serviert wird. Nachher wundern sich die Gewerkschaftsführer über mangelndes Organisations-Interesse gerade bei den Frauen. Wann wird mal ein gewerkschaftlicher Vortrag gefunkt, wann etwas, wobei die Arbeiterin sich auf ihre Klassenlage besinnt? Also auch hier Einfluß zu gewinnen suchen!

Verkürzen wir die Arbeitszeit auf vier oder sechs Stunden, wie es heute schon die Technik und vernünftige Bedarfswirtschaft erlauben würde, und dazu auskömmlichen Lohn – so steigert sich in uns das Gefühl: Mensch zu sein und kein Arbeitstier! Dann blüht auch in unserem Textilarbeiter-Verband ein *reges Frauenleben!*

Herrad Schenk

Gleichberechtigt? – Chancen und Grenzen für Frauen

Die Weimarer Verfassung billigte den Frauen „grundsätzlich" die gleichen Rechte zu wie den Männern (Art. 109); die Ehe sollte auch auf der „Gleichberechtigung der Geschlechter" beruhen (Art. 119); außerdem sollten Frauen Zugang zu allen Berufen haben. Die nur ‚grundsätzliche' Gleichstellung ermöglichte jedoch im Einzelfall ‚Sonderregelungen', von denen später reichlich Gebrauch gemacht wurde. Die Gleichstellung der Ehefrau hatte, in Anbetracht des weitgehend unverändert beibehaltenen Bürgerlichen Gesetzbuchs, bloß rhetorischen Charakter.

1918 übten die Frauen erstmals, mit hoher Wahlbeteiligung, ihr Stimmrecht aus. [...] Von 310 für die Nationalversammlung kandidierenden Frauen wurden immerhin 37 gewählt. Die Weimarer Parteien stellten nur wenige von den prominenten ehemaligen Stimmrechtlerinnen auf. Der Anteil der weiblichen Parlamentarier, 1918 bei 10%, reduzierte sich bei den späteren Wahlen wieder. Die Beziehungen zwischen den weiblichen Abgeordneten und der Frauenbewegung waren auch nicht so eng, wie die Stimmrechtlerinnen es sich vorgestellt hatten. Doch es gab während der Weimarer Republik einige Fälle, in denen alle Frauen im Parlament gemeinsam ‚Frauenpolitik' machten – so beim Gesetzesentwurf, der die Reglementierung der Prostitution abschaffte und bei der Festsetzung der Arbeitslosenunterstützung, bei der sie sich vereint gegen die niedrigeren Sätze für weibliche Arbeitslose wehrten.

Zunächst entwickelten sich die Verhältnisse für die Frauen in der Weimarer Republik nicht ungünstig. Zumindest den hochqualifizierten Frauen standen mehr Chancen offen als im Kaiserreich. Die Studentinnenzahlen nahmen zu; 1918 erhielten die Frauen das Habilitationsrecht; 1928 gab es in Deutschland bereits 44 Professorinnen. Auch andere Beschränkungen wurden aufgehoben: So öffnete sich 1922 den Frauen der Zugang zum Richteramt. [. . .]

Aber der winzigen Zahl hochqualifizierter Frauen stand die Masse der ungelernten oder zumindest nur wenig qualifizierten Frauen in den Fabriken und Büros gegenüber. Nach dem Ersten Weltkrieg war der Mittelstand verarmt, ständig schritt die Umschichtung von ehemals vermögenden zu einkommensabhängigen Mittelschichtsfamilien weiter fort. Der Lebensstandard der breiten Bevölkerung war niedrig; nicht nur in den Arbeiterfamilien, sondern auch in denen der kleinen Angestellten und Beamten mußte immer gespart werden. Die Zahl der verheirateten erwerbstätigen Frauen wurde größer; sie arbeiteten fast ausnahmslos aus existenzieller Notwendigkeit, und es geschah nur wenig, ihnen ihre ‚Doppelrolle' zu erleichtern.

Von der Arbeitslosigkeit in der Wirtschaftskrise der 20er Jahre waren in erster Linie die verheirateten Frauen betroffen, die noch zusätzlichen diskriminierenden Maßnahmen ausgesetzt waren: Sie erhielten meist keine Arbeitslosenunterstützung, da sie nicht als ‚bedürftig' galten; generell bekamen Frauen nur zwei Drittel der Arbeitslosenunterstützung der Männer, und viele Gemeinden weigerten sich, arbeitslose Frauen unter 21 Jahren zu unterstützen, da diese angeblich jederzeit Arbeit in der Landwirtschaft oder im häuslichen Dienst finden könnten.

Eine verschärfte Polemik gegen Frauenerwerbstätigkeit im allgemeinen und gegen ‚Zusatzverdienerinnen' im besonderen setzte in der Depression nach 1929 ein. Massive Diskriminierungen richteten sich vor allem gegen die wenigen Frauen, die hochqualifizierte Positionen innehatten; vor allem die Konkurrenz zwischen Lehrern und Lehrerinnen verschärfte sich wieder. 1924 waren 30 von insgesamt 317 höheren Mädchenschulen und ebensoviele von insgesamt 8215 Volksschulen unter weiblicher Leitung; trotz dieser verschwindend geringen Zahlen polemisierten die Lehrerverbände zunehmend heftiger gegen die Frauen, die sich angeblich rücksichtslos Vorteile zu verschaffen suchten.

Schon 1923 wurde per Gesetz verfügt, daß verheiratete Beamtinnen mit sechswöchiger Kündigungsfrist entlassen werden könnten, falls nach Ermessen der zuständigen Behörde ihr Unterhalt gewährleistet sei. Nach und nach wurden immer mehr diskriminierende Sonderbestimmungen für Frauen eingeführt. Eine Verbeamtung kam für sie grundsätzlich nur noch nach dem 35. Lebensjahr infrage. Später wurde die Kann-Vorschrift über die Entlassung verheirateter Beamtinnen zur Muß-Regelung verschärft. Frauen wurde der Zugang zum eben eröffneten Richter- und Anwaltsberuf wieder verschlossen, ebenso zur höheren Verwaltungslaufbahn.

In der Zwischenkriegszeit gab es etwa zwei Millionen mehr Frauen als Männer; im Krieg waren ca. 1,7 Mill. Männer gefallen. Trotzdem verdoppelte sich die Zahl der Eheschließungen gegenüber der Vorkriegszeit. In den Großstädten lockerte sich die Sexualmoral (in der Frauenbewegung sprach man von einer ‚sexuellen Krise'); die Zahl der Abtreibungen stieg. Auch die Scheidungen wurden zahlreicher. Die Geburtenziffern gingen seit der Jahrhundertwende langsam, aber kontinuierlich zurück.

Adelheid Gräfin zu Castell Rüdenhausen

Frauen, Familie, Sexualität

Für die Frauen wurde der „Heiratsmarkt" in der Weimarer Republik in doppelter Hinsicht eng: Die Heiratsfrequenz der jüngeren ledigen Männer nahm gegenüber der Vorkriegszeit deutlich ab, und die Reihen der älteren Junggesellen in relativ gesicherten wirtschaftlichen Verhältnissen hatte der Krieg stark gelichtet. Mangels ausreichenden Angebots an jüngeren Partnern waren die letzteren als Ehemänner sehr begehrt: Die Stilisierung des graumelierten, eleganten Herrn zum Frauenhelden der 20er Jahre entbehrte nicht eines realen sozial- und bevölkerungsgeschichtlichen Hintergrunds. Im Gegensatz zu den Männern konnten jedoch die älteren Frauen die in jüngeren Jahren nicht erfolgte Eheschließung später kaum nachholen. So entstand ein Überhang an lebenslangen Junggesellinnen, die ihr Dasein als unverheiratete Töchter im Schoße ihrer Ursprungsfamilien oder in sozialen Berufen verbrachten. Erst als in den 30er Jahren die höheren Altersklassen der Männer wieder stärker besetzt waren, erreichten die Heiratsfrequenzen lediger Frauen wieder das Niveau der Vorkriegszeit bzw. übertrafen es teilweise erheblich.

Während die Ehe als Existenzform mehr denn je gefragt war, machte die Kernfamilie einen radikalen Strukturwandel durch. Als Normaltyp bildete sich die Kleinfamilie mit maximal zwei Geburten heraus. [...]

Am weitesten fortgeschritten war der Rückgang der Familiengröße unter den Angestellten und Selbständigen in Industrie und Gewerbe sowie unter den Beamten und den freien Berufen. Charakteristisch für den gewerblich-mittelständischen Familienzyklus war dabei der Aufschub der Eheschließung, bis die Familienexistenz langfristig abgesichert schien. [...]

Der Wandel der Familienrolle der Frau, die gesellschaftliche Aufwertung weiblicher Haus- und „Beziehungsarbeit", wie sie etwa in der Einrichtung des Muttertages zum Ausdruck kam, war begleitet von einer zunehmenden Problematisierung der Partnerbeziehungen. Sie betraf das Geschlechterverhältnis im allgemeinen und die Sexualbeziehungen im besonderen. Ein Abbau autoritärer Partnerbeziehungen bahnte sich vor allem auf sexuellem Gebiet an. Die Entwicklung artikulierte sich in der Sexualreform-Bewegung, die eine „Entethisierung" der „sexuellen Frage" anstrebte. Sie betraf die Prostitution, das Recht des unehelichen Kindes, das Recht der Frau auf Mutterschaft und freie Liebesbeziehungen, die Abtreibung, das Problem der ehelichen Treue und die Ehescheidung, vor allem aber die „Befreiung des Körpers auch im Intimen", die unvoreingenommene Beurteilung der sexuellen „Perversionen" (Magnus Hirschfeld), die „sexuelle Revolution der Jugend" (Ben Lindsey) und die „Vervollkommnung der Ehe". So bezeichnete van de Veldes Bestseller „Die vollkommene Ehe. Eine Studie über ihre Physiologie und Technik" (1926) als „Eckpfeiler für das Gebäude der Ehe" neben der richtigen Gattenwahl und einer „guten psychologischen Einstellung" (des Mannes) vor allem die wunschgemäße Lösung der Kinderfrage und ein blühendes, harmonisches Geschlechtsleben: Die meisten Ehen krankten, so meinte er, an der Angst vor ungewollter Schwangerschaft und/oder dauernder Frigidität unbefriedigter Frauen (Schätzungen schwankten zwischen 20 und 80%). Van de Velde wandte sich in erster Linie an die – meist unwissenden – Ehemänner, die im Hinblick auf das Geschlechtsleben in der Ehe „Führer ihrer Gattinnen sein müßten", und lehrte sie, auf die sexuellen Bedürfnisse der Frau einzugehen und ihr die Angst vor den Folgen des Geschlechtsverkehrs zu nehmen. In welchem Maße das Ideal der sexuell erfüllten, harmonischen „Hoch-Ehe" auf dem Weg über die bürgerlichen Bibliotheken zur Kenntnis genommen wurde (in Arbeiterkreisen las man Bücher wie „Geschlecht und Liebe" des Berliner Stadtschularztes Max Hodann), zeigt die Tatsache, daß das Buch „Die vollkommene Ehe“ innerhalb von sechs Jahren 43 Auflagen erreichte. Ob sich jedoch tatsächlich seine Empfehlungen auf das Verhalten ausgewirkt haben, könnten wohl nur Befragungen erweisen – für die es aber bald zu spät sein wird.

Jürgen Reulecke

Jugend im sozialen Abseits

Betrachtet man zunächst die materiellen Lebensperspektiven der Jugendlichen in den 20er und 30er Jahren, so ergibt sich ein weitgehend negatives Bild. [...] In den mittleren Jahren der Weimarer Republik, den angeblich „goldenen Zwanzigern“, verschärfte sich schon die Arbeitsmarktsituation für Jugendliche: Das Mißverhältnis zwischen der Lehrstellennachfrage und dem Angebot der Wirtschaft, die „Lehrstellennot“, blieb bestehen; zugleich nahm die Arbeitslosigkeit von Jugendlichen aufgrund von Rationalisierungs- und Personalabbaumaßnahmen deutlich zu, verringerte sich nur kurzfristig in den Jahren 1927/28 und mündete schließlich in die Extremsituation der Weltwirtschaftskrise ab 1929/30 ein. Verschärft wurden die Bedingungen des Arbeitsmarktes noch dadurch, daß in den 20er Jahren die in absoluten Zahlen größten Alterskohorten auf den Arbeitsmarkt drängten, die es je in Deutschland gegeben hat. [...]

Über die berufliche Existenzperspektiven hinaus waren auch die sonstigen Lebensverhältnisse für viele Jugendliche in der Zwischenkriegszeit vielfältig eingeschränkt und belastet. Die Ärzte, vor allem die Schulärzte, und die Gewerbeaufsichtsbeamten betonten immer wieder den schlechten gesundheitlichen Zustand der Jugend, der sich erst Mitte der 20er Jahre allmählich – und dann auch nur für kurze Zeit – zu bessern begann. Berichte über die Wohnungsverhältnisse vor allem der Unterschichten beleuchten ein weiteres Problem. Eine Erhebung des Reichsausschusses der deutschen Jugendverbände [RddJ] im Frühjahr 1927 brachte z.B. das Ergebnis, daß jeder fünfte Jugendliche zwischen 14 und 18 Jahren kein eigenes Bett besaß und jeder zehnte mit einem Fremden in einem Zimmer schlafen mußte. Jede zweite Einzimmer- und fast jede zweite Zweizimmerwohnung galt als überbelegt, wobei die Verhältnisse in den Großstädten durchweg noch schlimmer waren, als diese Durchschnittswerte angeben. Obwohl immer häufiger Tarifverträge abgeschlossen und Fabrikordnungen mit den Betriebsräten vereinbart wurden, waren auch die Arbeitsplatzverhältnisse für Jugendliche oft noch sehr bedrückend und belastend: Die erwähnte Umfrage ergab, daß jeder dritte Jugendliche mehr als 48 Stunden in der Woche zu arbeiten hatte, jeder achte Sonntagsarbeit leistete, jeder zweite keinen Wochenendfrühschluß kannte und jeder vierte keinen Urlaub erhielt. Nur jeder fünfundzwanzigste berichtete, daß er die vom RddJ als Mindestmaß geforderten 14 Tage Ferien in Anspruch nehmen konnte.

Die während der Weimarer Republik für die Mehrzahl der Jugendlichen insgesamt ungünstigen Arbeitsmarktverhältnisse verschärften sich ab 1930 katastrophal. Jugendarbeitslosigkeit wurde zur Massenerscheinung: 1932 waren von den rund 6 Mio. gemeldeten, d.h. statistisch erfaßten Arbeitslosen im Deutschen Reich fast 1,5 Mio. unter 25 Jahre alt; davon gehörte über die Hälfte zur Altersgruppe der 21- bis unter 25jährigen, die damit erheblich unter dem Durchschnitt lag. Hatten bei Ausbruch der Weltwirtschaftskrise als erste die Jugendlichen ohne oder mit abgebrochener Lehre ihren Arbeitsplatz verloren, so traf dieses Schicksal bereits wenig später auch diejenigen, die eine Lehre absolviert hatten. Von den Mitte 1931 arbeitslosen Angestellten unter 21 Jahren verfügten z.B. mehr als 90% über einen Lehrbrief, 60% besaßen zudem eine höhere Schulbildung. Gleichzeitig ging auch die Studierwilligkeit drastisch zurück, vor allem deshalb, weil für die Kinder aus den bürgerlichen Mittel- und in wachsendem Ausmaß auch Oberschichten ein Studium unerschwinglich geworden war: Von 40 000 Abiturienten 1932 nahmen nur noch 10 000 ein Studium auf. Tiefsitzende Ressentiments gegen das „System" waren auch hier die Folge. Die Lage war oft deshalb besonders prekär, weil die unter 21jährigen Arbeitslosen aufgrund einer Notverordnung vom 5. Juni 1931 keine Arbeitslosenunterstützung mehr erhielten, wenn Familienangehörige zu ihrem Unterhalt herangezogen werden konnten, was in vielen Familien den häuslichen Frieden erheblich belastete.

Hans-Georg Stümke

Die Situation der Homosexuellen

Die neue Zeit ohne Kaiser und Klassenwahlrecht brachte grundlegende demokratische Rechte. Koalitions- und Versammlungsfreiheit, Freiheit der Meinungsäußerung und der Presse garantierte die erste demokratische Verfassung Deutschlands *allen* Staatsbürgern. Die homosexuelle Minderheit machte davon eifrig Gebrauch. Schon 1919 bildeten sich in mehreren Großstädten sogenannte „Freundschaftsvereine". Darin schlossen sich Homosexuelle zusammen, um ihre soziale und gesellschaftliche Lage zu verbessern. Bei einem ersten Reichstreffen vereinigten sich 1921 in Kassel acht dieser Vereine. Im folgenden Jahr ging während eines zweiten Verbandstags daraus in Hamburg der „Bund für Menschenrecht" (BfM) hervor – die bisher größte Vereinigung Homosexueller in Deutschland. Der Erste Vorsitzende des Bundes, der Verleger Friedrich Radszuweit (1876 – 1932), vereinigte Geschäft und Bewegung. Sein Verlag gab Zeitungen und Zeitschriften für homosexuelle Männer und Frauen in breiter Vielfalt heraus. Einzelne dieser Presseprodukte erreichten zuweilen eine Auflage von über 100 000 Exemplaren monatlich. Allein seine Zeitschrift „Die Insel“ verzeichnete im Jahre 1930 eine monatliche Rekordauflage von 150 000 Exemplaren. [. . .]

Auf der Gründungsversammlung legte sich der Bund auch auf politische Forderungen fest und konzentrierte die Ziele des Verbandes vor allem auf folgende Punkte: Kampf für die Abschaffung des Paragraphen 175 StGB, Kampf gegen die gesellschaftliche Ächtung der Homosexuellen, Kampf gegen Erpresser und kostenloser Rechtsbeistand. Das hörte sich gewaltig an. Tatsächlich aber beteiligte sich nur ein sehr geringer Teil der Mitglieder aktiv an der Umsetzung der politischen Ziele. Mit der Wahrnehmung geselliger Veranstaltungen erschöpfte sich für sie der hauptsächliche Zweck ihrer Mitgliedschaft im Bund, der zeitweise 48 000 Mitglieder zählte und Niederlassungen in vielen Großstädten unterhielt.

So wiesen denn auch die meisten dieser „Ortsgruppen“ lediglich Club-Charakter auf, dienten der Unterhaltung und – nach den täglich erlebten Anstrengungen der selbstverleugnenden Anpassung an die heterosexuelle Umwelt – dem Rückzug in eine sozial entspannte Atmosphäre. Auf diesem Boden entwickelte sich eine breite, bunte Kultur, deren Aktivitäten sich vor allem in einer intensiven Nutzung der Freizeit niederschlugen. Die ständig expandierenden Blätter der Szene beförderten alle diesbezüglichen Neuigkeiten rasch bis in die letzten Winkel der Reichsprovinzen. Da gab es zum Beispiel in Dresdens „Annensälen“ jeden Herbst ein „Großes Dahlienfest“, jeden Donnerstag, Samstag und Sonntag veranstaltete der Kölner „Club Kameradschaft“ in „Köhlers“ Sälen einen „Großen Fest-Ball“ und jeden Freitag „Das Fest der Damen“, der Berliner „Internationale Freundesbund“ feierte in den „Luthersälen“, und in Hamburg schwärmte H. R., der die „rauschenden schwulen Feste im Curio-Haus“ während der Weimarer Republik miterlebte, noch Ende der siebziger Jahre von ihren „phantastischen

Ausstattungen" und der „glänzenden Stimmung". Ob „Lila Nacht", Film- oder Maskenball, Bayerisches Bockbierfest oder „Zille-Ball" – gefeiert wurde überall in der Szene zwischen Königsberg und Köln, Flensburg und München. Einschlägige Kneipen und Bars eröffneten in nahezu jeder Großstadt, und wer sich einen Schallplattenspieler leisten mochte, der konnte in seinen eigenen vier Wänden zur Platte „Bubi, laß uns Freunde sein" den Tangoschritt üben.

Karl Schlögel
Das russische Berlin

Neben den russischen Kriegsgefangenen hielten sich im Deutschen Reich Flüchtlinge auf, die ab 1918 in den Bereich der deutschen Okkupationsarmee im Osten geraten und mit dem Zusammenbruch der Ostfront ins Reich geströmt waren. Eine weitere Welle erreichte Deutschland nach der Niederlage der Vrangel'-Armee im November 1920 im Frühjahr 1921 und – über Frankreich – das ganze Jahr 1922 über. In Deutschland befanden sich Staatsbürger des ehemaligen Russischen Reiches, das nach 1917 in verschiedene souveräne Staaten auseinandergebrochen war wie Finnland, die Ukraine, Lettland, Estland, Litauen, die kaukasischen Republiken.

[...] Sie hatten, so war die Vorstellung der überwältigenden Emigrantenmasse, Rußland nur vorübergehend, „bis zum Sturz der Bolschewiki", verlassen – kaum jemand dachte daran, daß aus dem Provisorium ein Dauerzustand werden würde. [...]

So wenig exakt die Gesamtschätzungen sind, so eindeutig ist der Verlauf der russischen Zu- und Abwanderung. Im Mai 1919 schätzte der „Deutsch-russische Verein zur Pflege und Förderung der gegenseitigen Handelsbeziehungen"

60 000–80 000 Russen in Deutschland. Insgesamt sollen sich nach Zählungen der „Russischen Delegation für Kriegsgefangene und Rückwanderer in Deutschland" 1919 rund 100 000 Flüchtlinge im Deutschen Reich aufgehalten haben. 1920 bezeichnete das „Amerikanische Rote Kreuz" in Deutschland die Zahl der von ihm in Deutschland unterstützten Russen auf 560 000. Seinen Höhepunkt erreichte der Zustrom russischer Flüchtlinge in den Jahren 1922 und 1923. Nach Angaben des Völkerbundes und des deutschen Auswärtigen Amtes hielten sich in diesen beiden Jahren rund 600 000 russische Flüchtlinge im Reichsgebiet auf, von denen allein in Berlin rund 360 000 im Jahre 1923 Asyl gefunden haben. Für 1925 gibt die „Flüchtlingsinspektion des Internationalen Arbeitsamtes" in Genf 150 000 Flüchtlinge aus Rußland an, während einer Selbsteinschätzung von Emigrantenorganisationen zufolge sich rund 500 000 Emigranten im Reich aufhielten. [. . .]

Ein guter Beobachter schrieb damals: „Das russische Emigrantentum in Berlin war eine Pyramide, von der nur die Spitze übriggeblieben war. Es fehlten die unteren und mittleren Volksschichten, die Arbeiter und Bauern, Handwerker und kleinen Kaufleute. Statt dessen waren Offiziere, Beamte, Künstler, Finanziers, Politiker und Mitglieder der alten Hofgesellschaft vertreten." Dies fiel besonders im Vergleich zum Durchschnitt der die Emigration umgebenden Bevölkerung auf. „In Berlin und Paris, den beiden Hauptstädten des Exils", schreibt Vl. Nabokov, „bildeten die Russen kompakte Kolonien mit einem Kulturkoeffizienten, der den kulturellen Durchschnitt der notwendigerweise verdünnteren ausländischen Bevölkerungen, in die es sie verschlagen hatte, bei weitem übertraf." [. . .]

Die Inserate einer beliebigen russischen Zeitung im Berlin der frühen 20er Jahre bezeugen die Initiative der Emigranten, die sich mit Restaurants, Cafés, Buchhandlungen, Antiquariaten, Übersetzungsbüros, Ballettschulen, Juwelier- und Pelzhandlungen, als Sekretärinnen, Modistinnen, Portiers, Taxichauffeure oder mit Gelegenheitsarbeiten über Wasser hielten. Für jene Emigranten, die aus wohlhabenden Verhältnissen kamen, war die neue Situation ein Absturz ins Nichts, es sei denn, „eingenähte Juwelen" halfen über die erste Not hinweg. Selbst ein so erfolgreicher Schriftsteller wie Vladimir Nabokov hat sich zeitweilig als Tennislehrer, Hauslehrer und Filmstatist bei der Ufa durchs Leben geschlagen.

Der auf dem Höhepunkt der Emigration 1922 erschienene russische Berlin-Führer zählt an die hundert kleinere und größere, mehr oder minder kurzlebige Organisationen und Institutionen auf, die zusammengenommen den Mikrokosmos des „Russischen Berlin" bildeten. [. . .]

Zu den erstaunlichsten Leistungen der russischen Diaspora in Berlin gehörte der Aufbau eines Verlagswesens. Das „russische Berlin", das die weltweite Diaspora mit Zeitungen und Büchern belieferte und auch nach Sowjetrußland exportierte, produzierte zwischen 1918 und 1924 mehr Bücher als Moskau oder Petrograd – etwa 2 100 bis 2 200 Titel, herausgegeben von 86 Verlagen. [. . .]

Berlin war Vorposten in der europäischen Krisenregion und zugleich Fluchtpunkt und Ankerplatz im Bürgerkrieg. Hier standen sich wie an keinem anderen Punkt „Rot und Weiß" exterritorial gegenüber. In Berlin war „Sowdepien", wie die Emigranten Sowjetrußland abschätzig nannten, mit einer massiven Kolonie vertreten – allein bei der Botschaft und Handelsvertretung waren ca. 3 000 Personen beschäftigt –, ebenso aber auch die „Weißgardisten", wie umgekehrt die Flüchtlinge beschimpft wurden. Inmitten der großen Stadt überschnitten sich die Kreise, die die sowjetische Botschaft Unter den Linden und „Charlottengrad", wie der von russischen Emigranten bevölkerte Berliner Westen genannt wurde, bildeten. Um beide Pole gruppierte sich eine politisch hochaktive Öffentlichkeit, die sich mitunter distanziert begegnete, in der Regel aber sich mißtraute und bekämpfte. Die Anerkennung Sowjetrußlands durch das

Deutsche Reich machte Berlin zum „Tor nach Westen“ für die „Reisenden mit dem roten Paß“ – und in den 20er Jahren ergoß sich ein nie abreißender Strom von Sowjetbürgern in die Reichshauptstadt, manchmal auch mit der Option, für länger oder für immer zu bleiben. Berlin wurde zum großen Kommunikationszentrum zwischen Russen daheim und Russen in der Fremde. [. . .]

So finden wir im Berlin der 20er Jahre auf engstem Raum nicht nur G. Čičerin, den Volkskommissar für Äußeres und früheren Studenten der Friedrich-Wilhelm-Universität, auf Staatsbesuch, nicht nur den vielumworbenen Karl Radek im Moabiter Gefängnis, nicht nur die weißen Generäle, sondern – inkognito – auch Generäle der Roten Armee wie M. Tuchačevskij, die sich zu Geheimverhandlungen mit der Reichswehr oder zu Trainingszwecken im Reich aufhalten. Berlin wird zum Ort überraschender Allianzen und Begegnungen. Auf den Empfängen des sowjetischen Botschafters N. Krestinskij Unter den Linden finden wir Carl Schmitt und Ernst Jünger ebenso wie die Vertreter des Weimarer „Kulturbolschewismus“. Im „Café Leon“ am Nollendorfplatz treffen die Dichter des neuen Rußland, V. Majakovskij und S. Esenin, auf die Dichter des untergegangenen „Silbernen Zeitalters“. Fast zeitgleich erscheinen hier Oswald Spenglers „Untergang des Abendlandes“ und G. Landaus „Dämmerung in Europa“ und Nikolaj Berdjaevs „Neues Mittelalter“. „Freunde des neuen Rußland“ finden Zulauf aus der bürgerlichen Welt – wie Albert Einstein, Paul Löbe, Bernhard Kellermann, Leopold Jessner, Verleger E. Rowohlt, während Moeller van den Bruck in Dostoevskij und Merežkovskij den Schlüssel zu den Rätseln der Moderne sieht. Die Gleichzeitigkeit einer historischen Erfahrung von Zusammenbruch und Revolution, gemacht in verschiedenen Räumen, läßt die sich im russischen Berlin Begegnenden zu Zeitgenossen, zu Mitbewohnern einer „Zeitheimat“ werden (I. Erenburg).

Ruth Gay

Juden in der Weimarer Wissenschaft und Kultur

Die meisten deutschen Juden blieben in den Jahren der Weimarer Republik weiterhin der westlichen Kultur ihrer Umgebung verpflichtet. Sie fanden auch neue Betätigungsmöglichkeiten im Bereich der Kultur, die für ihre Väter so gut wie unvorstellbar, zumindest aber höchst ungewöhnlich gewesen wären. Albert Einstein (der 1914 aus dem selbstgewählten Exil nach Deutschland zurückgekehrt war) erhielt 1921 den Nobelpreis für Physik. Und die fähigsten und wagemutigsten unter den deutschen Juden besetzten schon bald führende Positionen in den freien Berufen und im Bereich der Kunst. Im Kaiserreich waren zwölf Prozent aller Dozenten, die an den Universitäten lehrten und – im allgemeinen aussichtslos – auf eine Professur warteten, Juden; der Anteil der Juden unter den ordentlichen Professoren betrug magere drei Prozent. Wenn man allerdings die getauften Juden hinzuzählt, erhöhen sich die Zahlen beträchtlich: neunzehn Prozent bei den Dozenten und sieben Prozent bei den Professoren.

All dies veränderte sich nun. Ernst Cassirer, Kulturhistoriker und Neukantianer jüdischer Herkunft, erhielt 1919, als er bereits fünfundvierzig Jahre alt war, endlich einen Lehrstuhl an der neuen Universität Hamburg. Martin Buber wurde 1924 an der Universität Frankfurt Professor für jüdische Religionswissenschaft und Ethik. Andere kamen hinzu. Doch ein erheblicher Teil der ergiebigsten wissenschaftlichen Arbeit wurde außerhalb der Universitäten geleistet, besonders an den mit privaten Stiftungsgeldern geförderten Instituten, von denen mehrere von jüdischen Philanthropen finanziert wurden und die unter ihren Mitarbeitern einige der brillantesten Köpfe hatten, die das Land aufbieten konnte.

Eine dieser Einrichtungen, mit der Cassirer dann bis zum Ende der Weimarer Republik eng verbunden war, war die

Kulturwissenschaftliche Bibliothek Warburg, benannt nach ihrem Gründer Aby Warburg, Sprößling einer jüdischen Bankiersfamilie. Seine Gründung war mehr als nur eine Bibliothek: Regelmäßige Besucher wie Cassirer hielten Vorträge über Kulturgeschichte. Der große Kunsthistoriker Erwin Panofsky, wie Cassirer Jude und Inhaber eines Lehrstuhls, lehrte an der Warburg-Bibliothek, wo er auch viele seiner Schriften verfaßte.

Andere Einrichtungen waren den Realitäten der Zeit näher. Das Frankfurter *Institut für Sozialforschung,* gleichfalls von einem reichen jüdischen Spender unterstützt, bemühte sich darum, die Marxsche Gesellschaftsanalyse mit der Freudschen Psychoanalyse zu einem zugleich politisch radikalen und sozial aristokratischen Amalgam zu verschmelzen. Seine Publikationen genossen beträchtliches Ansehen – bis zum Ende der Weimarer Republik. Die führenden Köpfe, besonders zu nennen sind Theodor Adorno und Max Horkheimer, landeten dann als Flüchtlinge in den Vereinigten Staaten.

Ein anderes dieser Institute, das von den Nazis alsbald übernommen und weitgehend zugrunde gerichtet wurde – zumindest die jüdischen Mitglieder stellten rasch fest, daß die Emigration die einzige Lösung für die deutsche Frage war, wie sie sich beginnend mit 1933 darstellte –, war das Berliner *Psychoanalytische Institut.* Das Fundament hatte Karl Abraham bereits vor dem Ersten Weltkrieg gelegt, aber schon 1920 wurde daraus eine bedeutende psychoanalytische Poliklinik, dank der großzügigen Spende eines reichen, aus Rußland eingewanderten Juden, Max Eitingon, eines der engsten Mitarbeiter Freuds. 1930 beging das Institut den zehnten Jahrestag seines Bestehens mit einer kleinen, von dem jungen Psychoanalytiker Otto Fenichel herausgegebenen Festschrift, in der die Leistungen aufgezählt waren: 1955 Konsultationen, 721 Psychoanalysen und – vielleicht ein wenig naiv – 111 Heilungen. [...]

Doch die kultivierten Marxisten am *Institut für Sozialfor-*

schung und die fleißigen Freudianer im Berliner *Psychoanalytischen Institut* waren Ausnahmefälle. In der Zeit der Weimarer Republik gelang es deutschen Juden auch, sich Tätigkeitsgebiete zu erschließen, die sie mitten ins Herz des deutschen Kulturlebens, wie zum Beispiel Musik und Theater, führten. Der große Zauberer der Bühne, der phantasiebegabte und extravagante Max Reinhardt, dessen Inszenierungen klassischer und moderner, konventioneller wie expressionistischer Stücke legendär wurden, war schon vor 1914 ein bekannter Theaterregisseur gewesen, doch die Republik verschaffte ihm ein noch breiteres Tätigkeitsfeld. Sein Hauptrivale, ein mit viel kargeren Mitteln arbeitender Meister der Bühne, war Leopold Jessner, den der preußische Kultusminister, der Sozialdemokrat Konrad Hänisch, zum Intendanten des Staatlichen Schauspielhauses in Berlin gemacht hatte. Der in Deutschland beliebteste Tenor war Richard Tauber, der Mozartpartien ebenso hinreißend sang wie die Hauptrollen in Lehar-Operetten. Andere Theaterleute, Juden wie Nichtjuden, gaben der deutschen Theaterlandschaft eine elektrisierende Vitalität, die sie vorher nie gehabt hatte und noch heute nicht wieder hat.

Deutschlands Juden profitierten zusammen mit den anderen Bürgern der Republik ebenfalls von der Besserung der Verhältnisse, wirtschaftlich wie kulturell. Dies gab Anlaß zur Bildung von Legenden, zumeist judenfeindlicher Art. So breitete sich die Meinung aus, daß sich die Konfektionsindustrie in den Händen von Juden befinde. Die Mythenfabrikanten verschwendeten keinen Gedanken daran zu erklären, inwiefern es dieser Branche, wie übrigens auch jeder anderen, besser gegangen wäre, hätten an ihrer Spitze Nichtjuden gestanden. Doch die Wahrheit konnte die Verleumdungen der Nazis nie aus der Welt schaffen, mochten jüdische Verteidigungsorganisationen sie auch noch so energisch predigen. Um nur ein einziges Beispiel anzuführen: Niemand würde behaupten wollen, daß die faszinierenden expressionistischen Bauten, die der jüdische

Architekt Erich Mendelsohn entwarf, sich in irgendeiner wesentlichen Hinsicht von den Bauwerken unterschieden hätten, die er als Nichtjude entworfen hätte. Allein der Umstand zählte, daß er einige hervorragende Bauten schuf, zumeist in den wirtschaftlich besseren Jahren, besonders das Lichtspielhaus Universum in Berlin (1927) und das Warenhaus Schocken in Chemnitz (1928–29).

In einem weiteren berühmt gewordenen Entwurf nahm Mendelsohn gewissermaßen die „goldenen zwanziger Jahre" vorweg: einer radikal neuartigen, geschwungenen Fassade für das Gebäude des liberalen Zeitungsverlags von Rudolf Mosse, die zwischen 1921 und 1923 errichtet wurde. Sie war ein Monument des Erfolgs, denn in der Mitte der zwanziger Jahre hatte die wichtigste Zeitung Mosses, das *Berliner Tageblatt*, eine Auflage von über 300 000 erreicht. Mosses großer Konkurrent, der nicht weniger liberale Verlag Ullstein, war womöglich noch erfolgreicher. Die Ullsteins setzten auch nicht unbedingt auf hohe Auflagen: Seit 1914 besaß das Haus die ehrwürdige *Vossische Zeitung* mit einer kleineren Auflagenhöhe – 1926 lag sie bei 55 000 Exemplaren –, aber man war schon mit dem Prestige zufrieden, das diese gut, wenn auch nüchtern geschriebene Tageszeitung dem Haus eintrug. Der Verlag veröffentlichte auch Monatszeitschriften auf Hochglanzpapier, Modejournale und eine Reihe von Büchern, vor allem Romane für ein breites Publikum, zu erschwinglichen Preisen. Am meisten Geld brachte ein reich illustriertes Wochenblatt, die *Berliner Illustrirte*, mit einer regelmäßigen Auflage von 1,6 Millionen. 1928 erschien das Haus Ullstein mit einer neuen Nachmittagszeitung auf dem Markt, die zugleich eine Huldigung an die Rasanz, die so viele Beobachter typisch für den Rausch des Weimarer Kulturlebens in seinen besten Aspekten fanden, wie deren charakteristischer Ausdruck war. Die Zeitung, ein spritzig gemachtes Boulevardblatt mit großen, ins Auge springenden Photos, trug bezeichnenderweise den Titel *Tempo.* Ein unbekannt gebliebener

Witzbold verpaßte ihr den Spitznamen *Die jüdische Hast* beziehungsweise – und vielleicht treffender – *Jüdische Nervosität.*

Gordon A. Craig
Das Bauhaus

Das experimentelle Theater erhielt seine technischen Anregungen zum Teil von einer Bewegung, die mehr zum Wandel des Erscheinungsbilds der modernen Welt beigetragen hat als jede andere in den zwanziger Jahren wirkende Kraft. Die Rede ist vom Bauhaus, das seinen Ursprung in einer Proklamation nahm, die ein 36jähriger Architekt namens Walter Gropius 1919 veröffentlichte und in der er die Gründung einer neuen Schule der Kunst, der Architektur und des technischen Designs in Weimar ankündigte, deren Aufgabe es sein würde, die dünkelhafte Scheidung zwischen Künstler und Handwerker zu beseitigen, eine neue Einheit von Kunst und Technik zu bewirken und das neue Gebäude der Zukunft zu planen und zu schaffen. In Weimar (später in Dessau) gab es für die Bauhaus-Studenten zunächst einen von dem Schweizer Künstler Johannes Itten ausgearbeiteten Grundkurs in technischer Gestaltung, bei dem sie ermuntert wurden, alles zu vergessen, was sie über Kunst gelernt hatten, und sich ganz auf die spontanen Eingebungen zu verlassen, die sich im Zuge der Weiterentwicklung ihres Gespürs für Material, Farbe und Raum einstellten. Sie gingen dann zu praktischer Gestaltung und Herstellung über, wobei sie unter der Leitung und Anregung fähiger Handwerker und eines Lehrkörpers begabter Künstler arbeiteten wie Lyonel Feininger, Paul Klee, Wassily Kandinsky und Josef Albers (Malerei), Lázló Moholy-Nagy (Fotografie und andere Kunstformen), Herbert Bayer (Graphik), Anni Albers

(Textilweberei), Oskar Schlemmer (Bühnenbild), Gerhard Marcks (Bildhauerei) sowie Marcel Breuer und Mies van der Rohe (Architektur und Möbeldesign).

Das Bauhaus war fast von seinen Anfängen an ein geglücktes Experiment, und seine erste Ausstellung im Sommer 1923 war ein Markstein in der Geschichte der modernen Kunst. Die Höhepunkte dieses mehrwöchigen Festivals, das, teilweise dank der glänzenden Plakate von Herbert Bayer, 15 000 Besucher anzog, waren eine atemberaubende Ausstellung verschiedener das Thema der Veranstaltung „Kunst und Technik: eine neue Einheit" illustrierender Produkte sowie die Vorführung eines von Georg Muche entworfenen Modellhauses mit einer Inneneinrichtung von Marcel Breuer. Zum Programm gehörte auch eine Vorstellung von Schlemmers *Triadischem Ballett,* das neue Möglichkeiten der Bühnenbild- und Kostümgestaltung mit dem Einsatz von Marionetten und Gliederpuppen in der Tanzkunst verband, ein Programm musikalischer Aufführungen von Werken Strawinskis und Hindemiths, die dem Bauhaus häufige Besuche abstatteten, und ein Konzert der Schülerkapelle mit dadaistischer Musik und improvisiertem Jazz.

Das Bauhaus stand, solange es existierte, unter dem Beschuß rechtsstehender Gruppen, die hinter seiner Aktivität lasterhafte politische Ziele vermuteten oder sich über seinen unbekümmerten Umgang mit der Tradition ereiferten. Dies führte zu finanziellen Pressionen, die 1924 den Umzug nach Dessau und kurz vor Hitlers Machtergreifung die erneute Verlegung der Schule, diesmal nach Berlin, notwendig machten. Es wurde bald deutlich, daß das Bauhaus in dem von den siegreichen Nationalsozialisten verbreiteten intellektuellen Klima nicht würde überleben können, und Mies van der Rohe, der 1930 sein Direktor geworden war, löste das Unternehmen auf und ging wie schon vor ihm Gropius, Moholy-Nagy, Breuer, Bayer und Albers in die Vereinigten Staaten, wo sie mit offenen Armen empfangen wurden. Die Freude der Amerikaner war verständlich. Die Künstler des

Bauhauses hatten in den 14 Jahren ihrer Zusammenarbeit gezeigt, daß Gegenstände des täglichen Lebens wie Möbel, Besteck, Porzellan und Lampen so gestaltet werden konnten, daß sich in ihnen Einfachheit, Strenge der Form und Schönheit verbanden, und sie hatten das industrielle Design revolutioniert und zur Entstehung einer neuen Architektur beigetragen. Dies war keine geringe Leistung. Die Bauhaus-Bewegung hatte lange daran gearbeitet, die von Walter Gropius in seiner Eröffnungsrede 1919 aufgestellte Forderung zu erfüllen: „Wir wollen zusammen das Gebäude der Zukunft schaffen [. . .] als kristallenes Symbol eines neuen und aufsteigenden Glaubens."

Gerhard A. Ritter

Die Wissenschaftslandschaft

Nach dem Ersten Weltkrieg geriet die Kaiser-Wilhelm-Gesellschaft wie andere wissenschaftliche Institutionen in eine schwere Krise. Diese beruhte auf dem weitgehenden Verlust ihres Kapitalvermögens, aus dem die Gesellschaft zu einem erheblichen Teil finanziert worden war, durch die Inflation. Die Inflation hatte auch zur Verarmung vieler der privaten Geldgeber der Gesellschaft geführt und machte es fast unmöglich, neue Mäzene zu gewinnen. Außerdem wurden den Instituten die staatlichen Gelder entzogen, die im Ersten Weltkrieg für kriegswichtige Forschungen gegeben worden waren. Weiterhin wurden die außeruniversitären Forschungseinrichtungen wie die gesamte deutsche Wissenschaft durch ihre Isolierung von der Scientific Community der alliierten Länder schwer getroffen. Dieser Boykott der deutschen Wissenschaft, die vor dem Krieg ein so hohes internationales Prestige gehabt hatte, basierte nicht nur auf dem Haß, den der Krieg bei den Gegnern Deutschlands allgemein erzeugt hatte, sondern auch auf der selbst in neutralen Ländern weitverbreiteten Auffassung, daß sich die deutsche Wissenschaft im Krieg besonders kompromittiert habe, so durch ihre Identifizierung mit dem deutschen Militarismus in einer „Erklärung der Hochschullehrer des Deutschen Reiches“ und in dem sogenannten Aufruf der 93 „An die Kulturwelt“ vom Oktober 1914. Auch war man sich der entscheidenden Rolle bewußt, die deutsche Wissenschaftler bei der Einführung und ständigen Verschärfung des Gaskriegs gespielt hatten.

Die relativ schnelle und erfolgreiche Überwindung der Krise resultierte vor allem aus dem erstaunlich guten Weiterfunktionieren der vor dem Ersten Weltkrieg geknüpften sozialen Verbindungsnetze zwischen den Repräsentanten der Wissenschaft, einigen führenden Vertretern der Wirtschaft und den Spitzen der Wissenschaftsbürokratie. Die Wissenschaft fand zudem in den Parlamenten und fast allen Parteien mächtige neue Bundesgenossen. Das ermöglichte es dem Reich, bei der Forschungsfinanzierung an die Stelle privater Förderer zu treten.

Mit erstaunlicher Einmütigkeit teilten besonders in den ersten Jahren nach dem Weltkrieg die politischen, sozialen, wirtschaftlichen und wissenschaftlichen Eliten die Auffassung, daß die Wissenschaft – wie die Industrie – als eine Art Ersatz für die verlorene politische Macht ein bedeutendes Kraftreservoir für den nationalen Aufbau vor allem auf wirtschaftlichem Gebiet, für die Vergewisserung der nationalen Identität angesichts der zunehmenden sozialen und politischen Spannungen, für die Überwindung der internationalen Isolation und die Stärkung der deutschen Stellung in der Welt darstelle. Der Historiker kann darin bemerkenswerte Parallelen erkennen: Zum einen zum Anfang des 19. Jahrhunderts, als der preußische Staat nach der Niederlage gegen Napoleon trotz seiner finanziellen Notlage durch die Unterstützung der Wissenschaften die Neubelebung und Integration des Staates zu fördern versuchte. Zum anderen auch zur Zeit nach dem Zweiten Weltkrieg, als die Wissenschaft ebenfalls als eine Art Machtersatz, als ein Kristallisationskern für die Wiedergewinnung der durch die Greuel des Nationalsozialismus tief erschütterten nationalen Identität sowie als Schlüssel für den Zugang zur internationalen Völkergemeinschaft diente.

Die Kaiser-Wilhelm-Gesellschaft, die trotz der Flucht und Abdankung Wilhelms II. ihren Namen beibehielt, trat in der Weimarer Republik in eine Phase rapider Expansion durch die Schaffung vieler neuer Institute und Forschungseinrichtungen, durch die Entwicklung von einer preußischen zu einer gesamtdeutschen Institution sowie durch den Übergang von einer überwiegend privaten zu einer vornehmlich öffentlichen Finanzierung. [. . .]

In den ersten Krisenjahren der Weimarer Republik bildeten sich auch die weiteren, bis heute fortwirkenden Strukturen des deutschen Wissenschaftssystems heraus. 1920 wurde die Notgemeinschaft der Deutschen Wissenschaft, die Vorgängerin der heutigen Deutschen Forschungsgemeinschaft, gegründet. [. . .] Die Notgemeinschaft wurde [. . .] vor allem aus Mitteln des Reiches, die durch Spenden auch aus dem Ausland und relativ geringe Zuwendungen des am 14. 12. 1920 gegründeten „Stifterverbandes der Notgemeinschaft der Deutschen Wissenschaft“ ergänzt wurden, finanziert. Die Verteilung der Gelder erfolgte vor allem über ein System von 21 Fachausschüssen für die einzelnen Wissenschaftszweige.

Gordon A. Craig

Musik in der Weimarer Republik

Die deutschen Beiträge zur Entwicklung der modernen Musik waren in der Weimarer Zeit nicht ganz so eindrucksvoll, aber dennoch bemerkenswert. Der große musikalische

Revolutionär der Vorkriegsepoche, Richard Strauss, brachte weiterhin Werke hervor, die wohlwollend aufgenommen wurden – *Die Frau ohne Schatten* (1919), *Intermezzo* (1924), *Die ägyptische Helena* (1928) und *Arabella* (1933) – aber keines von ihnen besaß die Originalität und das Erregende seiner früheren Schöpfungen. Die neuen Männer hießen Hindemith und Schönberg. Als Komponist bemerkenswert, vielseitig und mit einem Einfluß, der nicht nur in Deutschland, wo er von 1927 an die Kompositionsklasse der Berliner Hochschule für Musik leitete, sondern auch im Ausland wirksam war, schrieb Hindemith Streichquartette, Liederzyklen nach Texten von Rilke und Georg Trakl, Jazz und Opern, von denen zwei – *Cardillac* (1926) und *Mathis der Maler* (1934) – sich einen Platz im Repertoire der deutschen Bühnen eroberten. Weniger produktiv, aber revolutionärer in seiner Kompositionstechnik war der Schöpfer der Zwölftonskala und der atonalen Musik, Arnold Schönberg, der zum bevorzugten Buhmann der Traditionalisten wurde, ohne sich dadurch aus dem Konzept bringen zu lassen; *Verklärte Nacht* und *Gurrelieder* sind die meistgespielten seiner Arbeiten. Der Einfluß Schönbergs wurde weitergetragen von seinen Schülern Anton Webern und Alban Berg, dem Komponisten der Opern *Wozzeck* und *Lulu.* Andere begabte Neuerer, zu deren Stil das allgemeine Publikum leichter Zugang fand als zu den Vertretern der Schönberg-Schule, waren Ernst Krenek, dessen Jazz-Oper *Jonny spielt auf* zur Zeit ihrer Erstaufführung 1927 enthusiastisch gefeiert wurde, heute aber kaum noch gespielt wird, und Kurt Weill, dem seine Musiken zu Brechts *Dreigroschenoper* (1928) und *Mahagonny* (1930) weltweites Ansehen eintrugen.

Wie aufgeschlossen das kulturelle Leben der Weimarer Zeit für neue Ideen war, zeigte sich darin, daß die Aufführung der neuen Musik sich nicht auf die Großstädte beschränkte. Die Premieren der Strauss-Opern *Die ägyptische Helena* und *Arabella* fanden in Dresden statt; das 100000 Einwohner zählende Darmstadt, dessen Opernhorizont bis dahin nicht weit über Mozart, Wagner, Bizet und Lortzing hinausgereicht hatte, versuchte sich an Aubers revolutionärer Oper *Die Stumme von Portici* (1828) und war nach Berlin der zweite Aufführungsort von Bergs Oper *Wozzeck;* andere Provinzbühnen waren nicht weniger fortschrittlich. Berlin freilich als musikalische Hauptstadt des Landes zeigte mit drei Opernhäusern – der Staatsoper unter der musikalischen Leitung Erich Kleibers, der Kroll-Oper (Otto Klemperer) und der Städtischen Oper (Bruno Walter) –, mit weiteren führenden Dirigenten wie Wilhelm Furtwängler, Fritz Busch und dem Modernisten Oskar Fried, und mit einer Vielzahl von Symphonieorchestern, Streichquartetten und Chören sowohl die größte Vielfalt als auch die größte Experimentierfreudigkeit. Milhaud, Schönberg, Schostakowitsch und Hindemith fanden ebensoviel Beachtung wie die Altmeister; der Erstaufführung des *Wozzeck* in der Staatsoper Unter den Linden folgte die ebenso klangvolle Premiere von Leoš Janáčeks *Jenufa* unter der Leitung von Erich Kleiber.

Erhard Schütz

Die Medienrevolution durch den Rundfunk

Als im Oktober 1923 der regelmäßige „Rundfunk an alle" in Deutschland begann, wurde er rasch zu einem Monopolunternehmen. Die Rundfunkordnung von 1926 sicherte der Post die wirtschaftliche Kontrolle, Reich und Länder teilten sich die Überwachung des Programms der elf Sendeanstalten. Neben den vom Reichsinnenministerium und den Ländern eingesetzten politischen Überwachungsausschüssen bestanden Kulturbeiräte, an denen auch Kirchen, Gewerkschaften, Bildungsorganisationen und andere gesellschaftliche Gruppen beteiligt waren. [. . .]

Der Anspruch auf volkserzieherische Bildungsarbeit im traditionellen Bildungsverständnis durchzog erst recht den kulturellen Kernbereich des Programms. Er schlug sich – außer in einem ausgedehnten Musikprogramm – vor allem in der Rezitation kanonisierter Lyrik, Prosa und Dramatik nieder. Letztere wurde aufgrund ihrer dialogischen Elemente als besonders ‚funkisch' empfunden, was dazu führte, daß man zunächst einfach Dramatik vor dem Mikrophon aufführte. 1925 gab es allein 450 Sendungen kanonisierter ‚Literaturdenkmale', 1926 allein 14 „Faust"-Sendungen. Angesichts des angestrebten sozial und bildungsmäßig indifferenten Massenpublikums ging man aber bald zu häufig rabiaten Versuchen der „vereinfachenden" Bearbeitung über. [...]

Während die Sozialdemokratie für eine Pluralisierung des Rundfunks plädierte und die Orientierung an künstlerischen und volksbildnerischen Höchstleistungen forderte, setzte die KPD auf Konfrontation. Neben der Organisierung kollektiven Moskauempfangs und der ‚Massenkritik' scheute der FRBD [Freie Radio-Bund Deutschlands] auch handstreichartige Programmunterbrechungen nicht.

Ungeachtet dieser marginalen Versuche des Protestes erreichte der Rundfunk eine rapide steigende Zahl von Hörern: 1924 knapp 10 000, 1925 fast 800 000, 1926 über 1,2 und 1929 schon 3 Mio. gemeldete Teilnehmer. Der Zuwachs verdankte sich vor allem technischen Verbesserungen: der Mikrophon- und Lautsprechertechnik 1924, der Schallplattentechnik 1926, ersten brauchbaren Geräten mit Netzanschluß ab 1927. Das Programmangebot orientierte sich grundsätzlich am erwarteten tageszeitlichen Hörerverhalten (Mittagspause, Feierabend). Obwohl der Arbeiteranteil (aufgrund der relativ hohen Gebühren von zwei Mark) um 1930 bei nur 25% lag, bildeten sich bei fast allen Sendern spezifische Arbeitsprogramme aus. So sendete Breslau mittags im „Arbeiterrundfunk" Musik, Frankfurt gewerkschaftliche und arbeitsrechtliche Informationen; abends gab es Arbeiterbildungsveranstaltungen und feiertags die Übertragung von Festveranstaltungen.

Ab 1928 setzte eine verstärkte Forderung nach Aktualisierung des Rundfunkprogramms ein. Die zaghafte Öffnung für gemäßigte politische Belange nutzte jedoch kaum den republiktreuen Kräften, sondern wurde zum Einfallstor einer einseitig rechtsorientierten Politisierung. Wahlwerbung der Parteien wurde mit Einschluß der NSDAP, aber unter Ausschluß der KPD zugelassen. Zugleich wurde der Rundfunk verstärkt zum Direktivorgan der Regierungspolitik, zu einer Art „interministerieller Kommunikationsbehörde".

Ursula A.J. Becher

Schubertlieder und das Einwecken von Bohnen

„Als ich kürzlich eine Bekannte besuchte, fand ich sie auf ihrem Küchenbalkon neben einem riesigen Haufen Bohnen, die sie für das Einwecken zurecht putzte, am Kopf den Radiohörer. ‚Ich höre Schubertlieder!' rief sie mir strahlend zu, während ihre flinken Hände emsig die Bohnen bearbeiteten, ‚das hilft einem glänzend über diese langweilige Beschäftigung hinweg.' Ich schüttelte ihr herzhaft die Hand: ‚Gott, was eröffnet das Radio für die arme, mit unaufhörlicher Kleinarbeit geplagte Hausfrau für Perspektiven!' [...] Und bringt es nicht die Schönheit und den heißen, raschen Pulsschlag der großen weiten Welt in die Zurückgezogenheit und Enge der kleinen Wohnung, wo die Frauen, abgeschnitten von allen Interessen des tätigen Lebens, ihre Tage im ewigen Einerlei verbringen? Kann die Frau, die kaum zum Zeitunglesen, geschweige zu Büchern und häufigem Theaterbesuch kommt, durch diese wunderbare Erfindung nicht endlich auch an Gebieten der Kultur, an den Schätzen der Kunst teilnehmen!"

Gordon A. Craig

Der deutsche Film

Die zwanziger Jahre waren das Goldene Zeitalter für den deutschen Film, die Zeit großer Regisseure wie Carl Mayer, F.W. Murnau und G.W. Pabst, großer Schauspieler, deren Namen weit über die Grenzen Deutschlands hinaus bekannt wurden, wie Asta Nielsen, Conrad Veidt, Emil Jannings und Marlene Dietrich, künstlerischer Meisterwerke des expressionistischen Films wie *Das Kabinett des Dr. Caligari,* und früher Tonfilme wie Josef von Sternbergs *Der Blaue Engel* (1930) und Fritz Langs *M* (1931).

Die Filme der republikanischen Periode sind ausgiebigen soziologischen und psychologischen Analysen unterworfen worden, deren Autoren darin Erklärungen für das Scheitern der Demokratie oder prophetische Vorahnungen über das Kommende zu finden suchten. [...]

Den Filmen, aus denen sich solche schwergewichtigen Schlüsse ziehen ließen, stand eine weitaus größere Anzahl technisch ausgereifter, aber im Grunde trivialer Kinofilme gegenüber, die sich ungeheurer Beliebtheit erfreuten, wie Erik Charrells *Der Kongreß tanzt* (1931) mit Conrad Veidt als Metternich, Willi Fritsch als Alexander I. und Lilian Harvey als die kleine Modistin, deren bittersüße Romanze mit dem Zaren von einem sentimentalen Lied musikalisch umrahmt wurde, das den Zuschauern die wehmütige Erkenntnis ins Bewußtsein rief: „Das gibts nur einmal, das kommt nie wieder."

Der Film war eine Quelle der Unterhaltung, aber auch der Belehrung. Wie Hans Harbeck 1929 in einem Gedicht mit dem Titel „Kino, Kino über alles" sagte, bekam man für das Eintrittsgeld mehr als nur den Hauptfilm zu sehen. Es gab kurze Vorfilme, oft mit Komikern wie Chaplin, Keaton und Lloyd; es gab Natur- und Reisefilme; und nicht zu vergessen: immer die Wochenschau.

Das Boxerdenkmal, festlich eingeweiht,
das Dichtergrab, verweht und eingeschneit,
das Schiff, das eine Beute ward der Wellen,
der Inbegriff all dessen, was hienie-
den gilt als Sensation und *dernier cri*,
man sieht's, husch, husch, an sich vorüberschnellen.

Walther Kiaulehn

Tanz und Tombola – der Berliner Presseball

Die Tradition des Presseballs stammte aus dem Ende des neunzehnten Jahrhunderts, er war schon immer ein gern besuchtes Wohltätigkeitsfest gewesen. Doch zu seiner großen, gesellschaftlichen Bedeutung stieg der Presseball erst in den zwanziger Jahren auf. Es hatte sich beinahe wie von selbst entwickelt, daß die Vorstandsmitglieder des ‚Vereins Berliner Presse' am letzten Sonnabend des Januar freiwillig die Kammerherren und Zeremonienmeister der Republik und der Stadt Berlin spielten.

Der Ball war für etwa sechstausend Personen berechnet, doch wurden es auch manchmal mehr. Einige hundert Personen wurden als Ehrengäste geladen, an der Spitze der Reichskanzler und seine Minister. Ebenso wichtige Ehrengäste waren aber der Oberbürgermeister, die Rektoren der Hochschulen, die Direktoren der Kaiser-Wilhelm-Gesellschaft, die Nobelpreisträger, sofern sie in Berlin lebten, die großen Baumeister, Dirigenten, Maler und Bildhauer und die berühmten Schauspieler. Ein Querschnitt dieser Ehrengäste präsentierte sich mit den Herren vom Festkomitee in der großen Mittelloge, über deren Brüstung besonders kostbare Teppiche hingen. In der Mitte saß der Reichskanzler mit den Berühmtheiten des Tages, und die schönen Schauspielerinnen erhöhten das Bild. Die übrigen Logen des großen Saals wurden vermietet, ein Logenplatz kostete fünfundsiebzig Mark, die Saalkarten fünfundzwanzig. Um Eintritt zum Presseball zu haben, mußte man, wer immer man auch war, die schriftliche Empfehlung eines Mitgliedes des Vereins Berliner Presse haben. Dafür begrüßten die Herren von der Presse auch jeden Ballbesucher persönlich. Es war sozusagen das intimste Massenfest, das es in Berlin gab. Neben der Prominentenloge hatte die Tombola die größte Anziehungskraft. [...] Die Tombola war für ihre Üppigkeit berühmt. Der Hauptgewinn war mindestens ein Automobil, doch konnte man auch Pelzmäntel, Schmuckstücke und große Schiffsreisen gewinnen. Es war ein großer Jahrmarkt der Eitelkeiten, auf dem sich die Modeberichterstatterinnen der Tageszeitungen als begehrte Persönlichkeiten fühlten. Busenausschnitte, große Rückendekolletés und ausgefallener Schmuck beschäftigten die Frauen schon wochenlang vor dem großen Ball.

Von Tanz war natürlich nicht viel die Rede, obwohl drei und vier Kapellen spielten. Die älteren Herren flüchteten bald in die großen Kellerräume zu Bier und Zigarren. Das Rauchen im Ballsaal kam erst Mitte der zwanziger Jahre auf. Als es 1924 ein fürwitziger Herr gewagt hatte, eine Zigarette zu entzünden, wurde dieses Ereignis noch in der Presse mit Tadel vermerkt. In Wahrheit war der Übeltäter eine Dame gewesen, doch galanterweise hatten die Presseleute einen Herrn daraus gemacht.

Kurt Nowak

Religion zwischen Moderne und Antimoderne

Die Spaltung der Kultur ins Uneindeutige und Fragmentarische, die vom Zweifel am Sinn der Geschichte begleitet war, fand im Deutschland der zwanziger Jahre einen fruchtbaren

Nährboden. In der Literatur wechselten die Stile in bunter Folge: Expressionismus, Naturalismus, Neue Sachlichkeit, das Sehertum Stefan Georges. Man sprach nicht mehr von Kunst, sondern von „Kunstbetrieb". Nach dem Bühnenerfolg von Carl Zuckmayers „Fröhlichem Weinberg" 1925 war der Herausgeber des „Kirchlichen Jahrbuchs" erschüttert über die Verwilderung des Menschenbildes. Ein evangelischer Kritiker von Hemingways „Fiesta" bewertete den Stil der „lost generation" als Kulturgefahr. Was in Literatur und Kunst geschah, folgte nur scheinbar anderen Rhythmen als die Politik und das Wirtschaftsleben. Zwischen der Moderne in der Kultur und der politischen Geschichte bestanden Zusammenhänge. Unter dem Gesichtspunkt der Ausbreitung und schließlichen Explosion der Moderne verlieren die Zäsuren zwischen Kaiserreich und Republik ihre Trennschärfe. [. . .]

Am ehesten kam das Judentum mit den Herausforderungen der Moderne zurecht. Judentum und Moderne bildeten in der Polemik der Antisemiten nachgerade Synonyma. Ob es sich um orthodoxe, um zionistische, um assimilierte Juden handelte – ihnen lag es in aller Regel fern, in den Kategorien der „Einheitskultur" zu denken, die bei so vielen Christen als Mittel zur Überwindung der Moderne galt. Was Christen als Trauerspiel der Zersetzung empfanden und mit dem Ruf nach Ganzheit konterten, stellte für das Judentum eine Plattform zur Entfaltung kultureller Vielfalt dar. Die zivilisatorischen Kassandrarufe, die damals bei den Gegnern der Moderne grassierten, besaßen im Judentum nur wenige Fürsprecher. Es führte zu nichts, Frankreich der Dekadenz zu beschuldigen, in der Kultur der Vereinigten Staaten einen Alptraum der Technik und in Großbritannien einen unheldischen Krämergeist am Werk zu sehen. In Wissenschaft und Presse, Politik und Kultur trug das deutsche Judentum in erheblichem Maße dazu bei, die Weimarer Republik jenseits ihrer unstabil bleibenden politischen Verhältnisse zu einer faszinierenden Zeit werden zu lassen.

Demgegenüber gehörten die meisten Äußerungen aus den beiden großen christlichen Konfessionen der „Warnliteratur“ an. Sie beklagten den Verfall der Werte, den Subjektivismus, Individualismus und Liberalismus, die Atomisierung und Entseelung des einzelnen in der Masse. Nicht alle, die in den zwanziger Jahren nach neuen Bindungen suchten, waren Opfer einer Regression. In den Texten der Antimoderne traten auch Perspektiven hervor, die zum unabgegoltenen Problembestand der Moderne zählen: das Ungleichgewicht zwischen dem technisch Machbaren und seiner ethischen Rückbindung, die Balance von Individuum und Gemeinschaft, das gestörte Gleichgewicht von Mensch und Natur.

Sabine Behrenbeck

Kriegerdenkmale

Unmittelbar nach Kriegsende setzte eine wahre Flut von Denkmalbauten im Reichsgebiet ein, die bis etwa 1924 anhielt. Dies trifft besonders auf den ländlichen Bereich zu: In den kleinen Gemeinden konnte man sich offenbar rascher auf eine Gestaltungsform einigen als in den Städten. Mit der wirtschaftlichen und politischen Konsolidierung der Weimarer Republik Mitte der zwanziger Jahre wandten sich die Planungen wenigen repräsentativen und entsprechend kostspieligen Großprojekten zu. Ab 1929 stieg die Anzahl der Denkmaleinweihungen erneut rapide an.

[...] Obwohl man besonders in der unmittelbaren Nachkriegszeit unter einer wirtschaftlichen Notlage litt, brachten viele Gemeinden bis 1923 beträchtliche Summen zum Bau der Gedenkzeichen auf. Die Kriegerdenkmale wurden also offensichtlich „gebraucht“, sie erfüllten ein bestimmtes psychosoziales Bedürfnis. Eine Bewältigung des Kriegserlebnisses und der Kriegsfolgen scheint nach 1918 unmittelbar über die Kriegerdenkmale versucht worden zu sein. Der Sinn des Kriegstodes – wie er von den Gedenkzeichen bildlich und verbal zum Ausdruck gebracht wurde – bekam sinnlich wahrnehmbare und kollektiv verbindliche Konturen. Trost, Beruhigung und Orientierung wurden davon offenbar erwartet. [...]

In Regionalstudien wurde eine Zäsur im Jahr 1925 beobachtet. Waren vorher in den Gedenkzeichen meist christliche Trauer- und Trostmotive vorherrschend, so standen bei den späteren Denkmalen Trotz und profaner Trost im Vordergrund. Dies hat man auf den Einfluß der Soldatenverbände und der rechten Propaganda seit der Wahl Hindenburgs zum Reichspräsidenten zurückgeführt.

Viele der unter dem frischen Eindruck des Krieges stehenden Denkmale rückten den Ausdruck der Trauer in den Vordergrund. Ihnen folgten Monumente, die dem männlichen Kraftgefühl und dem Kriegserlebnis – wenn auch noch verhalten – Ausdruck verliehen. Nur selten zeigte ein Gedenkzeichen auch die negativen Seiten dieses Kriegserlebnisses. Der Sinn des Kriegstodes wurde in den Denkmalen erklärt als Dienst für Heimat und Vaterland, dem die Schrecken des Krieges durch das Opfer der Soldaten erspart geblieben seien. Der in den ersten Nachkriegsjahren sehr beliebte Findling als Kriegerdenkmal bekundete die verbreitete Vorstellung vom Krieg als elementarer Naturgewalt, die keine Sinndeutung erfordert.

Was den künstlerischen Stil der Denkmale betrifft, so ist bei dieser konservativ geprägten Kunstgattung eine durchgehend sehr konventionelle Ausdrucksweise wenig erstaunlich. Klassizismus, Realismus und germanisierende Gestaltungsweise bestimmten das Bild der Denkmale nach dem Ersten Weltkrieg.

Heinrich August Winkler

Ein Votum gegen Weimar – die Wahl Hindenburgs

Alle Warnungen der Parteien des „Volksblocks" vor den Gefahren für die Republik und den Frieden waren vergebens: Am 26. April 1925 ging der Kandidat des „Reichsblocks" mit einem Vorsprung von 900 000 Stimmen vor Marx als Sieger aus dem zweiten Wahlgang hervor. Das amtliche Endergebnis zeigte folgende Stimmenverteilung:

Hindenburg	14655641	(48,3%)
Marx	13751605	(45,3%)
Thälmann	1931151	(6,4%)
Andere	13416	(0,0%)

„Hindenburg von Thälmanns Gnaden!" lautete die Schlagzeile des „Vorwärts" vom 27. April. In der Tat: Hätten die Kommunisten für Marx gestimmt, wäre der Republik ein Reichspräsident von Hindenburg erspart geblieben. Dasselbe ließ sich freilich von den Wählern der Bayerischen Volkspartei sagen. Und auch außerhalb Bayerns gab es viele „Abtrünnige", die unmittelbar oder mittelbar zum Sieg des Generalfeldmarschalls beitrugen. Gegenüber den „Weimarer" Kandidaten des ersten Wahlgangs verlor Marx besonders stark in Sachsen; der vordergründige Gewinner war hier Thälmann, der aus den antiklerikalen Ressentiments sozialdemokratischer Wähler Nutzen zog. Indirekt kam aber auch dieses linke Protestvotum dem Kandidaten der Rechten zugute. In evangelischen Gegenden Württembergs liefen zahlreiche liberale und wahrscheinlich auch einige sozialdemokratische Wähler in das Lager Hindenburgs über; ihr Motiv dürfte eine unüberwindbare Abneigung gegenüber dem „Römling" Marx gewesen sein. In Ostpreußen wirkte sich der Nimbus des „Siegers von Tannenberg" stärker aus als irgendwo sonst im Reich: Der Generalfeldmarschall zog hier viele Wähler zu sich herüber, die im ersten Wahlgang für einen der „Weimarer" Kandidaten gestimmt, und noch sehr viel mehr von denen, die sich am 29. März nicht zu den Urnen begeben hatten. Das letztere galt auch für das Reich insgesamt: Vom Anstieg der Wahlbeteiligung von 68,9% auf 77,6% profitierte der Kandidat der Rechten in ungleich höherem Maß als sein republikanischer Konkurrent. Das Fazit aus alledem liegt auf der Hand: Der Sieg Hindenburgs hatte mehr Väter und Mütter, als die Schlagzeile des sozialdemokratischen Parteiorgans suggerieren wollte.

Die republikanische Öffentlichkeit nahm den Sieg Hindenburgs mit größter Besorgnis auf. Die liberale „Frankfurter Zeitung" sah die Hauptursache des Wahlausgangs darin, daß die Unpolitischen dem Feldmarschall zur Übermacht verholfen hätten. „Wir wissen doch alle, was diese große Schar bisheriger Nichtwähler diesmal an die Urne geführt hat. Es ist der romantische Strahlenglanz, den die Fieberphantasien verelendeter und in ihrem nationalen Selbstbewußtsein schwer getroffener Volksschichten um das Haupt des Feldherrn gewoben haben, ohne daß sie sich der Tatsache bewußt werden, daß sie persönliches wie nationales Elend einzig jenem alten System kaiserlicher Staats- und Kriegsführung zu danken haben, als dessen Repräsentanten sie jenen Feldherrn verehren. Die romantische Sehnsucht nach vergangenem Glanz und vergangener Größe, das hat diese unpolitischen Schichten an die Urne und Hindenburg zum Sieg geführt. Bei vielen hat dazu beigetragen, daß man ihnen einredete, der evangelische Glaube sei in Gefahr. Aber das Wesentliche war doch die Sehnsucht nach dem Vergangenen."

[...] Andere Beobachter versuchten dem Ereignis vom 26. April 1925 eine positive Bedeutung abzugewinnen. Harry Graf Kessler, der auf der Seite der DDP für einen Sieg von Marx gefochten hatte, meinte am 12. Mai – einen Tag, nachdem Hindenburg vom sozialdemokratischen Reichstagspräsidenten Paul Löbe vor der schwarz-rot-goldenen Standarte des Reichspräsidenten auf die Reichsverfassung vereidigt worden war –, nun werde die Republik „mit Hindenburg hoffähig, einschließlich Schwarz-Rot-Gold, das jetzt überall mit Hindenburg zusammen als seine persönliche Standartenfarbe erscheinen wird. Etwas von der Verehrung für ihn wird unvermeidlich darauf abfärben. Es wird den Hakenkreuzlern schwer werden, es wieder durch den Straßenkot zu schleifen. Schon heute ist es in der Beflaggung der Straßen im Zentrum viel sichtbarer als bisher. Die Wilhelmstraße, die sonst nur sehr bescheiden und notdürftig einige schwarz-rot-goldene Fähnchen zu zeigen wagte, schwimmt heute in Schwarz-Rot-Gold. Wenn die Republikaner ihre Wachsamkeit und ihre Einigkeit nicht aufgeben, kann die Wahl Hindenburgs für die Republik und den Frieden sogar noch ganz nützlich werden."

Eine gewisse Widersprüchlichkeit haftete dem Triumph des Feldmarschalls tatsächlich an. Er war Monarchist, aber seinen Sieg verdankte er nicht nur der Minderheit derer, die wieder einen Kaiser an der Spitze Deutschlands sehen wollten. Seine Wahl war vielmehr Ausdruck des Wunsches nach nationaler Größe und fester Führung – eines Bedürfnisses, das die parlamentarische Demokratie von Weimar nicht hatte befriedigen können und das auch von vielen empfunden wurde, die mit einer Restauration der Monarchie nichts im Sinn hatten. Daß Hindenburg die republikanische Verfassung zu respektieren versprach, machte es manchen der bisherigen Verächter der Republik schwer, in unversöhnlicher Feindschaft zum neuen Staat zu verharren. Bezeichnend war in dieser Hinsicht die realpolitische Wende der evangelischen Kirche. Erst seit 1925 stellte sie sich, was immer sie von der ferneren Zukunft erhoffen mochte, auf den Boden der weiterhin ungeliebten Tatsache „Republik". Wenn es möglich gewesen war, auf legale Weise einen Ersatzkaiser zu wählen, mochte das Volk eines Tages auch die Rückkehr zur Monarchie hinnehmen oder gar wollen. Vielleicht aber war dies auch gar nicht nötig, um das zu erreichen, worauf es dem schwarz-weiß-roten Lager vor allem ankam: die Entwicklung eines starken Staates, der Parlament und Parteien ähnlich wirksam in ihre Schranken verwies wie das Kaiserreich vor dem Oktober 1918.

Den größten Anlaß, sich über Hindenburgs Wahl zu freuen, hatte jenes Milieu, dem der zweite Reichspräsident entstammte und dem er sich nach wie vor eng verbunden fühlte: die Welt des Militärs und des ostelbischen Adels. Für Reichswehr und Großgrundbesitz war es von immenser Bedeutung, daß sie fortan wieder über einen unmittelbaren Zugang zum ersten Mann im Staat verfügten, dem in Krisenzeiten die Rolle des eigentlichen Machthabers zufiel. Die gesellschaftlichen Kräfteverhältnisse änderten sich nach dem 26. April 1925 nicht schlagartig. Aber seit jenem Tag hatte die altpreußische Führungsschicht des vorrepublikanischen Deutschland wieder einen Hebel in der Hand, dessen sie sich bedienen konnte, wenn der Reichstag nicht einsehen wollte, was das Gebot der Stunde war. Von einer „rechten" Warte aus gesehen, bedeutete das einen großen Schritt nach vorn, und ein Schritt weg vom Weimar des Jahres 1919 war es ohne Zweifel: Was sich im Frühjahr 1925 vollzog, war nichts Geringeres als ein stiller Verfassungswandel, eine konservative Umgründung der Republik.

Die Republikaner konnten zwar mit Recht darauf verweisen, daß es Hindenburg nicht gelungen war, die Mehrheit der Wähler hinter sich zu bringen. Aber die knappe Mehrheit, die gegen ihn gestimmt hatte, war in sich gespalten und nicht handlungsfähig. Die Massen, die sich, und sei es nur für einen Augenblick, unter nationalen Parolen zu einer Einheit formierten, waren größer als jene, die sich zur gemeinsamen Verteidigung der Republik bekannten. Weimars erstes Plebiszit war, so gesehen, ein Votum gegen Weimar. Formell bestand die staatliche Ordnung von 1919 unverändert fort. Doch von ihrem politischen Gehalt her handelte es sich seit dem Frühjahr 1925 um eine andere Republik als die, die in den Monaten nach dem Sturz der Monarchie Gestalt angenommen hatte.

Gottfried Niedhart
Die Außenpolitik Stresemanns

Zu den bemerkenswerten Leistungen Stresemanns gehört es, in seiner Person und für die deutsche Politik eine Wende zu einer ersten und vorsichtigen Form der internationalen Vernetzung vollzogen zu haben. Der Annexionist des Ersten Weltkrieges wurde zwar nicht zum Europäer der ersten Stunde, wie die heute längst beseitigte Legende der fünfziger Jahre suggerieren wollte, die in der nach historischen Anknüpfungspunkten suchenden Bundesrepublik gepflegt wurde. Aber fraglos hat Stresemann einen wichtigen Beitrag zur Verträglichkeit deutscher Großmacht und europäischer Friedenssicherung geleistet. Daß der deutsche Außenminister 1926 den Friedensnobelpreis erhielt, sagte etwas über die Lernfähigkeit von Teilen der außenpolitischen Elite in Deutschland aus.

Stresemann war ein Politiker, der vom nationalen Bezugsrahmen ausging. Aber er versuchte zugleich, die von ihm energisch verfochtenen nationalen Interessen in internationalen Kontexten zu sehen und nach pragmatischem Interessenausgleich zu streben. Kernpunkt dabei war der „deutsch-französische Ausgleich“ als „Angelpunkt der Konsolidierung Europas“. Die Befriedigung des französischen Sicherheitsbedürfnisses erkannte Stresemann als vorrangiges Ziel und als elementare Voraussetzung für Entspannung in Europa. [...]

Da das Sicherheitsproblem der Großmächte im Zuge von verstärkter Kommunikation und Kooperation gelöst werden sollte, begab man sich auf ein Feld, wo sich internationale Arbeitsteilung anbot, auf das Feld der finanziellen und wirtschaftlichen Kooperation. Für Stresemann existierte ein Wirkungszusammenhang von internationalem Finanzfluß, internationalem Handel und internationaler Entspannung. [...] Weltpolitisch ergab sich in der Locarno-Ära ein Kooperationsdreieck Deutschland-Großbritannien-USA, auf dem Stresemann aufbauen zu können hoffte und in das auch andere Staaten eingefügt werden sollten, namentlich Frankreich, aber auch die Sowjetunion.

Festzuhalten ist, daß Friedenssicherung und Machtpolitik ineinandergreifen sollten; eine Koppelung, die notwendigerweise die Grenzen der Locarno-Entspannung verhältnismäßig rasch hervortreten lassen mußte. Wenn Deutschland, so argumentierte Stresemann im Dezember 1925, „noch irgendwo eine Großmacht" war, dann nicht aufgrund militärischer Macht, sondern aufgrund seiner „wirtschaftlichen Stellung". Wirtschaftliche Verflechtung sollte den deutschen Nachbarn die Angst vor Alleingängen einer neuen deutschen Großmacht nehmen. Zugleich aber würde das im Krieg geschlagene und aufgrund der internationalen Nachkriegsordnung isolierte Deutschland gerade mit Hilfe solcher Verflechtung sein überlegenes Potential ausspielen können. So gesehen war wirtschaftliche Verflechtung nicht nur ein Beitrag zur Friedenssicherung, sondern auch ein Mittel der Machtpolitik. Stresemann zielte auf die ökonomische Variante deutscher Großmachtpolitik und entwickelte damit eine Spielart von Machtpolitik, die zugleich spezifisch anglo-amerikanischen Vorstellungen ökonomischer Rationalität entsprach und die eine entscheidende Voraussetzung für die Öffnung nach Westen war. Er versuchte, in Deutschland, wo die militärische Variante von Großmachtpolitik Tradition und Geltung hatte, an vor dem Ersten Weltkrieg nicht zum Zuge gekommene Alternativen anzuknüpfen. Er wollte wirtschaftliche Machtmaßstäbe im Kontext des liberalen Modells in den Vordergrund stellen: „Das stolze Wort, das wir früher oft ausgesprochen haben, daß der Kaufmann der Flagge folgen muß, gilt nicht mehr für die heutige Zeit. Wir haben nur noch ein wirtschaftliches Machtinstrument: Das ist die Bedeutung unseres eigenen Volkes als Konsument in der Welt. [...] Wir müssen die fremden Völker nicht nur durch die Logik der weltwirtschaftlichen Zusammenhänge dazu bringen, daß sie ein Interesse haben, daß Deutschland nicht zugrunde geht, sondern ihr eigenes Interesse muß mit dem Aufstieg oder dem Niedergang Deutschlands unmittelbar verbunden sein." Stresemann wollte „politische Fragen auf wirtschaftlichem Wege lösen" und auf der Grundlage wirtschaftlicher Macht versuchen, „den Dingen seit Versailles eine andere Wendung zu geben". [...]

Die Ära Stresemann zeichnet sich durch die Suche nach „gleichlaufenden Interessen" der in Krieg und Nachkriegszeit verfeindeten Großmächte aus. Es müsse Schluß sein mit den „starken Worten". An ihre Stelle sollten vertragliche Sicherheitspolitik (Locarno), internationale Verflechtung und Liberalisierung des Weltfinanz- und Weltwirtschaftssystems treten. Als Stresemann 1929 starb, stand seine Konzeption vor dem Scheitern. Innenpolitische Basis und internationale Rahmenbedingungen waren zu brüchig, um seinen außenpolitischen Ansatz konsensfähig zu machen.

Peter Grupp

Die Feste der „oberen Zehntausend" aus der Sicht Harry Graf Kesslers

Kultur im Berlin der zwanziger Jahre war immer auch gesellschaftliches Spektakel, und Kessler war bei fast allen Ereignissen präsent. Kaum einer seiner Tage vergeht ohne Premiere, mondänes Frühstück, Vernissage oder Souper. Kessler begegnet als Gastgeber, der von seinem Sekretär einen detaillierten Terminkalender über seine Verpflichtungen führen läßt und wie einst in Weimar seine Tischrunden mit Bedacht zusammenstellt, ebenso wie als stets willkommender Gast, der auch in schwierigen Situationen souverän und elegant Konversation zu machen versteht und zur „ständigen Junggesellengarnitur für große Diners" gehört.

Bildeten aber in den ersten Jahren der Republik die gesellschaftlichen Treffen den nötigen Hintergrund für seine politischen Unternehmungen, so wird nach dem Rückzug aus der Politik das Gesellschaftsleben fast zum Selbstzweck, wobei die stets gleichen Gruppen, Konventikel und Zirkel um sich selbst kreisen und vieles an den Gesellschaftswirbel der letzten Jahre vor 1914 erinnert. Man sieht Kessler „im roten Frack mit weißen Eskarpins", wie er beim Kostümball auf der britischen Botschaft die als „badische Bäuerin" erschienene Frau Stresemann zum Souper führt, aber auch in Begleitung junger Frauen, mit schwarzem Lippenstift im Smoking oder halbnackt, oder in Gesellschaft hellblonder gazellenartiger Jünglinge und Epheben. Kein Aspekt des Berlin der „Goldenen Zwanziger" bleibt ihm fremd: Von vertraulichen Gesprächen in den Amtsräumen der Wilhelmstraße mit Staatssekretären über die Botschaftsempfänge mit Nuntien, Ministern und Diplomatengattinnen zu den Zusammenkünften der Pazifistenorganisationen mit künftigen Friedensnobelpreisträgern, von den Diners der aristokratischen Gesellschaft mit Gräfinnen und Baronen über die Soupers im Anschluß an große Premieren mit Schauspielern und Tänzerinnen bis hin zu „sonderbaren Gesellschaften" in „Deklassierten-Atmosphäre", mit „Frauen in allen Stadien der Nacktheit, deren Namen man nicht versteht und von denen man nicht weiß, ob es ‚Freundinnen', Nutten oder Damen sind". Am selben Tag hastet er vom großbürgerlich-aristokratischen Diner zum Ball des demokratischen Studentenbundes oder von der Sitzung des PEN-Clubs zum Ball auf der amerikanischen Botschaft. Nach der durch die Locarno-Verträge sanktionierten politischen Entspannung zwischen Deutschland und Frankreich wird er auch von der Pariser Gesellschaft wieder mit offenen Armen aufgenommen, gehört bald erneut ganz und gar dazu.

Vieles an diesem Gesellschaftsleben hat ihn abgestoßen. Einmal erscheint ihm ein Frühstück als „Volksversammlung: alles schrie und wollte recht haben, ohne Grazie oder Esprit“; ein anderes Mal empört er sich über reiche Banausen, die nach Tisch van Gogh-Briefe zu Zigaretten und Kaffee als Luxusgegenstände herumreichen. „Armer van Gogh! Man empfindet schließlich pogromhaft: diese Leute müßte man totschlagen.“ Eine Abendgesellschaft bei Stresemann empfindet er als Tuilerien-Ball unter Napoleon III., „sehr viele, meist unelegante Frauen mit Ketten von falschen u. echten Perlen und von dicken, schwitzenden Männern in schlecht sitzenden Fräcken in schönen alten, traditionellen Räumen“, und ein Staatsbankett der preußischen Regierung im Berliner Schloß macht einen „schauerlichen“ Eindruck auf ihn. Wo früher schöne Menschen die Säle gefüllt hätten, fände sich nun „eine einförmige, formlose graue Masse, wie Läuse, die sich wie ein trüber Alltag durch die alte Barockpracht“ hindurchschiebe. Obwohl er die Oberflächlichkeit der meisten gesellschaftlichen Veranstaltungen sehr wohl durchschaut hat, ist er dennoch immer wieder hingegangen und hat seine Ansprüche bewußt bescheiden gehalten. „Lady d'Abernon sagte mir beim Abschied, sie entschuldige sich, daß sie mir eine so wenig geistvolle Gesellschaft vorgesetzt habe. Aber mir ist dieses äußerlich kultivierte, zivilisierte Milieu lieber als 40 tüchtige, vielleicht geistvolle Menschen an dem Bernhardschen Tisch, der nur für 24 reicht, so daß der Eindruck der Abfütterung im Zoo entsteht.“ Das Gesellschaftsleben hat wie eine Droge auf ihn gewirkt, von der er nicht mehr losgekommen ist. Im Grunde war es der Versuch, der zunehmenden Einsamkeit zu entkommen.

IV. Niedergang und Ende der Republik (1930–1933)

Hans Graf Lehndorff
Ostpreußische „Leuteverhältnisse“

Meine Großeltern waren nach ihrem Äußeren, ihrem Charakter, ihrem Temperament und ihrer Wesensart völlig verschiedene, ja geradezu entgegengesetzte Naturen. Der Großvater [Elard von Oldenburg-Januschau] korpulent, lebenssprühend, emotional, schnell reagierend, schlagfertig, immer zu Späßen aufgelegt, sehr mitteilsam und kontaktfreudig, stets bewegt von den Ereignissen des Tages in Politik und Wirtschaft. Als Reichstagsabgeordneter der Partei der Konservativen 1902–1912, als Präsident der Westpreußischen Landwirtschaftskammer, als bekannter Redner, als Freund vieler einflußreicher Leute lebte er in einer Sphäre, die schon uns Kindern einen Begriff davon gab, welches Maß an Verantwortung für seine Mitmenschen und für den Staat ein ererbter Besitz, eine preußische Erziehung und ein heller Verstand auf die Schultern eines Menschen legen konnten. Bis in sein hohes Alter war er ständig unterwegs, meistens zwischen Januschau und Berlin. [. . .]

In Berlin wohnte er im Hotel „Russischer Hof“ am Bahnhof Friedrichstraße. Da er meistens die Nacht durch fuhr und früh morgens ankam, ging er gleich in die Badewanne und dann ins Bett, aber nicht um zu schlafen, sondern um bis zur Mittagszeit Menschen zu empfangen, mit denen er sich verabredet hatte, Politiker, Wirtschaftler, Minister, private Bittsteller – Leuten aller Art konnte man dort zwischen Tür und Angel begegnen, wenn man, wie ich es in meiner Berliner Studentenzeit oft getan habe, schnell einmal hineinschaute, um ihn zu begrüßen. Wenn meine Großmutter mitgekommen war, saß sie im Vorzimmer und regelte den Besucherverkehr. [. . .]

Auch in Januschau blieb mein Großvater in seinen letzten Lebensjahren morgens meistens so lange im Bett, bis der Gutsinspektor und andere Leute aus dem Ort oder von auswärts mit ihren Wünschen und Sorgen bei ihm gewesen waren. Wer schmutzige Stiefel anhatte, zog sie vor der Tür aus und kam auf Socken herein. Wer etwas pexiert [angestellt] hatte, wurde gelegentlich mit einer Ohrfeige bedacht, zu deren Empfang er sich hinunterbeugen mußte. Diese Methode war allen lieber als eine Geld- oder Freiheitsstrafe oder womöglich eine Kündigung. Die Sache war damit erledigt. [. . .]

Als Hindenburg zum ersten Mal als Reichspräsident in Januschau war, stellte er ihm einen jungen Mann vor, der den Wunsch hatte, in das Hunderttausend-Mann-Heer einzutreten, was damals nur acht von hundert Bewerbern glückte. Der Mann arbeitete in Januschau im Schafstall, war aber vorher bei einem Wanderzirkus gewesen und konnte mit einigen Kunststücken aufwarten. Der Großvater hatte ihn auf dem Dachfirst des Schafstalls auf den Händen gehen sehen und fand, daß die Schafe nicht das richtige Publikum für ihn wären. „Wenn der Feldmarschall von Hindenburg da ist, lasse ich dich kommen, und dann werden wir weitersehen", versprach er ihm und stellte ihn, als es soweit war, dem Reichspräsidenten in der Eingangshalle mit den Worten vor: „Herr Feldmarschall, ich möchte Ihnen hier einen Mann empfehlen, der gern Soldat werden will." Darauf Hindenburg: „So, das freut mich. Aber was habe ich damit zu tun?" „Sie haben es zu befehlen", und zu dem Mann gewandt: „Geh mal auf den Händen!" Der führte sofort ein paar Kunststücke vor. „So, und nun kannst du wieder gehen. Der Herr Reichspräsident wird an dich denken." Ein paar Tage später wurde der Mann zur Prüfung nach Deutsch Eylau bestellt. Als er wiederkam, erkundigte sich der Großvater nach der Prüfung. „War leicht", antwortete der Mann. „Was wurdest du denn gefragt?" „Ich wurde gefragt, wie der Herr Reichspräsident heißt. Ich antwortete: ‚Der Herr Generalfeldmarschall von Hindenburg'. ‚Gut', sagten die Herren, ‚Sie sind angenommen.'" [. . .]

Für seine Gutsleute war der Großvater jederzeit zu sprechen. Zu ihnen hatte er ein Verhältnis wie zu eigenen Kindern. Wer es auch war – Mann oder Frau, Kind oder Greis –, sie konnten alle zu ihm kommen, konnten ihm ihr Anliegen vortragen und konnten sicher sein, daß er sie nicht vergaß. Bald nach dem Ersten Weltkrieg fuhr er einmal mit einem Berliner Gast durch die Felder, und der fragte ihn: „Wie sind eigentlich hier bei Ihnen die Leuteverhältnisse?" „Leuteverhältnisse? Die gibt's hier gar nicht." Dann fuhr er an die in der Nähe befindliche Schafherde heran und wandte sich an den Hirten: „Sag mal hier dem Herrn, wem sein Karl du bist!" „Dem gnädigen Herrn sein Karl", lautete die Antwort. Der Großvater fuhr weiter und sagte zu seinem Gast: „Das sind hier bei uns die Leuteverhältnisse."

Ute Frevert

Erblast des Kaiserreichs – das Duell

In der Tat besaßen das Duell und der ihm korrespondierende elitäre Ehrbegriff in der nachrevolutionären Aufbruchphase wenig politischen Rückhalt. Vor allem im Offizierkorps, das nach Ansicht linker und linksliberaler Gruppen der Hauptstützpunkt des Duells im wilhelminischen Deutschland gewesen war, sollten seine Wurzeln radikal beseitigt werden. Dementsprechend bestimmte die Weimarer Verfassung in Artikel 105, militärische Ehrengerichte seien aufgehoben. [. . .]

Dennoch gewinnt man den Eindruck, als habe sich das zahlenmäßig geschrumpfte und gesellschaftlich entmachtete Offizierskorps gleichsam aus Trotz gegen diese Konstellation um so fester zusammengeschlossen und an seinen überlieferten Traditionen und Gepflogenheiten festgehalten. So legte der Chef der Marineleitung bereits 1921 ein Bekenntnis „zu den alten Auffassungen von Ehre, Pflicht und vornehmer Denkungsart des Offiziers" ab, und das Kommando der Kieler Marinestation beschwor 1925 den „alten Korpsgeist“, den es zu bewahren und zu pflegen gelte. Offiziere, die den „alten Auffassungen“ zuwiderhandelten, wurden scharf gerügt und über ihre „Berufspflichten“ aufgeklärt. 1922 wurden drei Leutnants zur See verwarnt, weil sie auf die Beleidigung eines betrunkenen Kameraden „nicht mit dem nötigen Nachdruck sofort alles veranlaßt haben, um ihre persönlich angegriffene Ehre und Würde als Offizier wiederherzustellen“. Das gleiche Schicksal ereilte zwei Jahre später einen Leutnant Lange, der in einem Kieler Lokal mit Studenten in Streit geraten war und ihre Beleidigungen „passiv“ geduldet hatte. Daß er auf die Anwürfe, er sei ein „Kneifer“ und offenbar „nicht satisfaktionsfähig“, nicht sofort „energisch Genugtuung“ gefordert habe, interpretierte der Kommandeur der Kieler Marineschule, Korvettenkapitän Heinze, als „eine Schädigung des Ansehens des Offizierstandes und eine Verletzung der Standesehre“. Auch der Chef der Marineleitung rügte Langes Verhalten und verwies auf die „Berufspflichten des deutschen Soldaten“, der darauf bedacht sein müsse, „seine und seines Berufes Ehre mit allen Mitteln und unter vollem Einsatz seiner Person zu schützen“. [. . .]

Wie stark die Position des Offizierskorps und wie unanfechtbar seine Ehrauffassung vor allem in den letzten Jahren der Republik wieder geworden waren, zeigte sich in dem Moment, als der Reichstag darauf drängte, dem gesetzlichen Duellverbot Taten folgen zu lassen. 1925 beantragte die SPD-Fraktion, Offiziere, die wegen Zweikampfs verurteilt worden waren, ohne Wenn und Aber aus dem Dienst zu entlassen. [. . .]

So große Bedenken der Reichswehrminister auch gegen solche Zeichen hegen mochte, die geeignet seien, „der Einfügung des Offizierskorps in das neue Staatswesen Hemmungen zu bereiten“, so sehr auch die konservativen und Rechtsparteien, von der DVP über die DNVP bis zu völkischen Gruppierungen, dagegen agitierten, weil sie darin, wie der nationalsozialistische Abgeordnete und spätere Innenminister Frick polemisierte, ein Diktat des „undeutschen, jüdischen Geistes des Pazifismus, des Defaitismus, der nationalen Ehr- und Würdelosigkeit" erblickten – der Antrag der SPD wurde mehrheitlich angenommen. Der seit Eberts Tod 1925 amtierende Reichspräsident von Hindenburg jedoch, der sich als Generalfeldmarschall des Ersten Weltkriegs den Traditionen der kaiserlichen Armee nach wie vor verpflichtet fühlte, lehnte es rundweg ab, das im Parlament beschlossene Gesetz zu unterzeichnen. Offizielle Begründung: Das Gesetz verstoße gegen den Gleichheitsgrundsatz der Verfassung, indem es „denselben Tatbestand, der bei Privatpersonen oder Staatsbeamten und Staatsangestellten nur zu einer Festungsstrafe führt, beim Offizier zum Anlaß der Dienstentlassung, d.h. des Existenzverlustes nimmt".

Daß dieses Argument lediglich vorgeschoben war, geht aus einer Protokollnotiz des Reichsministeriums hervor. Auf den Vorschlag des Justizministers, man solle Hindenburg fragen, ob seine Bedenken ausgeräumt seien, wenn die Entlassungsvorschrift auf Beamte ausgedehnt werde, erwiderte Staatssekretär Meißner, dies sei wohl nicht der Fall. Nur die Umwandlung der Muß-Vorschrift in eine Kann-Vorschrift könne den Reichspräsidenten dazu bewegen, dem Gesetz zuzustimmen und eine politische Krise zu vermeiden. Eine fakultative Bestimmung, das wußte Hindenburg, war so gut wie keine und änderte nichts an der bisherigen Praxis, die der Armeeführung völlig freie Hand ließ.

Die Rücktrittsdrohung des Reichspräsidenten verfehlte ihre Wirkung nicht. Die Regierung beeilte sich, die Vorschrift der obligatorischen Dienstentlassung zu streichen, und erlangte in zähen Verhandlungen die Zustimmung der Regierungsparteien, die davor zurückscheuten, wie ein Zentrumsabgeordneter resigniert feststellte, die Angelegenheit zu einer „Reichspräsidentenkrisis" und „Regierungskrisis" eskalieren zu lassen. Lediglich die SPD verschloß sich einem solchen „Kompromiß", und der preußische Ministerpräsident Otto Braun übte scharfe Kritik an der Reichsregierung, die „nicht den Mut gehabt habe", Hindenburg in seine Schranken zu weisen. Offenbar werde letzterer „von einer bestimmten Gruppe mehr und mehr in einer Richtung getrieben, die letzten Endes nicht seiner Stellung diene und eines Tages noch dem Deutschen Reich zum Verhängnis werden könne".

Gordon A. Craig

Die Linksintellektuellen und die Republik – das Beispiel Kurt Tucholsky

Ihre Anschauungen in politischen und gesellschaftlichen Fragen reichten von liberal-progressiv bis linksradikal, und gemeinsam war ihnen die eingewurzelte Gegnerschaft gegen Kapitalismus, Imperialismus, Militarismus, Junkertum, gegen den Konservatismus der Kirchen und der Königshöfe und gegen die bürgerlichen Konventionen und Werte. Aber wenn sie auch der Linken zugehörten, so doch gewissermaßen nur als gerngesehene Gäste; im Grunde waren sie politisch heimatlos, weil sie sich keiner Parteidisziplin unterwerfen wollten oder konnten. Da sie auf die Prinzipienstrenge der Kommunisten ebenso verächtlich herabsahen wie auf den Opportunismus der Sozialdemokraten, neigten sie dazu, eigene kurzlebige Splittergruppen zu gründen und trugen damit zur Verzettelung der politischen Kräfte bei; sich ihrer Isolation wohl bewußt, versuchten sie diese durch ein wachsendes Maß an verantwortungsloser Wortradikalität zu kompensieren. Dies war auch das Markenzeichen ihrer journalistischen Arbeit, in der sie unter souveräner Außerachtlassung des notwendigen politischen Augenmaßes die Republik und die sie stützenden Parteien mit gleicher kritischer Elle maßen wie deren Feinde auf der Rechten.

Dies traf beispielsweise für Kurt Tucholsky zu, jenen unvergleichlichen Meister des humoristischen Einfalls und größten deutschen Satiriker seit Heine. Unter den Redakteuren der von Carl von Ossietzky herausgegebenen unabhängigen linken Zeitschrift *Die Weltbühne* besaß er die bei weitem fruchtbarste Feder, so daß er unter vier Pseudonymen schreiben konnte; er war ein unermüdlicher Streiter gegen antidemokratische Kräfte und ein gnadenloser Kritiker des deutschen Bürgertums, das in seinen Augen keine Zivilcourage besaß und sich heimlich nach einer autoritären Herrschaft zurücksehnte. Sein politisches Urteil wurde jedoch verzerrt durch einen Mangel an Beherrschung und eine Radikalität der Sprache, die zum Nutzen seiner Feinde ausschlugen. Er ließ sich nicht in der Überzeugung beirren, daß aus Deutschland ein Schlaraffenland geworden wäre, hätte die sozialdemokratische Führung 1918 nicht versagt, und seine Attacken gegen die „Novemberverbrecher" standen dem, was die Ideologen der extremen Rechten von sich gaben, an Maßlosigkeit nicht nach. Er verabscheute Ebert noch mehr, als er Seeckt haßte, und er zögerte nicht, ihn einen „mittelbegabten Funktionär" und einen „mittleren Bürger" zu nennen, „die schlimmste Mischung, die denkbar ist: persönlich rein und sachlich schmutzig", und ihm „den vollständigen Sieg der deutschen Reaktion" anzulasten: „[...] das ist Eberts Schuld."

Tucholsky beschränkte sich freilich nicht darauf, die Unterlassungssünden von 1918 anzuprangern. Er zeigte dieselbe verzerrte Perspektive bei der Beurteilung der Politik der Stabilisierungsperiode. Über den „Stahlhelm", eine Kriegsveteranenorganisation, deren Tätigkeit bei der französischen Regierung und bei anderen, die sich über das Anwachsen paramilitärischer Verbände in Deutschland Sorgen machten, Unruhe auslöste, vermochte er 1927 zu schreiben:

„Die wirkliche Gefahr für den europäischen Frieden [...] liegt nicht im Stahlhelm [...] Die wirkliche Gefahr in Deutschland ist der interfraktionelle Stresemann-Typus.

[. . .] Ich gehöre seit dem Jahre 1913 zu denen, die den deutschen Geist für fast unwandelbar vergiftet halten, die nicht an eine Besserung glauben, die die verfassungsmäßige Demokratie für eine Fassade und für eine Lüge halten, und die auch heute noch, entgegen allen Zusicherungen und optimistischen Anwandlungen, einen hohlen Stahlhelm für lange nicht so gefährlich halten wie einen seidigen Zylinder."

Zwei Jahre später brachte er unter dem Titel *Deutschland, Deutschland über alles* ein Bilderbuch mit Texten heraus, das auch einige billige Verunglimpfungen republikanischer Politiker enthielt, in denen eine erschütternde Naivität hinsichtlich der außen- und innenpolitischen Probleme, mit denen sie zu ringen hatten, zum Ausdruck kam. Alles in allem fällt es schwer, Paul Sethe zu widersprechen, der, ohne mit Anerkennung für das große Talent Tucholskys zu geizen, ihm doch vorwarf, daß er, während die demokratischen Politiker „sich in schwerem Ringen gegen Hugenberg und Hitler verbrauchten, [. . .] (dabeistand) und (sie) verspottete. [. . .] Sie hätten Hilfe gebraucht. Erhalten haben sie Verachtung und Gelächter."

Tucholskys Haltung war unter den linken Intellektuellen nur allzuweit verbreitet, und mit ihren fortwährenden Variationen über das Thema der Verdorbenheit der Gesellschaft, in der sie lebten, ermutigten sie, ob sie es wollten oder nicht, diejenigen, die es auf die Zerstörung der Republik abgesehen hatten.

Jürgen W. Falter

Die Reichstagswahl im September 1930

Nach 1928 begann das Wahlgeschehen sich zu überschlagen. Die Wahl von 1930 stand bereits unter dem Einfluß der sich kontinuierlich verschärfenden Weltwirtschaftskrise und der wachsenden Arbeitslosigkeit. Zwar blieb die SPD stärkste Partei, sie mußte aber beträchtliche Anteilseinbußen hinnehmen, während es der KPD gelang, ihre Stimmenzahl um über 40 Prozent zu steigern. Bei weitem übertroffen wurde dieser Anstieg allerdings vom Zuwachs der NSDAP, die fast 6 Millionen neue Wähler hinzugewinnen und damit ihren Stimmenanteil von 1928 nahezu verzehnfachen konnte, ein zumindest in der deutschen Wahlgeschichte bisher einmaliger Vorgang. Sie zog damit als zweitstärkste Fraktion nach den Sozialdemokraten in den Reichstag ein. Statt 12 wies sie nun 107 Reichstagsabgeordnete auf, nur 36 weniger als die SPD und 30 mehr als die drittstärkste Fraktion, die KPD. Alle zwischen den beiden Extremen des politischen Spektrums liegenden Gruppierungen mit Ausnahme der beiden katholischen Parteien und der Klein- und Kleinstparteien verloren hingegen Stimmen, die DNVP und die DVP relativ stark, SPD und DDP etwas schwächer. Mit einem Schlag gehörten mindestens 225 der 577 Abgeordneten des Deutschen Reichstages republikfeindlichen bzw. verfassungsoppositionellen Gruppen an.

Das Erstaunen der Öffentlichkeit, aber auch vieler Politiker über den ungeheuren Aufschwung der NSDAP war beträchtlich. Der damalige Reichskanzler Brüning berichtet in seinen Memoiren, daß die Wahlresultate im Rundfunk „mit einem solchen Enthusiasmus für die Erfolge der Nationalsozialisten wiedergegeben wurden, daß man einschreiten mußte, um zu verhindern, daß das deutsche Volk durch die linksstehenden Angestellten des Rundfunks nicht noch in der Nacht in einen Nazirauschzustand versetzt wurde". Hitler selbst soll am Wahlabend auf einen Gewinn von rund 100 Sitzen gehofft haben. Der von Goebbels herausgegebene *Angriff* dagegen kommentierte enthusiastisch, ein Wahlerfolg sei „in diesem Ausmaß selbst von den kühnsten Optimisten nicht erwartet worden". Ähnlich auch der *Völkische Beobachter,* der geradezu hymnisch von einem „Sieg" sprach, „der einzig dasteht in der Entwicklung aller

Parteien und Bewegungen dieser Erde". Auch Goebbels selbst schwärmt in seinem Tagebuch unter dem Datum vom 15. 9. 1930: „Die ersten Wahlresultate. Phantastisch [...] ein unglaublicher Aufstieg [...]." Und in Bezug auf das Berliner Ergebnis: „360 000 Stimmen. Das hätte ich nicht erwartet."

Nicht nur von der NSDAP-Führung, sondern vom ganzen In- und Ausland wurde der Erfolg der NSDAP als ein politischer Erdrutsch, ja als eine „Weltsensation" (Deutsche Allgemeine Zeitung) angesehen, als „[...] eines jener Ereignisse, die eine neue Wende in der deutschen Geschichte ankündigten". Das intellektuelle Sprachrohr der „Konservativen Revolution", *Die Tat,* sprach in einer ersten Reaktion von einer wohl von niemandem zu diesem Zeitpunkt erwarteten „kalten Revolution", während Arthur Dix in seiner 1930 publizierten Analyse über Wahlen und die Wandlungen der deutschen Volksgliederung sehr viel nüchterner „die allgemeine, große Überraschung des In- und Auslandes über den Wahlausfall (sic) vom 14. September 1930 [...]" hervorhebt. Lediglich das Zentralorgan der KPD, *Die Rote Fahne,* nannte als Hauptergebnis der Wahl den „stürmischen, auf allen Fronten gleichzeitigen Vormarsch der Kommunistischen Partei in ganz Deutschland". Dagegen stelle der 14. September für die Nationalsozialisten zwangsläufig den Höhepunkt dar: „Was nachher kommt, kann nur Niedergang und Abstieg sein." [...]

Der Aufstieg der NSDAP zwischen 1928 und 1930 kam allerdings nicht aus heiterem Himmel. Er zeichnete sich bereits, wenn auch noch nicht in seiner vollen Stärke, in einer Serie von Landtags- und Kommunalwahlen ab, die zwischen den beiden Reichstagswahlen stattgefunden hatten. Sowohl im Vergleich zu den Landtagswahlen vor 1928 als auch im Zeitverlauf ist eine deutliche Zunahme der NSDAP-Stimmen praktisch von Wahl zu Wahl zu erkennen. So wuchs ihr Stimmenanteil in Mecklenburg-Schwerin von 1926 bis 1929 von 1,7 auf 4,1 Prozent, in Baden zwischen 1925 und 1929 von 1,4 auf 7 Prozent und in Thüringen zwischen 1927 und 1929 von ca. 1,6 auf 11,3 Prozent. In Sachsen gelang es der NSDAP sogar, ihren Stimmenanteil zwischen Mai 1929 und Juni 1930 beinahe zu verdreifachen.

Gerald D. Feldman

Zwischen Wirtschaft und Politik – die Deutsche Bank in der Krise der Republik

Im Januar 1931 mußte [Werner] Kehl [Vorstandsmitglied] freilich dem amerikanischen Botschafter Sackett gestehen, daß das Ergebnis der Wahl vom September 1930, die 107 Nationalsozialisten in den Reichstag gebracht hatte, nicht wenigen Kunden, die Einlagen bei den Berliner Banken hatten, als „Nervenfrage" erschienen war – mit widrigen Folgen: Zwischen dem 15. September und dem 10. November 1930 wurden per Saldo 900 Mio. RM an Einlagen abgezogen, ein Drittel davon von Ausländern – was praktisch einer Auflösung aller ausländischen Einlagen in Deutschland gleichkam –, und 60% davon waren jüdische Kunden. Während die von Inländern abgezogenen Einlagen teilweise zurückkamen, warnten die Banken jetzt vor ausländischen Einlagen, weil man sie „als bedrohlich für die Stabilität der Banken empfand". Im Oktober hatte [Oscar] Wassermann [Vorstandssprecher] dem einflußreichen Staatssekretär im Finanzministerium, Hans Schäffer, erklärt, beim Gros der abgezogenen inländischen Einlagen handle es sich um „jüdisches Geld". Er machte dann den außergewöhnlichen Vorschlag, anstelle der Sozialdemokraten, die „schon ohnedies vernünftig sein" würden, die Nationalsozialisten in die Regierung einzubinden. Diese eher zynische Vorstellung, die Sozialdemokraten seien jetzt so kleinlaut, daß man sie ignorieren könne, während die Nationalsozialisten dadurch neutralisiert werden könnten, daß man sie ins System integrierte und für das Programm Brünings in die Pflicht nahm, veranschaulichte treffend die für die Wirtschaftselite der Weimarer Republik so typische Geringschätzung des parlamentarischen Systems. Wassermann war kein Anhänger der Nationalsozialisten, und ungefähr zur selben Zeit, als er Schäffer den zitierten naiven Vorschlag unterbreitete, ließ er in der Bank „Das Programm der N.S.D.A.P." von Gottfried Feder in Umlauf bringen; er hatte darin die Punkte angestrichen, in denen der Antisemitismus der Nationalsozialisten und ihre wirtschafts- und finanzpolitischen Vorstellungen und Forderungen zum Ausdruck kamen, eine Warnung an die Adresse derer, die sich versucht fühlen mochten, mit der NS-Bewegung zu sympathisieren.

Die Führung der Deutschen Bank und Disconto-Gesellschaft behielt im großen und ganzen ihre bewährte Praxis bei, sich politisch im Hintergrund zu halten. Die große Ausnahme bildete hier, wie immer, Emil Georg Stauß, der „Hans Dampf in allen Gassen". Seine Energie und sein Ehrgeiz gewannen häufig die Oberhand über sein vernünftiges Urteil, und obwohl man eigentlich hätte meinen können, seine Tätigkeit für die Bank und seine Freizeit-Aktivitäten als Besitzer einer Wannsee-Jacht und als Mitglied im Automobilklub sowie seine Pflichten als Gutsbesitzer in Mecklenburg hätten ihn ausgelastet, beschloß er, nachdem er im September 1930 für die DVP in den Reichstag gewählt worden war, sich verstärkt politisch zu betätigen. Stauß gehörte zu denen, auf die die Nationalsozialisten Eindruck machten. In seiner Eigenschaft als Vorsitzender des Aufsichtsrats von BMW hatte er die Bekanntschaft von Hermann Göring gemacht, der BMW als Berater im Zusammenhang mit Flugmotoren verbunden war. Göring hatte Stauß daraufhin mit Hitler in Kontakt gebracht. Stauß war von der Begegnung beeindruckt genug, um eine Zusammenarbeit der DVP mit den Nationalsozialisten für möglich zu halten. Nach der

Wahl vom September 1930 veranstaltete er ein Mittagessen für die nationalsozialistischen Reichstagsabgeordneten, nicht zuletzt mit dem Ziel, den DVP-Führer Ernst Scholz anstelle des angesehenen sozialdemokratischen Politikers Paul Löbe auf den Sessel des Reichstagspräsidenten zu heben. Die Presse bekam Wind von dem Treffen, und Stauß stand am Ende ziemlich begossen da, nicht nur, weil Scholz mit einer Jüdin verheiratet war, sondern auch, weil die Tatsache, daß die Nationalsozialisten Ressentiments gegen die Banken schürten und die „Zinsknechtschaft“ abschaffen wollten, ein gefundenes Fressen für die Presse war. Die ganze Episode schadete sicherlich dem Ansehen der Bank. Einige jüdische Kunden zogen ihre Gelder ab, und die Bank mußte mehrfach darauf hinweisen, daß sie für politische Tätigkeiten einzelner Vorstandsmitglieder keine Verantwortung trage und daß unter den Vorstandskollegen von Stauß etliche Juden seien, die nicht den „geringsten Anlaß“ sähen, ihre Beziehungen zu ihm abzubrechen. Was Kollegen wie Wassermann, Solmssen, Frank und die vielen anderen hochrangigen Bankiers und Unternehmer im Aufsichtsrat, die jüdischen Glaubens oder jüdischer Abstammung waren, wirklich von Stauß und seiner Vorliebe für die Rolle des Steigbügelhalters des Teufels dachten, darüber kann man sich durchaus seine Gedanken machen; in jedem Fall dürfte die negative Publizität diejenigen bestärkt haben, die in Stauß eine Belastung für die Bank sahen.

[...] Gesichtspunkte der Religion oder gar der „Rasse“ sind in der Deutschen Bank und Disconto-Gesellschaft oder generell unter den führenden Bankiers allem Anschein nach ohne Bedeutung gewesen. Nichts deutet darauf hin, daß der Antisemitismus bei Stauß’ Beziehungen zu den Nationalsozialisten eine Rolle spielte. [Oscar] Schlitter zum Beispiel war der Ansicht, daß Friedrich der Große klug gehandelt hatte, indem er Juden mit steuerlichen Anreizen nach Preußen lockte, und wirkte mit Feuereifer auf die Fusion mit der Disconto-Gesellschaft hin, die von den Antisemiten später als „verjudet" bezeichnet wurde. Auch bei der Deutschen Bank gab es eine Reihe prominenter Bankiers, die jüdischen Glaubens oder jüdischer Herkunft waren – diese Gruppe stellte bei beiden Banken ein Viertel bis ein Drittel der Führungsriege. Trotz des relativen Bedeutungsverlustes der Privatbanken gegenüber den Aktienbanken vermochten die jüdischen Bankiers ihre sehr starke Stellung zu wahren. Wenn es innerhalb der deutschen Bankierswelt Gegensätze gab, dann waren sie nicht ethnischen Ursprungs, sondern eher generations- und traditionsbedingt; man denke etwa an die Abneigung [Georg] Solmssens gegen die Geschäftspraktiken von Jakob Goldschmidt und Stauß. Aus den Kommentaren zu dem massiven Abzug von Einlagen im Gefolge der Wahl vom September 1930 geht hervor, daß die Bankiers sehr genau wußten, wer ihre jüdischen Kunden waren und welche Bedeutung ihren Konten zukam. Zumindest die prominenteren Vertreter der deutschen Wirtschaft wußten um die große Bedeutung der Juden im deutschen Bankwesen und schätzten deren Fähigkeiten, was freilich nicht ausschloß, daß sie gleichzeitig an einigen der herkömmlichen antisemitischen Ressentiments festhielten oder sich mit politischen Rassisten einließen. Die nach 1933 einsetzende Ausplünderung der Juden und die nachfolgende Verstümmelung der deutschen Wirtschaft durch den Ausschluß der Juden waren jedenfalls nicht das Werk des Weimarer Industrie- und Finanzkapitals.

Michael North

Die Bankenkrise 1931

Deutschland war von der Krise auf dem amerikanischen Geldmarkt am heftigsten getroffen worden, hatte es doch seine Reparationsleistungen ebenso wie den Aufschwung seiner

Industrieproduktion in der zweiten Hälfte der 20er Jahre mit amerikanischen Krediten finanziert. Zwar gelang es der Reichsbank, die Folgen des Kreditabzugs nach dem Schwarzen Freitag und nach dem Erfolg der Nationalsozialisten bei der Reichstagswahl 1930 durch Kooperation mit anderen Zentralbanken und durch ein Darlehen des Bostoner Bankhauses Lee Higginson & Co. geringzuhalten, aber durch die mitteleuropäische Bankenkrise des Jahres 1931 wurde das deutsche Währungs- und Bankensystem stark getroffen. [...]

Bereits im Mai gerieten das Warenhaus Karstadt und der Versicherungskonzern Nordstern in Schieflage, der im Juni der Konkurs des Nordwolle-Konzerns folgte. Dieser riß die Darmstädter- und Nationalbank (Danat-Bank) und die Dresdner Bank mit in den Strudel des Bankrotts, da beide Banken sich mit Krediten an den Konzern verausgabt hatten. Die Danat-Bank war nicht mehr zu retten, und die Dresdner Bank erklärte ihre Zahlungsunfähigkeit. Damit war das Vertrauen des In- und Auslandes in die deutsche Wirtschaft endgültig erschüttert. Denn bereits einen Monat zuvor hatte die für die innenpolitische Diskussion gedachte Verlautbarung, Deutschland könne keine weiteren Reparationen zahlen, die ausländischen Gläubiger aufgeschreckt. Zwar konnte das von dem amerikanischen Präsidenten Hoover vorgeschlagene einjährige Schuldenmoratorium den Geldabzug aus Deutschland noch bremsen, mit dem Fall der Danat-Bank aber setzte der Run auf die Banken und Sparkassen ein. „Schon nach wenigen Stunden zahlten die meisten Geldinstitute nur noch 20% der verlangten Beträge aus. Das kam einer Zahlungseinstellung fast gleich. Daraufhin verkündete die Reichsregierung zwei Bankfeiertage. So wurde die offene und vollständige Zahlungseinstellung der Banken vermieden. Erst nach drei Wochen, am 5. August 1931, wurde der Zahlungsverkehr wieder ohne Einschränkungen aufgenommen.“ (Born) Die Börsen wurden sogar erst wieder am 3. September geöffnet.

Die Reichsbank nutzte diese Galgenfrist zur Wiederherstellung des deutschen Zahlungsverkehrs. [...] Angesichts der hohen Verluste konnte die Mehrheit der Banken nur überleben, weil Reich und Reichsbank einen Teil der Verluste trugen und erhebliche Mittel zur Kapitalaufstockung bereitstellten.

Insgesamt hatte die Bankenkrise das Kreditangebot für Wirtschaft und Kommunen verringert und die schon länger anhaltende Rezession der Wirtschaft verschärft. International völlig ins Hintertreffen geriet die deutsche Wirtschaft nach der Abwertung des britischen Pfundes im September, da das Festhalten des Reiches an der alten Goldparität die Reichsmark aufwertete. Das Rezept der Regierung Brüning dagegen war eine kompromißlose Deflationspolitik. Sie sollte durch Preissenkungen im Innern einerseits die internationale Konkurrenzfähigkeit der deutschen Industrie wiederherstellen und andererseits zur Konsolidierung der öffentlichen Haushalte im Reich beitragen. Mit dieser Roßkur wollte Brüning den ausländischen Reparationsgläubigern demonstrieren, daß Deutschland die äußersten Anstrengungen unternahm, seinen Reparationsverpflichtungen nachzukommen und so die alliierten Sieger zur Streichung der Reparationsforderungen bewegen. Dieses Ziel wurde auch im Juli 1932 auf der Lausanner Konferenz erreicht, die die Reparationsleistungen endgültig vertagte. Jedoch war Brüning zu diesem Zeitpunkt nicht mehr im Amt, da ihn Hindenburg am 30. Mai 1932 „100 Meter vor dem Ziel" entlassen hatte.

Die Opfer dieser Deflationspolitik in der deutschen Bevölkerung und der Wirtschaft waren erheblich. Die Arbeitslosenzahl stieg von 4,4 Mill. im Sommer 1931 auf 5,1 Mill. im Sommer 1932, die Industrieproduktion fiel um ein Drittel; und ein halbes Jahr später war Hitler Reichskanzler.

Peter Longerich

Die SA

Der Durchbruch der NSDAP zur Massenbewegung hatte für die SA eine erhebliche Verstärkung ihrer propagandistischen und „kämpferischen“ Anstrengungen zur Folge: Flugblätter verteilen und Plakate kleben, Propagandamärsche und -ausfahrten. Schutz der eigenen Versammlungen und Störung bzw. Sprengung derjenigen des Gegners bestimmten den – jetzt häufig schon täglichen – „SA-Dienst“. Diese Propaganda- und Kampfmethoden der SA waren im Prinzip nicht neu – neu aber war die Intensität, mit der die Braunhemden ihre Agitation betrieben: Der kombinierte Einsatz verschiedener Propagandamittel, an bestimmten Schwerpunkten eingesetzt, erzeugte eine Sogwirkung, der sich die von der Republik enttäuschten und politisch orientierungslosen Teile der Bevölkerung immer weniger entziehen konnten. Die Gewalttätigkeiten der SA steigerten sich aus der Sicht der Polizei in einem Ausmaß, das die SA zu einer massiven Bedrohung der allgemeinen Sicherheit werden ließ. Auf ihre Weise begann die SA, das öffentliche Leben der Republik zu beherrschen.

[...] Während des Jahres 1931 gelang es, die Zahl der SA-Angehörigen fast zu verdreifachen: Zählte man im Januar noch 88 000 Mitglieder, so waren es im April 1931 119 000, im November 227 000 und im Dezember 260 000.

[...] Große Bedeutung für die effektive „Kampfkraft“ der Organisation hatten vor allem die SA-Motorstürme, deren Mitglieder ihre privaten Motorräder und Kraftwagen zur Verfügung stellen mußten und die Sturmabteilung so beweglicher machten (die motorisierten Parteimitglieder wurden in einer getrennten Organisation, dem NS-Kraftfahrerkorps, organisiert). Hier wirkte sich die Mitgliedschaft mittelständischer SA-Männer positiv aus; die größere Beweglichkeit verschaffte der SA einen erheblichen Vorteil gegenüber den sozialistischen Parteien, war sie doch insbesondere in der Lage, in ländlichen Gebieten schnell größere Einheiten zusammenzuziehen. [...]

Marschieren – das war *die* Form, in der sich die paramilitärischen Organisationen während der gesamten Dauer der Weimarer Republik bevorzugt öffentlich darstellten. Marschieren – das weckte Anklänge an die Größe des alten deutschen Reiches mit seiner ruhmreichen Armee, erinnerte an das überall lebendig gehaltene Fronterlebnis, symbolisierte Stärke, über die die Republik mit ihrer impotenten Armee nicht verfügte, weckte Hoffnungen auf eine Ordnung, die es auf den Trümmern dieses Staates zu errichten galt. Marschieren – das war der Ausdruck eines Politikverständnisses, das sich im Freund-Feind-Denken erschöpfte; der Marschtritt sollte den Zuschauer auf nachdrückliche Weise vor die unabweisbare Alternative stellen, entweder mitzumarschieren oder niedergestiefelt zu werden.

Angesichts der starken Konkurrenz der vielen marschierenden Formationen legte die SA relativ großen Wert auf ein formal möglichst „militärisches" Auftreten in der Öffentlichkeit: Exerzieren nahm innerhalb des „SA-Dienstes" relativ großen Platz ein. Die angestrebte Perfektion dokumentiert ein SA-eigenes Exerzierreglement, das Kommandos und Bewegungsabläufe für SA-Formationen bis ins kleinste Detail vorschrieb. Voller Stolz registrierte die SA-Führung denn auch, wenn etwa ein alter General „die frische, sichere Haltung unserer Braunhemden, die mich an den Herbst 1914 erinnerte", lobte oder gar ein leibhaftiger englischer Journalist in seinem Blatt einen Vergleich mit der „Genauigkeit und Straffheit eines Garderegiments beim Zapfenstreich" zog.

Welche Wirkung man sich von solchen „Propagandamärschen" erhoffte, erläutert einer der höchsten SA-Führer, Manfred v. Killinger, in einer Broschüre: „Jeder, der sich einmal mit Propaganda beschäftigt hat, weiß, daß gerade beim deutschen Volke nichts kräftiger wirkt und Eindruck macht als marschierende Kolonnen. Männer, wohlgeordnet, in straffer Haltung, einheitlich gekleidet, im gleichen Schritt, diszipliniert, nicht rechts und links schauend, nicht schwatzend, rassige, energische Gesichter. Der Anblick solcher Kolonnen läßt das Herz jedes deutschen Mannes, jeder deutschen Frau, jedes Buben und Mädels höher schlagen. In ihnen beginnt das soldatische Blut der Germanenrasse zu sprechen."

Die SA unterschied sich aber von den anderen paramilitärischen Verbänden dadurch, daß ihre Märsche eben nicht nur „Propaganda" waren, nicht nur symbolische Gewaltakte. Die Spezialität der SA war es, ihre Märsche als Provokationsmittel einzusetzen und aus der Marschformation übergangslos in direkte Gewaltaktionen auszubrechen.

Zu diesem Zweck pflegte insbesondere die großstädtische SA ihre Marschrouten bevorzugt durch „rote" Straßen und Viertel zu legen. [. . .]

Auch eine andere Hauptaufgabe der SA, der sogenannte „Saalschutz", ist natürlich keineswegs defensiv zu verstehen. Der „Schutz" umfaßte nicht nur das Hinausprügeln etwaiger politischer Gegner bei eigenen Versammlungen, sondern auch das massive Eindringen, das Sprengen von Kundgebungen anderer Gruppierungen – die Saalschlacht folgte oft unmittelbar dem Saalschutz. [. . .]

Sinn und Zweck der vorrangig gegen die Linke gerichteten Gewalttätigkeiten der SA müssen vielmehr umfassend im Gesamtzusammenhang nationalsozialistischer Machteroberungspolitik bestimmt werden. Drei Funktionen scheinen demnach vorrangig: Erstens sollte die Organisation des *politischen Gegners* durch direkten Terror lahmgelegt werden; zweitens wurde eine *allgemeine Verunsicherung* angestrebt, in der dann um so lauter der Ruf nach Wiederherstellung von „Ruhe und Ordnung" ertönen und die SA als Symbol nationalsozialistischen Ordnungswillens vorgeführt werden konnte; drittens sollte das gemeinsame „Kampferlebnis" den *inneren Zusammenhalt* der Parteitruppe stärken. Bemerkenswert an den zahlreichen aus SA-Kreisen stammenden Schilderungen der „Kampfzeit" erscheint aber vor allem, daß die Taktik der SA gegenüber ihren linken Gegnern übereinstimmend als gewaltsames Eindringen in fremde Wohnbezirke und Nachbarschaften dargestellt wird: Hier werden (sich im Handlungsmuster stets wiederholende) regelrechte Eroberungszüge und Stützpunktbildungen beschrieben, von denen aus dann weitere Rundumschläge gegen eine feindlich gestimmte Umwelt erfolgen konnten. Diese Invasionen in proletarische Quartiere, diese Versuche, von außen die durch die Wirtschaftskrise geschwächten politischen und sozialen Mikrostrukturen dieser Nachbarschaften aufzubrechen, verdeutlichen, wie sehr die SA sich bei ihren Auseinandersetzungen mit der städtischen Industriearbeiterschaft auf fremdem Territorium befand. [...]

Ein weiteres Angriffsziel der SA waren, auch schon vor 1933, jüdische Bürger. Die Aggressivität gegenüber den Juden kam im Liedgut der SA unverhohlen zum Ausdruck. „Deutschland erwache! Juda den Tod. Volk ans Gewehr! Volk ans Gewehr!" lautete beispielsweise der Refrain eines gerne gesungenen „Sturmliedes". Für Berliner SA-Stürme war es geradezu ein „Sport", am Sonntag zum Kurfürstendamm zu fahren und dort, auf der Prachtstraße des Berliner Westens mit seinem relativ hohen jüdischen Bevölkerungsanteil, Passanten zu belästigen oder zu verprügeln.

Alfred Wendehorst

Zwei Redner in Erlangen – Adolf Hitler und Thomas Mann

Am 13. November 1930, am Vorabend der Wahlen zum AStA [Allgemeiner Studentenausschuß], kam Adolf Hitler nach Erlangen und sprach im Kolosseum vorwiegend vor Universitätsangehörigen. Er konnte der Zustimmung oder wenigstens der wohlwollenden Aufmerksamkeit der anwesenden Professoren, für die 90 Plätze reserviert waren, und Studenten sicher sein. Die *Erlanger Ausgabe* der *Monatsschrift für akademisches Leben – Fränkische Hochschulzeitung,* welche den Text der Rede wörtlich abdruckte, berichtete u.a.: „Die Galerien sind schwarz von Menschen, die Treppengänge sind dicht besetzt und unten sitzt und steht Kopf an Kopf: Der Rektor der Universität [Prof. Dr. Alfred Klotz], die vielen Professoren mit ihren Damen, Rektoren aus Nürnberg, Erlangen und Fürth: Die Elite und Auslese des Geistes und der Wissenschaft ist hier vereinigt. Die Korporationen sind größtenteils geschlossen erschienen: Rechts leuchten die grünen Mützen der Korps, links die weißen der Wehrschaft... Mehr als eineinhalb Tausend Menschen warten! Die Musik spielt den Pariser Einzugsmarsch, da braust am Eingang Heilruf auf, pflanzt sich fort: Hitler kommt! Unter dem Baldachin der grüßenden Hände seiner S.A. hindurch schreitet er, gefolgt von dem Führer des Nationalsoz. Studentenbundes Sunkel, dem Reichsführer v. Schirach, dem Gaugeschäftsführer Benesch, dem S.S.-Brigadeführer, dem Vorstand des AStA und der Nürnberger Schutzstaffel, zur Bühne. Die Heilrufe, das Getrampel wollen nicht enden, Hunderte von Armen grüßen den Führer, Hunderte von bunten Mützen winken ihm zu ... Hitler spricht: langsam Wort für Wort abwägend, ganz in dem Bewußtsein, daß diese tausend lauschenden Jungakademiker einmal Führer des Volkes sein sollen. Ungeheurer Beifall setzt ein, als er endet. Minutenlang dauert das Klatschen und Heilrufen, wie dumpfer Donner dröhnt das Getrampel durch den Saal; über tausend Studenten huldigen dem Führer des erwachenden Deutschland [...].“

Als hingegen Thomas Mann am 11. Juni 1931 vor dem Deutschen Republikanischen Studentenbund, dessen Ehrenvorsitzender er war, im Erlanger Redoutensaal über „Europa als Kulturgemeinschaft“ sprach, kam es zu solchen Tumulten, daß der Saal von der Polizei geräumt werden mußte.

Hartmut Titze

Die Eroberung der Hochschulen durch den Nationalsozialismus

Die eigentliche „Eroberung" der deutschen Hochschulen durch den Nationalsozialismus begann 1928, zwei Jahre nach der formellen Gründung des Nationalsozialistischen Deutschen Studentenbundes (NSDStB) durch den Münchener Jurastudenten Wilhelm Tempel. Erst mit dem Richtungswechsel, der mit der Ablösung Tempels durch den ehrgeizigen Baldur von Schirach verbunden war, erzielten die nationalsozialistischen Studenten den entscheidenden Durchbruch unter der Anhängerschaft der Korporationen. Der Bund rückte von den früheren sozialrevolutionären Parolen ab und orientierte sich enger an der Parteilinie der NSDAP. Gegenüber den Korporationen wurde der Ton konzilianter, und hinsichtlich der schlagenden Verbindungen wurden die Gemeinsamkeiten stärker betont. Zahlreiche nationalsozialistische Studenten gehörten ohnehin selbst Verbindungen an. Durch das Zusammengehen mit studentischen Korporationen und rechten Jugendbünden sollte die bürgerliche Jugend unter der Flagge des Nationalsozialismus gesammelt und als eine „neue Front" der jungen Generation aufgebaut und mobilisiert werden.

Ab dem WS [Wintersemester] 1928/29 verzeichnete der NSDStB bei den Studentenschaftswahlen zunehmende Erfolge. Schon im WS 1929/30 steigerten sie sich zu einem spektakulären Durchbruch: In Erlangen gewannen die nationalsozialistischen Studenten erstmals an einer deutschen Universität die absolute Mehrheit und bald folgte Greifswald (53% der Stimmen). Nach den Wahlen im SS 1930 kommentierte Hitler im Kampfblatt des NSDStB: „Nichts gibt mir mehr Glauben an den Sieg unserer Idee als die Erfolge des Nationalsozialismus auf der Hochschule." Nach rund 30% der Stimmen an 20 Hochschulen im Jahre 1930 errangen die nationalsozialistischen Studenten bei relativ hoher Wahlbeteiligung schon im folgenden Jahr mit 51% an 28 Hochschulen die absolute Mehrheit aller abgegebenen Stimmen. Im Juli 1931 wählte der 14. Deutsche Studententag in Graz mit Walter Lienau ein Mitglied des NSDStB zum 1. Vorsitzenden der Deutschen Studentenschaft. Der schnelle Durchbruch der nationalsozialistischen Bewegung an den Hochschulen, immerhin eineinhalb bis zwei Jahre vor der „Machtergreifung“ im gesamten Staat, ging vor allem zu Lasten des Einflusses der Korporationen. Durch ihre geistige Verfassung (geprägt durch Antirationalismus, Frontsoldatenmythos, völkischen Nationalismus, Antisemitismus und Verachtung des Weimarer Parteienstaates) hatten die Traditionsverbände in der Welt der Hochschule das Feld ideologisch mit vorbereitet, auf dem der NS-Studentenbund mit seiner unverhohlen rücksichtslosen Agitation bald siegreich war. Die Studenten waren die erste soziale Gruppe in der deutschen Gesellschaft, die sich in öffentlich wirksamer Weise für die nationalsozialistische Ideologie empfänglich zeigte. Daß sich gerade die künftige akademische Führungsschicht als „neue Front“ gegen das Weimarer „System“ und für die nationalsozialistische „Bewegung“ mobilisieren ließ, stärkte den Nimbus der Nationalsozialisten, eine junge Bewegung zu verkörpern, die mit gleichsam naturgesetzlicher Notwendigkeit die alte, sterbende Ordnung ablösen würde.

Karl Robert Mandelkow

Das Goethe-Jahr 1932

Trotz der eindringlichen Bitte von Willy Haas, im Goethejahr den Dichter durch Schweigen zu ehren, wurde noch nie zuvor so viel und so ausführlich zu Ehren Goethes gesprochen und geschrieben wie im März 1932, zehn Monate vor der „Machtergreifung“ Hitlers. Vergessen schien das Schlagwort vom „Klassikertod“, vielmehr hatte es den Anschein, als sei das Bekenntnis zu Goethe ein willkommener Anlaß, sich angesichts der augenfällig gewordenen Agonie der Weimarer Republik in die rettenden Gefilde einer Dichterfeier flüchten zu können. „Wir Deutschen feiern in Goethe eigentlich unsere Verklärung und Glorifikation“, so hatte am 26. Juni 1833 Friedrich Wilhelm Riemer in seinem Tagebuch notiert. Man könnte diese Eintragung unbesehen als Motto über die pseudoreligiöse Weiheveranstaltung in Weimar setzen, deren an Blasphemie grenzende Geschmacklosigkeit nur schwer zu überbieten war. Der Direktor des Goethe-Nationalmuseums und des Goethe- und Schiller-Archivs in Weimar, Hans Wahl, intonierte die Festlichkeiten am Morgen des 22. März mit folgenden Worten, gesprochen vor den Freunden des Goethehauses: „Wir danken dir, das du warst, wie du warst; wir lieben dich, weil du warst, wie du warst; wir folgen dir, weil du warst, was du warst, was du für immer sein wirst: Mittler menschlicher Größe, Güte, Weisheit und Gerechtigkeit, Mittler ewig lebendiger Natur, Mittler zu Gott in der reinsten, in der demütigsten und zugleich selbstbewußt-tätigsten und damit in der wertvollsten Form und Fülle, die sich je der uns zeitnahe Menschengeist in edelstem Ringen mit sich selbst erkämpft hat.“ Eine Gipfelleistung phrasenhafter Rhetorik bot der Berliner Germanist und Präsident der Goethe-Gesellschaft, Julius Petersen, in seiner Festrede in Weimar, dem offiziellen Höhepunkt der verordneten Feierlichkeiten. [. . .]

Einer der Teilnehmer an der Reichsgedächtnisfeier war Thomas Mann. Er berichtete darüber noch im gleichen Jahr in seiner Tischrede „Meine Goethereise“: „Ich hört die Rede des Prof. Julius Petersen, des Germanisten und Literaturhistorikers der Berliner Universität. Das Erfreulichste war der Gesang der Thomaner aus Leipzig. Ich habe sie zum ersten Mal gehört in ihrer Reinheit und Nuanciertheit. Ihr Gesang war mir lieber als die ganze Rede.“ In „Meine

Goethereise" heißt es ferner: „Ganz eigenartig berührte die Vermischung von Hitlerismus und Goethe. Weimar ist ja eine Zentrale des Hitlerismus. Überall konnte man das Bild von Hitler usw. in nationalsozialistischen Zeitungen ausgestellt sehen. Der Typus des jungen Menschen, der unbestimmt entschlossen durch die Stadt schritt und sich mit dem römischen Gruß begrüßte, beherrscht die Stadt." Was die hier genannten nationalsozialistischen Zeitungen über die Goethefeiern zu berichten wußten, kann man in dem zynischen Kommentar des „Völkischen Beobachter" vom 27.–29. März 1932 nachlesen, in dem u.a. von dem „kulturbolschewistischen Schmus Thomas Manns" die Rede ist. Gemeint ist die Rede „Goethe als Repräsentant des bürgerlichen Zeitalters", die Thomas Mann am 18. März in der preußischen Akademie der Künste in Berlin gehalten hatte. Hellsichtig hatte er in ihrem Schlußpassus auf die Gefahren hingewiesen, die die bürgerliche Republik bedrohten, so in dem Satz, der seit dem Wiederabdruck der Rede 1935 in dem Aufsatzband „Bemühungen" in allen späteren Ausgaben getilgt wurde: „Es nützt nichts, die Vernunft zu verhöhnen und einen verstockten Gemüts- und Tiefenkult zu treiben, dessen heutige Gottgeschlagenheit und Lebensverlassenheit sich darin erweist, daß er als eine Art verzweifelter und haßerfüllter Totschlagesentimentalität sich darstellt."

Thomas Manns Berliner Goethe-Rede erschien in dem berühmten Goethe-Heft der Zeitschrift des S. Fischer Verlages „Die Neue Rundschau" im April 1932, das unter den zahlreichen Goethe-Nummern der Periodika dieses Jahres eine Sonderstellung einnimmt. Neben der Goethe-Rede Thomas Manns erschienen hier die Aufsätze „Goethe und die Naturwissenschaften" von Gottfried Benn, „Goethes Weg zum Idealstaat" von Emil Ludwig, „Leben mit Goethe" von André Gide, „Dank an Goethe" von Hermann Hesse, Jakob Wassermanns „Rede an die studentische Jugend über das Leben im Geiste" und Ortega y Gassets „Um einen Goethe von innen bittend". Als einzigen Beitrag eines Literaturwissenschaftlers enthielt das Heft aus dem Nachlaß von Friedrich Gundolf dessen Aufsatz „Goethe und Walter Scott". Es war eine die Stellungnahme zu aktuellen Fragen der Gegenwart nicht scheuende Goethe-Bilanz der Erfolgreichen und Arrivierten, ein Manifest humanistischer Gesinnung und der Warnung vor ihrer Bedrohung.

Aus politischer Sicht betrachtet waren die Goethefeiern des Jahres 1932 vorrangig eine Demonstration und Selbstdarstellung der bürgerlichen Mitte der Republik. Es fehlten, bis auf wenige Ausnahmen, sowohl die Kommunisten als auch die Nationalsozialisten. In dem offiziellen „Aufruf zum Goethe-Jahr", der am 16. März 1932 in allen größeren Tageszeitungen der Republik erschien, hieß es, daß Goethes „Geist zur einträchtigen Überwindung selbstzerfleischenden Streites" mahne. „Der Name Goethes bedeutet dem deutschen Volke eine Botschaft des Friedens." An der Spitze der Unterzeichnerliste standen die Namen des Reichspräsidenten von Hindenburg und des Reichskanzlers Heinrich Brüning, ein Faktum, das von der rechten wie linken Presse als Hilfe für die Wiederwahl Hindenburgs und als Option für die Notstandsregierung Brüning interpretiert wurde. [...] Die Antwort der Marxisten auf diesen Versöhnungsappell gab Karl August Wittfogel, einer der führenden Theoretiker der proletarisch-revolutionären Literaturbewegung, in dem Eröffnungsaufsatz „Goethe-Feier?" des Goethe-Sonderhefts der „Linkskurve": „Gerade das Goethejubiläum zeigt aufs neue, daß es zwischen Bourgeoisie und Proletariat, wie auf politischem und ökonomischem Gebiet, so auch auf dem Gebiete der Literatur irgendeine Gemeinschaft nicht gibt und nicht geben kann." Die Haltung der Nationalsozialisten formulierte der „Völkische Beobachter" in dem Artikel „Die Eiserne Goethe-Front" seiner Ausgabe vom 27.–29. März: „Alles in allem betätigen sich als Mitspieler dieser Goethe-Aktion Sozialdemokratie, Staatspartei, Zentrum und das, was ohne spezielle Parteizugehörigkeit das System billigt – im holden Verein mit einigen Außenseitern. Eine völkische Einheit stellen wir uns offengestanden etwas anders vor; dieses Gebilde mutete eher wie eine Notgemeinschaft gegen den Nationalsozialismus an.“ [...]

Die Berufung auf den „Geist von Weimar“ hatte Pate gestanden bei der Gründung der Republik im Februar 1919, die „Weltfeier“ zu Ehren von Goethes hundertstem Todestag am 22. März 1932 war für die amtierende Reichsregierung eine der letzten Möglichkeiten, sich zu diesem Geist öffentlich zu bekennen. Die Eröffnung des neuen Reichstages unter der Kanzlerschaft Adolf Hitlers am 21. März 1933 in der Garnisonskirche in Potsdam war einem anderen Geist verpflichtet. Der jetzt als Gegensatz zum „Geist von Weimar“ geschworene „Geist von Potsdam“ hatte wieder jene Leitfunktion erhalten, die die Väter der Republik ihm hatten nehmen wollen.

Hans Graf Lehndorff

Altpreußentum und Nationalsozialismus

Es war die Zeit, in der die Weimarer Republik in der Agonie lag und schicksalhafte politische Entscheidungen sich anbahnten. Mein Großvater Oldenburg war nach achtzehnjähriger Unterbrechung noch einmal in den Reichstag gewählt worden und hielt sich daher häufig in Berlin auf, meistens von meiner Großmutter begleitet, die den Fünfundsiebzigjährigen angesichts der gefährlichen Saalschlachten, die damals im Reichstag stattfanden, ungern allein ließ. Sie saß auf der Tribüne und konnte von da aus alles überblikken. [...]

Die Abgeordneten der Deutschnationalen Volkspartei saßen im Reichstag neben den Nationalsozialisten, und es traf sich so, daß mein Großvater als seinen unmittelbaren Nebenmann Josef Goebbels hatte. Für den hatte er wegen seines Temperaments und seiner außerordentlichen Schlagfertigkeit ein gewisses Faible und hoffte, dessen allzu heftiges Vorgehen etwas zügeln zu können. Immer wieder kam es vor, daß er, wenn die Wogen hochgingen, Goebbels, der aufgesprungen war, im Genick packte und ihn auf seinen Platz zurückdrückte. Goebbels ließ sich das damals noch gefallen. Er empfand offenbar eine gewisse Verehrung für meinen Großvater. Als er heiratete, nahm er seine Frau mit in den Reichstag, um sie ihm vorzustellen. Im Foyer standen die beiden vor ihm, er legte ihnen die Hände auf den Kopf und sagte: „Kommt her, Kinder, ich will euch segnen." Nach einer endlosen Rede, die Goebbels einmal hielt, sagte der Großvater zu ihm: „Ich bewundere Sie, mein lieber Josef, daß Sie zwei Stunden hintereinander so reden können. Sie ahnen ja gar nicht, was man schon in einer halben Stunde für Unsinn sagen kann!"

Als Goebbels dann nach der Machtübernahme durch Hitler sein wahres Gesicht zeigte, war es mit der Freundschaft vorbei.

Heinrich August Winkler

Der Sturz Brünings

Am Vormittag des folgenden Tages, des 30. Mai [1932], führte Brüning vor der letzten Kabinettssitzung noch eine Reihe von Gesprächen, darunter eines mit Otto Wels. Der Vorsitzende der Sozialdemokraten versicherte dem Kanzler, seine Partei sei bereit, weitere Opfer zu bringen, wenn Brüning im Amt bleibe. Dem Kabinett berichtete der Kanzler um 10 Uhr von der Unterredung, die er tags zuvor mit Hindenburg geführt hatte. Alle Minister stimmten Brünings

Schlußfolgerung zu, daß der Rücktritt des Kabinetts nach Lage der Dinge unvermeidlich sei.

Das anschließende Gespräch mit dem Reichspräsidenten währte nur wenige Minuten. „Die Zeit für den Vortrag war ursprünglich nach dem Aufmarsch der Skagerakwache angesetzt. Im letzten Augenblick wurde sie abgeändert", schreibt Brüning in seinen Memoiren. „Ich wurde auf 11 Uhr 55 bestellt. Um 11 Uhr 54 wurde ich hereingeführt zum Reichspräsidenten. Ich überbrachte die Demission. Einige höfliche Worte auf beiden Seiten. Schon klang die Musik der Matrosenwache von der Hohenzollernstraße her durch den Garten. Ich erhob mich. Der Reichspräsident sagte: ‚*Ich mußte Sie wegen meines Namens und meiner Ehre entlassen.*' Antwort: ‚Herr Reichspräsident, auch ich habe einen Namen und eine Ehre vor der Geschichte zu verteidigen!' Sekunden des Schweigens, die Musik wird lauter. Ich sagte: ‚Herr Reichspräsident, ich muß mich jetzt verabschieden, damit Sie rechtzeitig beim Aufziehen der Wache in das Portal treten können.' "

Hindenburg machte noch einen letzten Versuch, Brüning zum Bleiben als Außenminister zu bewegen. Wiederum lehnte der Kanzler ab. Dann sagte Brüning: „ ‚Ich hoffe nur eins, Herr Reichspräsident, daß Ihre Ratgeber Sie nicht auf einen Weg drängen, der zum Verfassungsbruch führt.' Der Reichspräsident sah mich scharf an. Schon klopfte es an der Tür. Anscheinend hatte man Sorge, die Unterhaltung dauere zu lange. Die Unterhaltung hatte drei und eine halbe Minute gedauert. Ich verbeugte mich stumm, zog mich im Vorraum an, ging durch den Garten zurück, während der Reichspräsident in das Portal trat und die Ehrenkompanie der Marine mit klingendem Spiel salutierte."

Der Sturz Brünings war ein tiefer historischer Einschnitt. Am 30. Mai 1932 endete die gemäßigte Phase des Präsidialsystems. [. . .]

Brünings Vizekanzler Hermann Dietrich sah, wie er am 12. Juni 1932 vor dem Gesamtvorstand der Deutschen Staatspartei erklärte, die „tieferen Gründe“ für die Entlassung des Zentrumskanzlers darin, „daß eine Schicht, die vorher im Staat keinen Einfluß mehr hatte, nämlich das Alt-Preußentum, die Herrschaft wieder an sich zu nehmen gewillt ist“. Dietrich berief sich bei seinem Urteil auf ein Gespräch mit [Kurt von] Schleicher. Tatsächlich gehörten die preußischen Rittergutsbesitzer in ihrer großen Mehrheit zu Brünings entschiedensten Gegnern. Was Hindenburg an seinem ersten Präsidialkanzler auszusetzen hatte, war zu einem guten Teil das Echo von Gesprächen mit ostpreußischen Gutsnachbarn, darunter seinem Freund Elard von Oldenburg-Januschau.

Peter Longerich

Am Rande des Bürgerkriegs – der NS-Terror 1932

In der Tat brachten die Wahlen vom 31. Juli 1932 der NSDAP einen weiteren großen Stimmengewinn: Sie konnte die Zahl ihrer Mandate auf 230 verdoppeln und war damit stärkste Fraktion, war jedoch mit etwas über 37% der Stimmen von einer absoluten Mehrheit weit entfernt. Die Masse der Anhängerschaft wollte jedoch das von der Parteiführung immer und immer wieder abgegebene Versprechen des unmittelbar bevorstehenden Sieges endlich eingelöst sehen – Legalität hin, Legalität her. Offensichtlich versuchten nun Teile der SA, sich über das Legalitätsgebot offen hinwegzusetzen und die Auseinandersetzung mit der Staatsmacht in einen Bürgerkrieg hineintreiben zu lassen. So kam es am 1. August, also einen Tag nach den Reichstagswahlen, in Königsberg zu einem regelrechten Aufstand der SA, die die Stadt mit einer Welle von Bombenanschlägen und Attentaten auf prominente Nazi-Gegner überzog. So wurden u.a. ein kommunistischer Stadtrat ermordet sowie der Herausgeber der sozialdemokratischen „Königsberger Volkszeitung“ und der im Zuge des preußischen Staatsstreichs vom 20. Juli abgesetzte ehemalige Regierungspräsident von Königsberg (ein führender Politiker der DVP in der Provinz) durch Revolverattentate schwer verletzt; weitere Mordversuche fanden statt. In den nächsten Tagen wurde diese Terrorkampagne auf die gesamte Provinz Ostpreußen ausgedehnt, neue Morde waren zu verzeichnen, in einigen Orten kam es zu gezielten Angriffen auf jüdische Geschäfte. Einen Tag nach dem Beginn dieser Ereignisse in der Provinz Ostpreußen, am 2. August, ging auch die schlesische SA zum bewaffneten Terrorismus über: Es wurden zahlreiche Bombenanschläge und Feuerüberfälle auf Sozialdemokraten und Kommunisten, ebenso auf Konsumläden sowie auf Zeitungsverlage und Büros konkurrierender Parteien verübt. Im Gegensatz zu Ostpreußen, wo die SA-Führerschaft offensichtlich die Kontrolle über die revoltierende Basis verloren hatte, wurden die Aktionen in Schlesien im erheblichen Umfang durch die SA-Führung vorbereitet und gesteuert. In der Nacht vom 9. auf den 10. August erreichte diese Kampagne ihren Höhepunkt: Allein im Raum Görlitz kam es innerhalb weniger Stunden zu dreißig Zwischenfällen, vorwiegend Anschläge auf Sozialdemokraten und Konsumgeschäfte. Diese Aktionen waren von der örtlichen SA-Führung sorgfältig vorbereitet worden, und zwar mit dem erklärten Ziel, die schwebenden Verhandlungen über die Neubildung der Reichsregierung durch terroristischen Druck zu beeinflussen. Auch in einer großen Zahl anderer Orte kam es zu Übergriffen: So wurde in Lauban der örtliche Arbeitsnachweis in die Luft gesprengt, in Oppeln wurde ein Sympathisant der Kommunisten erschossen. Die furchtbarste Tat ereignete sich in Potempa: Eine Gruppe von SA-Leuten, stark angetrunken und bewaffnet mit allerlei Schlag- und Schießwerkzeug, drang in die Behausung eines arbeitslosen polnischen Gelegenheitsarbeiters, der als Anhänger der KPD galt, ein, schlug und trat ihn auf viehische Weise und erschoß anschließend den Sterbenden. Sowohl in Ostpreußen wie in Schlesien zeigte sich aber, daß diese Art des Terrorismus an entschlossener staatlicher Gegenwehr scheitern mußte: Nach einigen Tagen war die Polizei Herr der Lage, hatte zahlreiche Festnahmen durchgeführt, der Bewegungsspielraum der SA in beiden Provinzen war durch staatliche Maßnahmen erheblich eingeschränkt worden. Ein Sondergericht, das aufgrund einer am 9. August bekanntgegebenen Notverordnung des Reichspräsidenten zusammentrat, verurteilte die Hauptbeteiligten am Potempa-Mord noch im gleichen Monat zum Tod. Sympathiekundgebungen Hitlers, Görings und Röhms zugunsten der Verurteilten enthüllten den Zynismus, mit dem die Partei ihren „legalen“ Kurs verfolgte.

Jürgen W. Falter

Hitlers Wähler

Von den liberalen, konservativen und interessenorientierten Parteien gelang es der NSDAP zwischen 1928 und 1933 im Saldo wahrscheinlich rund 7,5 Millionen Wähler und aus dem Nichtwählerlager nochmals fast 6 Millionen Stimmen zu sich herüberzuziehen. [...]

Innerhalb einer sehr kurzen Zeitspanne wurde das liberale Segment nach 1924 fast vollständig und die deutschnational-konservative Teilkultur zu einem beträchtlichen Teil aufgerieben. Die meisten ihrer Anhänger stießen, teilweise auf dem Weg über neugegründete Interessengruppierungen, zu der neuen Sammlungsbewegung des bürgerlich-protestantischen Lagers, der NSDAP. Von der Wahlperspektive her betrachtet war es vor allem die Fragmentierung des bürgerlich-protestantischen Lagers und damit das Fehlen einer expliziten, sozial verbindlichen Wahlnorm, durch die der Vormarsch des Nationalsozialismus begünstigt wurde. [. . .]

Faßt man alte und neue Mittelschicht zusammen, so kamen aus der Mittelschicht insgesamt rund 60 Prozent der NSDAP-Wähler, ein Anteil, der über die fünf im Brennpunkt des Interesses stehenden Reichstagswahlen [1928, 1930, Juli 1932, November 1932, 1933] hinweg bemerkenswert stabil blieb. Wähler aus der Arbeiterschaft oder aus Arbeiterhaushalten dagegen stellten bis zu 40 Prozent der NSDAP-Wählerschaft. Selbst wenn wir berücksichtigen, daß die Arbeiterkategorie der deutschen Volks- und Berufszählung nicht nur Industriearbeiter, sondern auch einen hohen Prozentsatz von Landarbeitern, Arbeitern im Handwerk und im sonstigen Gewerbe umfaßt, so erscheint dieser Anteil doch als viel zu hoch, als daß man noch länger von der NSDAP als einer reinen oder zumindest weit überwiegenden Mittelschichtbewegung sprechen könnte. Sie war von der sozialen Zusammensetzung ihrer Wähler her am ehesten eine Volkspartei des Protestes oder, wie man es wegen des nach wie vor überdurchschnittlichen, aber eben nicht erdrückenden Mittelschichtanteils unter ihren Wählern in Anspielung auf die daraus resultierende statistische Verteilungskurve formulieren könnte, eine „Volkspartei mit Mittelstandsbauch“. [. . .]

Insbesondere die Weltwirtschaftskrise mit ihrer langanhaltenden Massenarbeitslosigkeit, ihrer Verelendung weiter Kreise und der damit einhergehenden allgemeinen Verunsicherung wird als Katalysator der politischen Radikalisierung ins Feld geführt. Die wahlhistorische Analyse zeigte jedoch, daß Arbeitslosigkeit direkt nicht die NSDAP, sondern in erster Linie die KPD gestärkt hat. In Kreisen und Gemeinden mit hoher Arbeitslosigkeit schnitt die NSDAP insgesamt schlechter ab als in Gebieten mit geringerer Arbeitslosigkeit. Arbeitslose wählten weit überdurchschnittlich den Extremismus der Linken, nicht den der Rechten oder der Mitte als Instrument ihres politischen Protestes.

Lediglich die Minderheit der erwerbslosen Angestellten scheint unseren Ergebnissen zufolge etwas häufiger für die Nationalsozialisten gestimmt zu haben. Die fast perfekte zeitliche Beziehung von Arbeitslosenquote und NSDAP-Wahlerfolg muß daher durch andere Faktoren als durch das Verhalten der Arbeitslosen selbst erklärt werden. Sichtlich verloren gerade auch Wähler, die selbst nicht durch Arbeitslosigkeit bedroht waren, zunächst den Glauben an die Kompetenz der systemtragenden Parteien, mit den wirtschaftlichen und sozialen Problemen der frühen dreißiger Jahre fertig zu werden; sie büßten dann in einem weiteren Schritt das Vertrauen in die Lösungsfähigkeit des Weimarer Systems allgemein ein, worauf sie sich verstärkt der NSDAP anschlossen. In dieser und nur in dieser Hinsicht wird die These vom radikalisierenden Effekt der Massenarbeitslosigkeit von der wahlhistorischen Analyse getragen. [...]

Insbesondere die mit Hilfe der Wahlentscheidung zugunsten Paul von Hindenburgs im Jahre 1925 gemessene „rechte politische Tradition" erwies sich hierbei als ein außerordentlich erklärungsmächtiger Einflußfaktor: Wo Hindenburg 1925 überdurchschnittlich erfolgreich war, konnte die NSDAP ab 1930 unabhängig von der jeweiligen sozialstrukturellen Färbung der Untersuchungsgebiete beträchtlich höhere Wahlerfolge erzielen als dort, wo Hindenburg bei der ersten Reichspräsidentenwahl unter dem Durchschnitt geblieben war.

Otto Dann

Der Erfolg der NSDAP und seine Wurzeln

Die Suche nach den Ursachen für den Massenerfolg einer Partei des radikalen Nationalismus hält bis heute an. Drei Gesichtspunkte sind in unserem Zusammenhang hervorzuheben: Zunächst die große Krise der bürgerlichen Schichten, bedingt durch Weltkrieg und Inflation. Sie führte zu einem Zerfall der Sozialmilieus, die seit der Mitte des 19. Jahrhunderts die politische Gesellschaft in Deutschland geprägt hatten. Die NSDAP konnte als erste Partei davon profitieren und zu einer ‚Volkspartei neuer Art' werden (Jürgen Falter). Sodann die Krise der nationalen Demokratie: Der demokratische Nationalstaat hatte vor allem im Bürgertum seine Stützen verloren (Zerfall von DDP und DVP; antidemokratische Wendung in den Führungsgruppen von Zentrum und DNVP), so daß er sich auch für die jungen Wähler nicht mehr als eine attraktive Option anbot. Schließlich ist darauf hinzuweisen, daß einige Kräfte und Gruppen des rechtsnationalen Spektrums dem Sieg der NSDAP erheblich zugearbeitet haben. Drei Namen seien für die verschiedenen Formen dieser Zuarbeit genannt: Alfred Hugenberg, Ernst Jünger und Carl Schmitt. Am weitaus wichtigsten war Hugenberg, Spitzenmanager der Ruhrindustrie, Pressezar und Vorsitzender der DNVP, der schon 1929 aktiv auf Hitler zuging und bis zur Regierungsbildung von 1933 immer wieder mit ihm kooperierte. Ernst Jünger repräsentiert den Nationalismus der jungen Generation, der Frontsoldaten und der Literaten. Carl Schmitt steht für die Destruktion der Theorie des demokratischen Nationalstaats und das Zerbrechen seiner Rechtsgrundlagen durch höhere Beamte in Justiz, Universität und Verwaltung. Neben Hugenberg wäre wohl auch Hindenburg zu stellen, der Repräsentant des antidemokratischen Konservativismus, des Kaiserreichs und seiner Kriegführung. Von der Sanktionierung der Dolchstoßlegende im November 1919 bis zur Berufung Hitlers im Januar 1933 hat er einer Konsolidierung der nationalen Demokratie immer wieder den Boden entzogen.

Nur mit dieser erheblichen Zuarbeit konnte es der NSDAP gelingen, die Masse der sozial und geistig verunsicherten Schichten in einer ökonomischen und politischen

Krisensituation für sich zu mobilisieren, – ob damit auch zu nationalisieren, das ist eine andere Frage. Die NSDAP war in den Jahren 1930–1933 wohl kaum ein nationaler Hoffnungsträger, vielmehr ein Ventil des Protestes gegen die vom Volk nicht legitimierte Politik der Präsidialkabinette. Angesichts dieses Massenprotestes befanden sich die Führungseliten der Nation und des Staates im Jahre 1932 schließlich in einer zunehmenden nationalpolitischen Ratlosigkeit, aus der heraus am 30. Januar 1933 – durchaus nicht notwendig – die Berufung Hitlers erfolgte.

Hagen Schulze

Der Aufstieg des Nationalsozialismus im europäischen Vergleich

Die Voraussetzungen waren in vielen Fällen ähnlich. Da war eine Schicht von Besitz- und Bildungsbürgern, Staatsbediensteten und Angestellten, Handwerkern und Kleinunternehmern, historisch gesehen die eigentlichen Träger der Nationalidee, die deshalb unter nationalen Diskriminierungen durch Niederlage, „verlorene Siege", Verlust von nationalem Territorium oder unter der Verweigerung nationaler Ausdehnungswünsche besonders litten. Das galt nicht nur in ideeller, sondern auch in materieller Hinsicht, denn die Inflation, die nach dem Krieg ganz Europa erfaßte, nahm gerade diesen Menschen ihre Vermögen und bedrohte sie mit dem Abstieg in ein gesichtsloses Proletariat.

In diesen Schichten herrschte der archetypische Schrekken vor den revolutionären Arbeitermassen, die aus der rußig-lärmenden Fabrikwelt geradewegs in die Wohnzimmer einbrachen und die heiligen Güter der bürgerlichen Kultur bedrohten. Der Ruf „Friede den Hütten, Krieg den Palästen", der bereits den aufstrebenden Mittelstand des vorherigen Jahrhunderts das Fürchten vor dem Sozialismus gelehrt hatte, hatte in den blutigen Umwälzungen der russischen Revolution, aber auch in den Bürgerkriegen und sozialen Wirren der Nachkriegszeit in Mittel- und Westeuropa an Anschauung und Wirklichkeit gewonnen. [. . .]

Die faschistischen Parteien versprachen Sicherheit, und sie gaben ihr Versprechen auf bisher nie dagewesene Weise. Mussolini in Italien, Hitler in Deutschland, wie auch die vielen kleineren Führer, die es diesen beiden großen Vorbildern nachtaten [. . .]: Sie alle verfügten über einen beträchtlichen persönlichen Magnetismus, und sie wußten ein explosives Ideengemisch herzustellen, in dem ihre Zuhörer sich wiedererkannten: die Wut über die Kriegsgewinnler, Währungsspekulanten und Nahrungsmittelschieber, die Geschäftemacher mit der Not der Soldaten und Arbeiter – in diesem Zusammenhang wirkte vor allem in Deutschland, Frankreich und Osteuropa das Zerrbild vom Juden als rassistische Variante des sozialistischen Negativbilds vom Kapitalisten; die Übertragung der Metaphern des Kriegs auf die Politik, die geistige Mobilmachung der Massen für den Bürgerkrieg; die Verherrlichung der Tat, deren Vorrang vor der Vernunft den irrationalen Grundcharakter faschistischer und nationalsozialistischer Propaganda bildete und den Vorsprung dieser Propaganda im Kampf gegen die matten, kaum geglaubten Programme und Grundsätze der konservativen, liberalen und sozialdemokratischen Parteien ausmachte. [. . .]

Auf Aussagen oder Theorien kam es bei Rednerauftritten Hitlers oder Mussolinis auch nur in zweiter Linie an. Vor allem war es die Wirkung dieser beiden großen Demagogen selbst, denen es gelang, wie Brennspiegel die Wünsche und Sehnsüchte der Zuhörer einzufangen, sie in beeindruckender und suggestiver Weise zu benennen und auf die Bevölkerung zurückzuprojizieren. Sie faszinierten die Menschen, die Wähler und Anhänger, indem sie Wünsche, Ängste und Vorurteile aus einer vorbewußten, irrationalen Tiefe des kollektiven Bewußtseins ans Licht zu heben und zu formulieren verstanden. Darin zeigten sich Faschisten und Nationalsozialisten als weitaus moderner als alle ihre politischen Konkurrenten. Die herkömmlichen Parteien waren in ihrer ideologischen und programmatischen Ausrichtung und in ihrer Entstehungsgeschichte Erben eines Zeitalters des Rationalismus, in dem man geglaubt hatte, es genügte, die Menschen mit Programmen bekanntzumachen, um sie zu überzeugen. [...] Dem heutigen Leser der Reden Hitlers oder Mussolinis fällt es oft schwer, deren Wirkung auf das Publikum zu verstehen. Die Zuhörer waren verzweifelte, gehetzte, von Dämonen verfolgte, nach Wundern und Erregung hungernde Menschen, und programmatische Unstimmigkeiten, logische Fehler, inhaltliche Widersprüche waren ihnen gleichgültig. Der „Duce“ wie der „Führer“ forderten von ihnen Glauben und Hingabe und boten dafür Gewißheit und Geborgenheit in einer neuen, schützenden und umhegenden Gemeinschaft: Das war es, was die Anhängerschaft suchte und fand.

Heinrich August Winkler

Der 30. Januar 1933

Am Abend [des 29. Januar] erschien Werner von Alvensleben, ein Mittelsmann zwischen Schleicher und Hitler, in der Wohnung von Goebbels am Reichskanzlerplatz, in der sich auch Hitler aufhielt. Der späte Besucher machte Äußerungen, die so klangen, als müsse stündlich mit einem Militärputsch gerechnet werden: Hindenburg habe vor, am folgenden Tag eine Minderheitsregierung Papen zu berufen, was die Reichswehr sich aber nicht gefallen lassen werde. Die Behauptungen entbehrten jeder realen Grundlage, aber Hitler ließ sofort Papen und Meissner informieren. Noch in der Nacht verbreitete sich das Gerücht, Schleicher und Hammerstein wollten die Potsdamer Garnison in Marsch setzen, um Vater und Sohn Hindenburg sowie Staatssekretär Meissner zu verhaften.

Die Falschmeldung trug dazu bei, die Bildung des Kabinetts Hitler zu beschleunigen. Als Blomberg am Morgen des 30. Januar auf dem Anhalter Bahnhof eintraf, wartete dort ein Adjutant Hammersteins auf ihn, der den General in das Reichswehrministerium in der Bendlerstraße bringen sollte. Das verhinderte im letzten Augenblick Oskar von Hindenburg, der ebenfalls auf den Bahnsteig geeilt war. Er veranlaßte Blomberg, sofort mit ihm in die Wilhelmstraße zum Reichspräsidenten zu fahren. Dort wurde er von Hindenburg über die angeblichen Putschpläne Schleichers und Hammersteins informiert und anschließend als neuer Reichswehrminister vereidigt. Da der Reichspräsident Reichsminister nur auf Vorschlag des Reichskanzlers ernennen durfte, war dieses Vorgehen ein glatter Verfassungsbruch.

Auch Papen war indessen nicht untätig geblieben. Am Morgen des 30. Januar sprach er in seinem Büro erneut mit Hugenberg, Schmidt-Hannover, Seldte und Duesterberg. Dabei äußerte er, falls das neue Kabinett nicht bis 11 Uhr vereidigt sei, drohe eine Militärdiktatur. Hugenberg machte jedoch klar, daß er die Neuwahlforderung der Nationalsozialisten nach wie vor ablehne, der Eintritt der Deutschnationalen in die Regierung also noch keineswegs feststehe. Dafür konnte bei den Gesprächen in Papens Büro in der Wilhelmstraße ein anderes Hindernis der Kabinettsbildung aus dem Weg geräumt werden: Hitler, der zusammen mit Göring ebenfalls zu Papen gerufen worden war, erklärte gegenüber Duesterberg, daß er die gehässigen Beleidigungen bedauere, die dem Zweiten Bundesführer des „Stahlhelm" durch die nationalsozialistische Presse zugefügt worden seien, und gab ihm sein Wort, daß er, Hitler, diese Beleidigungen nicht veranlaßt habe.

Gegen 10 Uhr 45, eine Viertelstunde vor dem zwischen Papen und Hindenburg vereinbarten Termin für die Vereidigung des neuen Kabinetts, begab sich die Gruppe, zu der sich mittlerweile auch Blomberg gesellt hatte, durch die Ministergärten in die Reichskanzlei in der Wilhelmstraße 77. Dort residierte seit dem Sommer 1932, während das Reichspräsidentenpalais in der Wilhelmstraße 73 renoviert wurde, Hindenburg. Die Vereidigung aber konnte noch nicht erfolgen, da es bislang keine Einigung in der umstrittenen Neuwahlfrage gab. Im Arbeitszimmer Meissners, wo sich die künftigen Kabinettsmitglieder versammelten, gerieten Hitler und Hugenberg über diesen Punkt so hart aneinander, daß die Regierungsbildung in letzter Minute zu platzen drohte. Hitler sah sich schließlich zu dem Versprechen genötigt, auch nach einer Neuwahl des Reichstags werde sich an der Zusammensetzung des Kabinetts nichts ändern, konnte damit aber den deutschnationalen Parteiführer nicht beeindrucken.

Daraufhin schaltete Papen sich ein: Hugenberg solle dem Wort eines deutschen Mannes trauen und seine Bedenken zurückstellen; bei den Neuwahlen könne man überdies einen starken Wahlblock aller konservativen Elemente bilden. Zuletzt, nachdem Meissner schon mehrfach gemahnt hatte, Hindenburg nicht länger warten zu lassen, verständigte man sich darauf, den Reichspräsidenten um die Auflösungsorder zu bitten. Papen nahm Hitler noch eine Zusage ab, an der Hugenberg gar nichts lag: Der künftige Reichskanzler versprach, unverzüglich mit Zentrum und BVP Verhandlungen über eine Verbreiterung des Regierungslagers aufzunehmen. Dann endlich betraten die Mitglieder des Kabinetts Hitler – ohne den erkrankten Eltz-Rübenach und den noch fehlenden Justizminister – das Amtszimmer Hindenburgs, um ihren Eid auf die Verfassung zu leisten. Anschließend hielt Hitler eine kurze Ansprache, in der er den Reichspräsidenten um Vertrauen für sich und sein Kabinett bat. Hindenburg schloß die kurze Zeremonie mit den Worten: „Und nun, meine Herren, vorwärts mit Gott!“

Betty Scholem

„Grippewelle u. Heil Hitler beherrschen den Markt.“

Berlin, 7. 2. 1933

Mein liebes Kind!
Grippewelle u. Heil Hitler beherrschen den Markt.

[. . .] Mit der Hitlerberufung gab es einen neuen Chock. Theo sagte mir gestern, daß die ganze Woche kein Auftrag hereingekommen sei, es hat wieder einmal die Angst die Leute erfaßt. Manche kaufen sogar Konserven, denken sie, wir kriegen jetzt Hungersnot?! Ich war letzten Montag im Faust u. schaute in der Pause auf den Gendarmenmarkt hinunter, da zogen unabsehbare Fackelzüge nach den Linden. Eine Stunde später, in der 2. Pause, zogen sie noch immer. (Wo hatten die Nazis so schnell 20000 Fackeln her?) Sonst aber herrscht eigentlich Ruhe, man sieht keineswegs mehr Hakenkreuzfahnen als bisher. [. . .]

Also, liebe Kinder, ich bin sonst nicht so melancholisch, aber jetzo ist es wirklich unhübsch!

[. . .]

Kuß Mutt

V. Weimar in der historischen Perspektive

Fritz Stern

Eine deutsche Revolution und ihre Folgen

Der 9. November 1918 war eine Revolution für den Frieden, war der Wunsch nach sofortiger Beendigung des sinnlosen Sterbens, verbunden mit der Hoffnung auf größere soziale Gerechtigkeit in einer neuen politischen und wirtschaftlichen Ordnung. Vier Jahre lang – bei immer größer werdender Trauer und Entbehrung – hatte Deutschland eine Kriegsanstrengung durchgehalten, die seine ungeheure, disziplinierte Kraft und seine technische Modernität bewiesen und zugleich immer krasser die Unzulänglichkeiten eines überholten politischen Systems offenbart hatte, das 1917 praktisch zur Diktatur geworden war. Die Menschen fragten sich im selben Jahr, wozu ihnen diese ungeheuren Opfer abverlangt wurden. Welche Kriegsziele verfolgten ihre Führer? Warum bestanden sie darauf, das Blutvergießen müsse weitergehen?

Die deutsche Führung hatte es mit verschuldet, daß die USA in den Krieg eintraten und der Bolschewismus nach Rußland kam. 1918 waren es diese beiden Mächte, die die Reaktionen Deutschlands auf seine völlig unerwartete Niederlage mitbestimmten. Wilsons moralisierende Noten verlangten eine demokratische Regierung in Deutschland; was ihm vorschwebte, war die friedliche Wiederherstellung des deutschen Staates, doch unterschätzte er dabei den hartnäckigen Widerstand der alten Ordnung. Als die Deutschen auf die Straße gingen, hatten die neuen demokratischen Führer [...] panische Angst vor dem bolschewistischen Modell, und aus dieser stark übertriebenen Angst vor dem Bolschewismus heraus verbündeten sie sich mit den traditionellen Kräften der Rechten, deren Schlagkraft und Durchsetzungswillen auch sie unterschätzten.

Der Bolschewismus ist heute tot, aber er hat doch einen Triumph verbuchen können: Die moskauhörige bolschewistische Bewegung hat seit 1918 das geschwächt, was vor dem Großen Krieg überall in Europa im Aufstieg war: den demokratischen Sozialismus und sein erklärtes Ziel, allen Unterprivilegierten den Genuß der demokratischen Gleichheit zu verschaffen. Mit der Schwächung des Sozialismus machte der Bolschewismus den alten etablierten Klassen ein weiteres, unschätzbares Geschenk: Seine schiere Existenz erlaubte es der Rechten, aus der übertriebenen Angst vor dem Bolschewismus eine ihrer wirksamsten ideologischen Waffen zu schmieden.

Die Novemberrevolution fegte zwar vieles von den äußerlichen Machtinsignien der alten Ordnung hinweg, ließ aber deren Substanz weitgehend unversehrt. Die christlichen Kirchen, die in engstem Bunde mit der konservativen, ja nationalistischen Ordnung gestanden hatten, besaßen noch immer eine starke integrative Kraft. Sie – und viele Bürger ohne ausgeprägte religiöse Bindung – empfanden die Revolution als Bedrohung traditioneller Werte; die Konservativen fühlten sich politisch, aber auch kulturell enteignet. Ihre „idealistischen" Angriffe gegen Weimar – hinter denen sich nur allzuoft materielle Interessen verbargen – trugen wesentlich zum Untergang Weimars bei.

Dies gilt auch für die sofortige Verschleierung der Wahrheit, für die Verlogenheit, die Revolution als Werk von Verrätern hinzustellen, die der siegreichen Armee den Dolchstoß in den Rücken versetzt hätte. Vor der Revolution war es die Zensur gewesen, die die ganze Wahrheit über den Krieg unterdrückt hatte; nach der Revolution vergiftete zusätzlich die schamlose Verlogenheit über die „Novemberverbrecher" das politische Klima. Die alte Justiz, noch immer in Amt und Würden, bewies große Sympathie mit den rechtsradikalen Mördern von großen Persönlichkeiten der Republik, wie dies im übrigen auch für andere Eliten galt.

Bernd Weisbrod

Die Auflösung der bürgerlichen Ordnung

Tatsächlich war [. . .] die Kohärenz der bürgerlichen Gesellschaft schon vor dem Siegeszug des Nationalsozialismus ernsthaft bedroht, nicht nur politisch, sondern auch als Lebensentwurf mit Geltungsanspruch für weit über das Bürgertum im engeren Sinne hinausgehende Gruppen. Dabei spielte die Herausforderung durch die organisierte Arbeiterschaft und die politische Entmachtung des liberalen Bürgertums als wilhelminische Erblast sicherlich eine wichtige Rolle. Der „autoritäre Nationalstaat" (Wolfgang Mommsen) hatte zweifellos schon eine spezifisch deutsche Prägung der bürgerlichen Gesellschaft hervorgebracht, in der die Tugenden der „Zivilgesellschaft" weniger zählten als Regierungstreue und Staatsnähe, wie sie im Prototyp des beamteten Bildungsbürgers zum Ausdruck kamen. Der eigentliche Bruch erfolgte jedoch erst durch die Aufkündigung der bürgerlichen Sekurität in Krieg, Revolution und Nachkriegszeit. In diesem Bündel von traumatischen Erfahrungen hat jedoch die Revolution oft nur eine imaginierte Rolle gespielt, die den gesamten Zeitraum umspannende Inflation jedoch eine durchaus reale.

Auf dem flachen Lande und in den kleinen und mittleren Bürgerstädten, die immer noch das nationale Rückgrat der bürgerlichen Gesellschaft stellten, erschien die Revolution zunächst nur als schwacher Widerschein des roten Leuchtens in den Metropolen. Selbst in Berlin begnügten sich die besorgten Bürger in den besseren Vierteln mit der Aufstellung von privaten Polizeiposten. In den traditionellen Universitätsstädten inszenierte die studentische Jugend eine „Gegenrevolution", noch ehe es überhaupt eine nennenswerte Revolution gegeben hätte, und suchte die Bewährung als bewaffnete Ordnungstruppe der bürgerlichen Gesellschaft im fremden proletarischen Territorium.

Aber erst die Inflation stiftete überall die Erfahrung einer „great disorder" (Gerald Feldman). Sie erfaßte schließlich alle wohl etablierten Maßstäbe der bürgerlichen Ordnung: die Sicherheit des Einkommens, die Verläßlichkeit der Bildungsprivilegien, die fein austarierte soziale Distanz und die diskreten Unterschiede des sozialen Status. Zwar waren verschiedene Vermögens- und Einkommensarten unterschiedlich betroffen: Die Sachwertbesitzer erzielten einen spürbaren Vorteil gegenüber den Beziehern von Kapitaleinkünften, der auch durch die Steuerpolitik der Bürgerblock-Kabinette in der Stabilisierungsphase nur unzureichend ausgeglichen werden konnte. Aber schließlich konnten sich fast alle als Verlierer fühlen, weil mit dem Geldwert auch das Vertrauen in die Verläßlichkeit des Wirtschaftslebens überhaupt geschwunden war.

Hinzu kam die Zerstörung der Vertrauensbasis für jegliche bürgerliche Lebensplanung und die drastische Erosion des Einkommensgefälles in den bürgerlichen Berufen, insbesondere im beamteten Bildungsbürgertum. So schrumpfte beispielsweise im preußischen Staatsdienst der Abstand der Bezüge zwischen den höheren Beamten und den mittleren und unteren Beamten von fünf zu eins vor dem Krieg auf zwei zu eins. Zwar öffnete sich die Einkommensschere in der Beamtenschaft wieder bis zur Weltwirtschaftskrise, aber das Bewußtsein der Deklassierung blieb. [. . .]

Die deutschen Akademiker waren in der Weimarer Republik in den „freien" Berufen ebenso wie im öffentlichen Dienst in eine „Berufskrise" geraten, nicht so sehr weil sich ihre materielle Lage entscheidend verschlechtert hätte, wie schon das Beispiel der Professoren zeigt, sondern weil sie sich in den sozialen Errungenschaften der modernen Professionalisierung bedroht sahen. Tatsächlich ging die vielbeklagte „Überfüllung" der akademischen Berufe neben den demographischen Verwerfungen des Krieges auch auf einen Reformschub im höheren Bildungswesen und die einsetzende „Berufsdemokratisierung" zurück: Das staatliche Berechtigungswesen ließ zumindest eine gewisse soziale Öffnung durch neue Zugangsqualifikationen oder Konkurrenzberufe zu.

In den einzelnen akademischen Berufen, bei Ingenieuren und Ärzten, Anwälten und Lehrern, herrschten zwar unterschiedliche Marktbedingungen im einzelnen, in allen gemeinsam machte sich jedoch gegen Ende der Weimarer Republik eine allgemeine Professionalisierungskrise geltend, die zugleich Merkmale eines Generationenkonflikts aufwies. Die Zerstörung der bürgerlichen Sekurität setzte sich hier mit der ungewohnten Verunsicherung bürgerlicher Lebensentwürfe fort. Der „Interessenrepublikanismus", der sich in den Verbänden der gewerblichen Wirtschaft und der Landwirtschaft schon vor der Weltwirtschaftskrise verflüchtigt hatte, fand schließlich auch in den akademischen Berufen keinen Anklang mehr. Das bürgerliche Verbandswesen erwies sich daher auch ohne allgemeine Nazifizierung seiner Klientel als anfällig. Trotz relativ geringer Organisationstiefe gelang es der NSDAP, sich diese Ängste zunutze zu machen und mit eigenen Berufsverbänden oder in den unterwanderten Standesorganisationen als Garant bürgerlicher Respektabilität und professioneller Interessen darzustellen. [. . .]

In dieser weitgehenden Selbstpreisgabe der akademischen Berufe spiegelt sich eine tiefgreifende Krise der bürgerlichen Gesellschaft wider, die mit der Bedrohung von bürgerlichem Status und bürgerlicher Sekurität einherging. Ein „Sinken der Geltung des Bürgertums" gegenüber der Arbeiterschaft hatte Friedrich Meinecke schon vor dem Ende des Ersten Weltkriegs diagnostiziert. In der Weimarer Republik beschleunigte sich dieser „Aushöhlungsprozeß spezifisch bürgerlicher Sozialformen" und ergriff den Wertekanon und Lebensentwurf von Bürgerlichkeit überhaupt. Bei gleichzeitig demonstrativer Urbanität und Modernität der bürgerlichen Avantgarde in den Großstädten hatte sich der traditionelle Begriff von Bürgerlichkeit verflüchtigt: Die bürgerliche Öffentlichkeit zog sich in Bünde, Zirkel und Gesinnungsgemeinschaften zurück, die Sekurität erwies sich als Illusion, der Kultur- und Bildungsbegriff verlor seine Verbindlichkeit, und der aufklärerische Anspruch wich schon lange vor dem Sieg des Nationalsozialismus der Flucht in den politischen Irrationalismus.

Die letzte Bastion bürgerlicher Werte und Moral erlag schließlich dem nationalsozialistischen Gewaltappell. Die grundsätzliche Akzeptierung von immer mehr und keineswegs nur symbolischer Gewalt in dem nachholenden Stellvertreter-Bürgerkrieg, den die Nationalsozialisten inszenierten, brach erkennbar mit den Grundlagen der bürgerlichen Welt. [. . .] Der Appell an die bewaffnete Selbstverteidigung, wie sie in den bürgerlichen Einwohnerwehren der „Gegenrevolution" schon erprobt worden war, die Verherrlichung des Kriegserlebnisses im Stile Ernst Jüngers und die Usurpation des staatlichen Gewaltmonopols im allgegenwärtigen Männlichkeitswahn der paramilitärischen Verbände, all dies leistete der „Zersetzung des Gewissens" (Norbert Elias) Vorschub, wie sie im „Dritten Reich" dann zutage trat.

Hartmut Kaelble

Ungleiche Nachbarn – deutsche und französische Gesellschaft nach dem Ersten Weltkrieg

Der Sturz der Hohenzollernmonarchie und die Begründung der Weimarer Republik brachte die französische und die deutsche Gesellschaft einander nicht spürbar näher, und die Machtübernahme durch die Nationalsozialisten verschärfte die französisch-deutschen Gegensätze sogar noch weiter. Die französische Gesellschaft der Zwischenkriegszeit stagnierte zu sehr, die deutsche Gesellschaft entwickelte sich zu hektisch, als daß sich Annäherungen zwischen Frankreich und Deutschland hätten anbahnen können. Die Gesellschaft jenseits des Rheins erschien Franzosen und Deutschen deshalb in der Zwischenkriegszeit nicht vertrauter.

Sicher gab es vereinzelte Annäherungen. Die Kontraste zwischen französischem und deutschem Bürgertum blieben nach 1918/19 nicht die gleichen. Die Abschaffung der Monarchie und des Hofes in Deutschland beraubte den Adel einer seiner wichtigsten Machtbastionen. Seine Präsenz ging daher während der Weimarer Republik nicht nur in den Kabinetten, sondern auch in den Spitzenämtern der Verwaltung und der Armee, sogar in den industriellen Großunternehmen etwas zurück und verstärkte gleichzeitig die Chancen Bürgerlicher. Die vielfältigen Orden und Titel, mit denen die Monarchie das Bürgertum an sich zu binden versuchte, machten allmählich anderen Ehrentiteln wie Ehrendoktor-, Senatoren- und Konsultiteln Platz, die man auch in anderen Republiken finden konnte. Die Armee der Weimarer Republik war in der Öffentlichkeit weit weniger präsent als die Armee des Kaiserreichs. Die Weimarer Republik war eine Glanzzeit des politisch engagierten Intellektuellen und ähnelte darin weit mehr als das Kaiserreich der Dritten Republik Frankreichs auch schon vor 1914. All das sind aber nur Anzeichen für die langsame Auflösung der gesellschaftlichen Basis der abgeschafften Hohenzollernmonarchie, nicht gleichzeitig auch gesellschaftliche Zeichen für einen neuen, breiten republikanisch-bürgerlichen Konsens, wie er die Dritte französische Republik vor 1914 und zumindest auch noch in den 1920er Jahren bezeichnete. Es war der entscheidende Geburtsfehler der Weimarer Republik, daß dieser Konsens in Deutschland im Bürgertum (und nicht nur dort) 1918/19 nicht vorhanden war und auch während der Ersten deutschen Republik nicht entstand. Es blieb daher nach 1918/19 bei einer französisch-deutschen Annäherung der Verfassungen. Von einer grundsätzlicheren Annäherung in den politischen und gesellschaftlichen Einstellungen der

Bevölkerungs- und Bürgertumsmehrheit zur Republik kann man in der Zwischenkriegszeit noch nicht sprechen. [. . .]

Die wesentlichsten Unterschiede der Vorkriegszeit blieben in der Zwischenkriegszeit ohnehin im Kern bestehen: In der wirtschaftlichen Entwicklung gingen Frankreich und Deutschland weiterhin getrennte Wege. Zwar waren die wirtschaftlichen Wachstumsraten wie schon in den beiden letzten Jahrzehnten vor 1914 in beiden Ländern ähnlich. Aber Deutschland blieb weiterhin stärker ein Exportland, war stärker produktionsgüterorientiert, hatte einen wesentlich umfangreicheren Industriesektor, einen schmäleren Dienstleistungssektor, besaß erheblich größere Unternehmen.

Auch die Sozialkonflikte sahen in Frankreich während der Zwischenkriegszeit ganz anders aus als in Deutschland, freilich jetzt in einem anderen Sinn als in der Vorkriegszeit: Deutschland erlebte während der 1920er Jahre die streik- und aussperrungsreichste Zeit seiner Geschichte. Nie mehr davor oder danach haben in Deutschland so viele Arbeiter gestreikt und gingen so viele Arbeitsstunden durch Streiks oder Aussperrungen verloren. Frankreich dagegen erlebte deutlich weniger Streiks. Nur während der Weltwirtschaftskrise ähnelte sich die Streikentwicklung in beiden Ländern für wenige Jahre. Deutschlands Gewerkschaften stützten sich bis zu ihrer Zerschlagung auf eine der organisationsfreudigsten Arbeiterklassen Europas. Die deutsche Arbeiterbewegungskultur, das engmaschige Netz vielfältiger Arbeitervereine, erlebte in der Weimarer Republik einen Höhepunkt. In Frankreich dagegen blieben die Gewerkschaften organisatorisch relativ schwach. Die Organisationsneigung der französischen Arbeiter blieb weit hinter dem europäischen Durchschnitt zurück. Tarifverträge breiteten sich in Deutschland nach 1918/19 mit dem Basiskompromiß zwischen Gewerkschaften und Arbeitgebern rapide aus und erfaßten eine Mehrheit der Arbeitnehmer. In Frankreich dagegen blieben sie weiterhin äußerst selten, auch während ihres kurzlebigen Aufschwungs in der Volksfrontzeit. Schon vor 1933 verstärkten sich daher die französisch-deutschen Unterschiede im Sozialkonflikt eher noch weiter. [. . .]

Im ganzen haben sich beide Gesellschaften während der Zwischenkriegszeit [. . .] sicher verändert, die deutsche Gesellschaft wohl mehr als die französische. Gleichzeitig bekamen einige französisch-deutsche Unterschiede einen anderen Inhalt; Rückständigkeiten und Vorsprünge verteilten sich neu. In mancher Hinsicht gab es sogar überraschende, aber immer nur kurzfristige Annäherungen. Trotzdem blieben die Gegensätze zwischen beiden Gesellschaften tief. Sie waren sich so fremd wie vor 1914 und wurden sich nach 1933 fremder als je zuvor.

Otto Dann

„Wie konnte es dazu kommen?"

Wie konnte es dazu kommen, daß die deutsche Nation, die sich 1918/19 eine demokratische Verfassung geschaffen hatte, seit 1930 sich von dieser Verfassung mehrheitlich wieder zurückzog und sich damit als moderne, souveräne Nation selbst aufgab? Dies ist bis heute die schwierigste Frage, die uns die deutsche Nationalgeschichte stellt.

Die Nation der Republik von Weimar war eine *gespaltene Nation,* wie schon die Gesellschaft des Kaiserreiches. Doch die Abgrenzungen verliefen anders. Im Kaiserreich herrschte eine weitgehende Übereinstimmung zwischen dem Gegensatz der Klassen und den Lagern der politischen Gesellschaft. Im Weltkrieg war dann der Begriff ‚Volksgemeinschaft' populär geworden. Er war das Symbol der weitverbreiteten Hoffnung auf eine Überwindung der Spaltung der Nation, die alle empfanden. Unter diesem Begriff wurde jedoch Verschiedenes verstanden, und viele falsche Hoffnungen waren mit ihm verbunden.

Auch in der Republik spielten die Klassengegensätze eine zentrale Rolle; doch sie waren vielfach überlagert, und sie prägten nicht mehr allein das politische Spektrum. Durch die Verarmung der Mittelschichten hatten sich die Verhältnisse verschoben. Sozialpolitisch beruhte der Weimarer Nationalstaat auf einer Koalition, in der die alten Klassengegensätze durch eine sozialdemokratisch-bürgerliche Koalition überbrückt waren. Diese politisch vollzogene neue Nationsbildung im Zeichen der Demokratie konnte sich jedoch an der Basis, im Verhalten der Gesellschaft, noch nicht fest durchsetzen. Das führte im politischen Leben zu neuen Gegensätzen: auf der Linken zwischen SPD und USPD bzw. KPD, im bürgerlichen Lager zwischen demokratischen und antidemokratischen Parteien. Kennzeichnend für die Gesellschaft von Weimar war damit eine neue Spaltung, die sich aus dem *Kampf um den Staat* ergab: der Gegensatz zwischen den Anhängern und den Gegnern des demokratisch-republikanischen Nationalstaates.

Diese Spaltung wurde bedrohlich, weil unter den Gegnern der Republik sich schon bald eine Totalopposition durchsetzte, der es gelang, die nationale Parole für sich zu besetzen und damit dem Staat und seinen tragenden Kräften die wichtigste Identität zu nehmen: die nationale. Zwischen den Trägern des Weimarer Nationalstaats und der Totalopposition von rechts tobte ein *Kampf um die Nation,* um den Anspruch, die Nation zu repräsentieren. Es ging dabei letztlich um zwei gegensätzliche Konzepte von der Nation, das demokratische und das des Nationalismus. Dieser Kampf um die Nation hatte nicht nur eine ideologische, sondern auch eine soziale Dimension: Es war ein Kampf um die deutsche Gesellschaft.

Warum konnte die Totalopposition von rechts ihn für sich entscheiden? Zunächst deshalb, weil sie lernfähig und in der Lage war, neue Ressourcen zu mobilisieren. Nach den Jahren der Putschtaktik (1919–1923) stellte sie sich um auf eine Strategie der planmäßigen Organisation und der manipulativen Massenagitation. Außerdem war es ihr gelungen, eine *Militarisierung* des politischen Lebens durch die Aufstellung von uniformierten Kampfverbänden durchzusetzen; diese konnten das politische Leben ständig zu einer Bürgerkriegssituation erhitzen und außer Kontrolle bringen. In diesem Zusammenhang darf nicht übersehen werden, daß es neben der nationalistischen Totalopposition von rechts auch die kommunistische von links gab, die etwas militant mit einer antidemokratischen Klassenkampfparole die Weimarer Nation aufsprengte und vor allem die Sozialdemokratie, die tragende Partei dieser Republik, ständig verunsicherte. Letztlich aber war der Sieg über den Staat nur möglich, weil die Führungsgruppen der beiden einzigen seit 1930 noch zählenden bürgerlichen Parteien, Zentrum und DNVP, ihren begrenzten Konsens mit diesem Nationalstaat aufgegeben und eine andere als die moderndemokratische Nation ins Auge gefaßt hatten.

Hagen Schulze

Flucht in den totalen Staat

Die meisten Nachkriegsdemokratien wurden von den Extremen der Linken und der Rechten in die Zange genommen, während zugleich die sozialen und wirtschaftlichen Probleme eskalierten; und zudem trauten die Demokraten ihrer eigenen Legitimation nicht mehr und weigerten sich, in den Bürgerkrieg einzutreten und die Revolution mit revolutionären Mitteln zu bekämpfen. Die Demokratien wirkten nicht nur schwach und von sich selbst wenig überzeugt, sondern auch häßlich, denn ihr Appell richtete sich an die Vernunft, kaum an die Gefühle, sie waren grau und langweilig. Die Generation, die zu Kriegsende aus den Schützengräben kam, war im *fin de siècle* geboren und aufgewachsen; sie hatte die *belle époque* als ein Zeitalter der spießigen Übersättigung, der geistlosen Großmannssucht, der bourgeoisen Verkitschtheit erlebt und war von nichts so überzeugt wie von der Hohlheit, Verlogenheit und Unfruchtbarkeit der liberalen Vorkriegs-Ära. Im Krieg hatten sich alle antibürgerlichen Affekte bestätigt, die bürgerliche Wirklichkeit der Nachkriegszeit erschien radikal falsch und dem Untergang geweiht. Die politischen Richtungen der Älteren bekamen aus dieser Generation wenig Zulauf; die Eltern liberal oder konservativ, die Söhne und Töchter sozialistisch oder nationalistisch: Das war der europäische Normalfall.

Die liberale Demokratie hatte in dieser Generation von vornherein verspielt, nicht, weil sie liberal, sondern weil sie uninteressant war und den seelischen Erregungen im Wege stand, nach denen der Geist der Zeit dürstete. Darin waren sich die rechten mit den linken Extremen einig, denn rechts und links unterschieden sich nicht in ihren Einstellungen zur Gegenwart, sondern in der Gestaltung von Zukunftsvisionen, und selbst die waren sich insofern ähnlich, als sie allesamt einen starken, mit eiserner Faust regierenden Staat voraussetzten. Mit solchen Visionen konnte die Demokratie unter keinen Umständen mithalten, denn sie beruht ihrer Natur nach auf dem Pluralismus der Parteien und Interessen und kann nur dann funktionieren, wenn bei allen Beteiligten die Bereitschaft zum Ausgleich und zum Kompromiß besteht, und zwar nicht nur zwischen benachbarten, sondern auch zwischen entgegengesetzten Interessen. [. . .]

Während in West- und Mitteleuropa die Drohung der sozialistischen Revolution den Horizont verdunkelte, waren es in Osteuropa hauptsächlich die unbewältigten Nationalitätenprobleme, die zum Ausnahmezustand und zu diktatorischen Lösungen drängten; nur ein einziges der neuen Staatswesen, die nach dem Weltkrieg aus den Trümmern der osteuropäischen Vielvölkerreiche entstanden waren, konnte sich als Demokratie behaupten: die Tschechoslowakei. [. . .]

Die berühmte Prophezeiung des britischen Außenministers Sir Edward Grey (1862–1933) bei Ausbruch des Ersten Weltkriegs hatte sich in einem tieferen Sinn erfüllt, als ihrem Urheber bewußt gewesen war: „Überall in Europa gehen die Lichter aus; solange wir leben, werden wir sie nicht wieder leuchten sehen.“ Europa war durch das Blutbad des Weltkriegs hindurchgegangen, und anstelle des alten zusammenhängenden, ausbalancierten Staatensystems hatte sich eine Vielfalt von Nationalstaaten etabliert, die in gegnerische Bündnisse, Pakte und Abkommen zerfielen; der Völkerbund in Genf stellte sich in den Augen der Verlierer des Weltkriegs, vor allem der beiden Parias der Völkergemeinschaft Deutschland und Sowjetunion, in erster Linie als Machtinstrument der Siegermächte dar. Kaum eine Grenze, die nicht umstritten war; die Idee der Revanche, der Revision der Pariser Friedensverträge von 1919 herrschte nicht allein bei den Verlierern, sondern auch bei einer Anzahl von Siegern, die sich für zu kurz gekommen hielten: Der Weltkrieg war suspendiert, aber noch nicht beendet. [. . .]

Auf die latent-bedrohliche Bürgerkriegssituation Europas in der Zwischenkriegszeit bot sich dieselbe Antwort an, die schon einmal, im 16. und 17. Jahrhundert, dem europäischen Bürger- und Konfessionskrieg ein Ende gesetzt hatte: der starke Staat, damals der des Absolutismus, nunmehr in seiner zeitgemäßen Variante des autoritären, wenn nicht totalitären Nationalstaats, wie ihn die Theoretiker des integralen Nationalismus im *fin de siècle* bereits gedacht hatten, der seine gesellschaftliche Konfiguration in der Mobilisierung der nationalistischen, imperialistischen und militaristischen Massenorganisationen der Vorkriegszeit gefunden hatte, der in den Materialschlachten des Kriegs und im Kriegssozialismus seine Bestätigung erlebt hatte, und der sich jetzt als das Heilmittel eines nachliberalen, aus der Balance geratenen, schwer kranken Europa anbot. Die Epoche des totalen Staates war angebrochen.

Autoren- und Quellenverzeichnis

Alle genannten Werke sind im
Verlag C.H.Beck erschienen.

Ursula A. J. Becher ist Historikerin und Direktorin des Georg-Eckert-Instituts für Internationale Schulbuchforschung, Braunschweig.
Werke: Geschichte des modernen Lebensstils. Essen – Wohnen – Freizeit – Reisen, 1990.
Die Entstehung der modernen Massenkultur 147
Aus: Geschichte des modernen Lebensstils, S. 175–178.
Schubertlieder und das Einwecken von Bohnen 178
Aus: Ebd., S. 188 [aus: Der neue Rundfunk I, Nr. 22 vom 29. 8. 1926].

Sabine Behrenbeck, geb. 1961, ist wissenschaftliche Mitarbeiterin an der Universität zu Köln.
Kriegerdenkmale 183
Aus: Dies., Heldenkult oder Friedensmahnung? Kriegerdenkmale nach den beiden Weltkriegen, in: Lernen aus dem Krieg? Deutsche Nachkriegszeiten 1918 und 1945. Beiträge zur historischen Friedensforschung, hrsg. v. Gottfried Niedhart u. Dieter Riesenberger, 1992, S. 344–364, hier S. 347–351.

Wolfgang Benz, geb. 1941, ist Professor und Leiter des Zentrums für Antisemitismusforschung an der Technischen Universität Berlin.
Werke: Der Holocaust, 1995; ders./Hermann Graml (Hrsg.), Biographisches Lexikon zur Weimarer Republik, 1995; ders. (Hrsg.), Integration ist machbar. Ausländer in Deutschland, 1993; ders. (Hrsg.), Die Juden in Deutschland 1933–1945. Leben unter nationalsozialistischer Herrschaft, 1993; ders. (Hrsg.), Das Exil der kleinen Leute. Alltagserfahrungen deutscher Juden in der Emigration, 1991; ders. (Hrsg.), Alfred Heller: Dr. Seligmanns Auswanderung. Der schwierige Weg nach Israel, 1990; ders. (Hrsg.), Neu-

anfang in Bayern 1945–1949. Politik und Gesellschaft in der Nachkriegszeit, 1988.

Berliner Leben – Glanz und Elend 145

Aus: Ders., Die Klassiker als Nothelfer. Die Weimarer Republik in Weimar und Berlin, in: Uwe Schultz (Hrsg.), Die Hauptstädte der Deutschen. Von der Kaiserpfalz in Aachen zum Regierungssitz Berlin, 1993, S. 194–204, hier S. 202f.

INGE BLANK ist wissenschaftliche Mitarbeiterin am Institut für Sozial- und Kulturforschung in Duisburg.

Antisemitismus II – Juden aus Osteuropa 121

Aus: Dies., „... nirgends eine Heimat, aber Gräber auf jedem Friedhof“: Ostjuden in Kaiserreich und Weimarer Republik, in: Klaus J. Bade (Hrsg.), Deutsche im Ausland – Fremde in Deutschland. Migration in Geschichte und Gegenwart, 1992, S. 324–332, hier S. 327f., S. 330f.

PETER BRANDT, geb. 1948, ist Professor für Neuere Geschichte an der Fernuniversität Hagen.

Werke: Ders./Dieter Groh, „Vaterlandslose Gesellen“. Sozialdemokratie und Nation 1860–1990, 1992.

Die SPD als Staatspartei 110

Zum Text: Friedrich Stampfer (1874–1957), seit 1916 Chefredakteur des „Vorwärts“. Rudolf Hilferding (1877–1941), führender sozialdemokratischer Theoretiker und Politiker, 1918–22 USPD, seit 1922 SPD, zweimal Reichsfinanzminister.

Aus: „Vaterlandslose Gesellen“, S. 189f., S. 193f.

WERNER BÜHRER, geb. 1950, ist wissenschaftlicher Mitarbeiter am Lehrstuhl für Politische Wissenschaft der Technischen Universität München.

Die Unternehmer und der neue Staat 103

Zum Text: Hugo Stinnes (1870–1924), führender deutscher Industrieller.

Aus: Ders., Die Unternehmerverbände nach den beiden Weltkriegen, in: Lernen aus dem Krieg? Deutsche Nachkriegszeiten 1918 und 1945. Beiträge zur historischen Friedensforschung, hrsg. v. Gottfried Niedhart u. Dieter Riesenberger, 1992, S. 140–157, hier S. 143–150.

Adelheid Gräfin zu Castell Rüdenhausen ist Privatdozentin an der Universität Bochum.

Aus: Handbuch der deutschen Bildungsgeschichte. Band V, 1918–1945, Die Weimarer Republik und die nationalsozialistische Diktatur, hrsg. v. Dieter Langewiesche und Heinz-Elmar Tenorth, 1989, S. 76–79.

Gordon A. Craig, geb. 1913, ist emeritierter J. E. Wallace Sterling Professor für Geisteswissenschaften an der Universität Stanford und seit 1962 Honorarprofessor an der Freien Universität Berlin.

Werke: Geschichte Europas 1815–1980. Vom Wiener Kongreß bis zur Gegenwart, 1995; Die Politik der Unpolitischen. Deutsche Schriftsteller und die Macht 1770–1871, 1993; Über die Deutschen, 1991; Das Ende Preußens. Acht Porträts, 1988; Geld und Geist. Zürich im Zeitalter des Liberalismus 1830–1869, 1988; Deutsche Geschichte 1866–1945. Vom Norddeutschen Bund bis zum Ende des Dritten Reiches, 1980.

Aus: Deutsche Geschichte 1866–1945, S. 376f.

Aus: Über die Deutschen, S. 154, 160–162.

Zum Text: Bernhard von Bülow (1849–1929), Reichskanzler 1900–1909. Theobald von Bethmann-Hollweg (1856–1921), Reichskanzler 1909–1917.

Aus: Deutsche Geschichte 1866–1945, S. 400.

Aus: Ebd., S. 413ff.

Aus: Ebd., S. 415f.

Aus: Ebd., S. 433f.

Zum Text: Paul Sethe (1901–1967), Publizist, 1949–55 Mitherausgeber der „Frankfurter Allgemeinen Zeitung“.

Aus: Ebd., S. 423ff.

Otto Dann, geb. 1937, ist Professor für Geschichte der Neuzeit an der Universität zu Köln.
Werke: Nation und Nationalismus in Deutschland 1770–1990, [2]1994.

Aus: Nation und Nationalismus in Deutschland 1770–1990, S. 258f.

Aus: Ebd., S. 282f.

Aus: Ebd., S. 259ff.

Jürgen W. Falter, geb. 1944, ist Professor für Politische Wissenschaften an der Universität Mainz.
Werke: Wer wählt rechts? Die Wähler und Anhänger rechtsextremistischer Parteien im vereinigten Deutschland, 1994; Hitlers Wähler, 1991; ders./T. Lindenberger/S. Schumann, Wahlen und Abstimmungen in der Weimarer Republik. Materialien zum Wahlverhalten 1919–1933, 1986.

Aus: Hitlers Wähler, S. 30ff.

Aus: Ebd., S. 369–374.

Gerald D. Feldman, geb. 1937, ist Professor für Geschichte und Direktor des Center for German and European Studies an der University of California in Berkeley.
Werke: Ders./Klaus Tenfelde (Hrsg.), Arbeiter, Unternehmer und Staat im Bergbau. Industrielle Arbeitsbeziehungen im internationalen Vergleich, 1989.

Zum Text: Werner Kehl, seit 1928 im Vorstand der Deutschen Bank. Oscar Wassermann, Vorstandssprecher 1923–1933. Gottfried Feder (1883–1941), Theoretiker der NSDAP, Emil Georg Stauß, Vorstandsmitglied 1915–1932. Georg Solmssen, Vorstandsmitglied und 1933 Sprecher. Theodor Frank, Vorstandsmitglied bis 1933. Oscar Schlitter, Vorstandsmitglied. Jakob Goldschmidt, 1918–1931 Vorstand der DANAT-Bank.

Aus: Ders., Die Deutsche Bank vom Ersten Weltkrieg bis zur Weltwirtschaftskrise 1914–1933, in: Lothar Gall u. a., Die Deutsche Bank 1870–1995, 1995, S. 280–282.

UTE FREVERT, geb. 1954, ist Professorin für Neuere Geschichte an der Universität Konstanz.
Werke: Mann und Weib und Weib und Mann. Geschlechter-Differenzen in der Moderne, 1995; Ehrenmänner. Das Duell in der bürgerlichen Gesellschaft, 1991.

Aus: Ehrenmänner, S. 241–246.

RUTH GAY studierte an der Columbia University in New York und ist freie Schriftstellerin.
Werke: Geschichte der Juden in Deutschland. Von der Römerzeit bis zum Zweiten Weltkrieg, 1993.

Aus: Geschichte der Juden in Deutschland, S. 233–236.

PETER GRUPP, geb. 1941, ist Historiker und Referent im Politischen Archiv und Historischen Referat des Auswärtigen Amts.
Werke: Harry Graf Kessler 1868–1937. Eine Biographie, 1995.

Aus: Harry Graf Kessler 1868–1937, S. 228ff.

KARIN HARTEWIG, Dr., geb. 1959, ist Historikerin und Wissenschaftliche Mitarbeiterin an der Friedrich-Schiller-Universität Jena.
Werke: Das unberechenbare Jahrzehnt. Bergarbeiter und ihre Familien im Ruhrgebiet 1914–1924, 1993.

Aus: Das unberechenbare Jahrzehnt, S. 226–231.

Aus: Ebd., S. 198f.

Zum Text: Wilhelm Cuno (1876–1933), parteilos, Reichskanzler von November 1922 bis August 1923. Raymond Poincaré (1860–1934), französischer Präsident 1913–20; 1912/13, 1922–24 und 1926–29 Ministerpräsident.
Aus: Ebd., S. 308–312.

Hartmut Kaelble, geb. 1940, ist Professor für Sozialgeschichte an der Humboldt-Universität zu Berlin.
Werke: Nachbarn am Rhein. Entfremdung und Annäherung der französischen und deutschen Gesellschaft seit 1880, 1991.
Ungleiche Nachbarn – deutsche und französische Gesellschaft nach dem Ersten Weltkrieg 243
Aus: Nachbarn am Rhein, S. 145–148.

Martina Kessel ist Historikerin an der Freien Universität Berlin.
Werke: Dies. (Hrsg.), Zwischen Abwasch und Verlangen. Zeiterfahrungen von Frauen im 19. und 20. Jahrhundert, 1995.
Ein Hausfrauenleben 151
Aus: Zwischen Abwasch und Verlangen, S. 92f.

Walter Kiaulehn, 1900–1968, war Journalist und Schriftsteller.
Werke: Der richtige Berliner in Wörtern und Redensarten, 1985; Berlin. Schicksal einer Weltstadt, 1980.
„Keine Zeit, keine Zeit, keine Zeit!“ 149
Aus: Berlin, S. 21–24, S. 21.
Tanz und Tombola – der Berliner Presseball 180
Aus: Ebd., S. 534f.

Andreas Kraus, geb. 1922, war bis zu seiner Emeritierung Professor für Bayerische Landesgeschichte an der Ludwig-Maximilians-Universität München.
Werke: Geschichte Bayerns. Von den Anfängen bis zur Gegenwart. ^{2}1988; ders. (Hrsg.), Land und Reich – Stamm und Nation. Probleme und Perspektiven bayerischer Geschichte. Festgabe für Max Spindler zum 90. Geburtstag, 3 Bde., 1984; ders./Max Spindler (Hrsg.), Handbuch der bayerischen Geschichte in vier Bänden, 1981ff.
Die Münchener Räterepubliken im April 1919 70
Zum Text: Ernst Niekisch (1889–1967), Publizist und Politiker, in der Weimarer Republik Vertreter des sog. „Nationalbolschewismus“, 1939 lebenslänglich Zuchthaus, 1948–1954 Professor an der Humboldt-Universität zu Berlin, seit 1954 im Westen. Eugen Leviné (1883–1919), KPD-Führer. Max Levien (1885–1937 im sowjetischen Lager), KPD-Führer.
Aus: Geschichte Bayerns, S. 644–647.

HERMANN KURZKE, geb. 1943, ist Professor für Neuere Deutsche Literaturgeschichte an der Universität Mainz.
Werke: Thomas Mann. Epoche – Werk – Wirkung, 1991; Novalis, 1988.

Zum Text: Friedrich Meinecke (1862–1954), Historiker, nach dem Ersten Weltkrieg Vernunftrepublikaner.
Aus: Thomas Mann, S. 29, S. 172f., S. 30f., S. 179, S. 214f.

GUSTAV LANDAUER, 1870–1919, war einer der bedeutendsten deutsch-jüdischen, anarchistischen Intellektuellen der Jahrhundertwende, arbeitete als Schriftsteller, Kritiker und Übersetzer. In der Münchener Räteregierung 1919 war er Volksbeauftragter für Volksaufklärung und wurde nach dem Sturz der Räterepublik ermordet. Fritz Mauthner, 1849–1923, jüdischer Schriftsteller, Satiriker, Theaterkritiker und Sprachphilosoph.

Aus: Gustav Landauer – Fritz Mauthner. Briefwechsel 1890–1919. Bearb. v. Hanna Delf, 1994, S. 351–354.

Aus: Ebd., S. 364.

HANS GRAF VON LEHNDORFF, 1910–1987, studierte Jura und Medizin und arbeitete seit 1937 als Arzt in Berlin und Insterburg/Ostpreußen. Von 1954– 1970 war er als Chefarzt in Bad Godesberg tätig.
Werke: Die Insterburger Jahre. Mein Weg zur Bekennenden Kirche, 1992; Ostpreußisches Tagebuch. Aufzeichnungen eines Arztes aus den Jahren 1945–1947, 1990; Menschen, Pferde, weites Land. Kindheits- und Jugenderinnerungen, 1980.

Zum Text: Elard von Oldenburg-Januschau (1855–1937), alter preußischer Konservativer, Gutsnachbar Hindenburgs. Januschau lag wie Hindenburgs Gut Neudeck in Ostpreußen.
Aus: Menschen, Pferde, weites Land, S. 147–149, S. 162, S. 176.

Aus: Ebd., S. 251ff.

Friedrich Lenger, geb. 1957, ist Professor für Neuere u. Neueste Geschichte an der Friedrich-Alexander-Universität Erlangen-Nürnberg.
Werke: Ders., Werner Sombart 1863–1941. Eine Biographie, [2]1995.

Zum Text: Werner Sombart (1863–1941), bedeutender Nationalökonom und Soziologe. Mittelschreiberhau war ein Ort im schlesischen Teil des Riesengebirges.
Aus: Werner Sombart 1863–1941, S. 258f., S. 263–67.

Peter Longerich, geb. 1955, war wissenschaftlicher Mitarbeiter am Institut für Zeitgeschichte in München und ist Lecturer an der Universität London.
Werke: Die braunen Bataillone. Geschichte der SA, 1989.

Aus: Die braunen Bataillone, S. 94–121.

Aus: Ebd., S. 156ff.

Karl Robert Mandelkow, geb. 1926, war bis zu seiner Emeritierung Professor für Deutsche Literaturwissenschaft an der Universität Hamburg.
Werke: Goethe in Deutschland. Rezeptionsgeschichte eines Klassikers. 2 Bde, 1980/1989; ders./Bodo Morawe (Hrsg.), Johann Wolfgang von Goethe: Briefe und Briefe an Goethe. Hamburger Ausgabe. 6 Bde, 1969ff.

Zum Text: Willy Haas (1891–1973), Kritiker und Essayist, Gründer (1925) und Leiter (bis 1933) der Wochenzeitung „Die literarische Welt". Friedrich Wilhelm Riemer (1774–1845), Philologe und Literaturhistoriker, Lehrer von Goethes Sohn August, wichtiger Berater Goethes. Friedrich Gundolf (1880–1931), Literaturhistoriker in Heidelberg, eng befreundet mit Stefan George.
Aus: Goethe in Deutschland, Band II 1919–1982, 1989, S. 73–76, S. 21.

Klaus Mann, 1906–1949, Schriftsteller und Sohn von Thomas Mann.

Aus: Ursula A. J. Becher, Geschichte des modernen Lebensstils. Essen – Wohnen – Freizeit – Reisen, 1990, S. 176.

Fritz Mauthner, 1849–1923, jüdischer Schriftsteller, Satiriker, Theaterkritiker und Sprachphilosoph (siehe: Gustav Landauer).

Hans Mommsen, geb. 1930, war bis zu seiner Emeritierung Professor für Neuere Geschichte in Bochum.
Hitler und der Putsch vom 9. November 1923 137
Zum Text: Hermann Esser (1900–1981), einer der frühesten Anhänger Adolf Hitlers in der NSDAP. Arthur Moeller van den Bruck (1876–1925), Vordenker der „Konservativen Revolution" und Ideengeber der intellektuellen Rechten. „Kampfbund"-Zusammenschluß mehrerer antirepublikanischer paramilitärischer Verbände. „Triumvirat" – Gustav Ritter von Kahr (1862–1934), bayerischer Generalstaatskommissar, General Otto von Lossow (1868–1942), Kommandeur der Reichswehr in Bayern, Oberst Hans von Seißer (1874–1972), Landeskommandant der bayerischen Polizei.
Aus: Ders., Adolf Hitler und der 9. November 1923, in: Johannes Willms (Hrsg.), Der 9. November. Fünf Essays zur deutschen Geschichte 1994, S. 33–48, hier S. 35–38, S. 44–47, S. 34, S. 47f.

Gottfried Niedhart, geb. 1940, ist Professor für Neuere Geschichte an der Universität Mannheim.
Werke: Ders./Dieter Riesenberger (Hrsg.), Lernen aus dem Krieg? Deutsche Nachkriegszeiten 1918 und 1945. Beiträge zur historischen Friedensforschung, 1992; Geschichte Englands, Bd. 3: Im 19. und 20. Jahrhundert, 1987; ders./H. Haan/K. F. Krieger (Hrsg.), Einführung in die englische Geschichte, 1982.
Die Außenpolitik Stresemanns 189
Aus: Ders., Die ökonomische Variante deutscher Machtpolitik: Revisionspolitik und Friedenssicherung bei Stresemann und Adenauer, in: Lernen aus dem Krieg?, S. 84–95, hier S. 89–92, S. 85.

Michael North, geb. 1954, ist Professor für Allgemeine Geschichte der Neuzeit an der Ernst-Moritz-Arndt-Universität Greifswald.

Werke: Ders. (Hrsg.), Von Aktie bis Zoll. Ein historisches Lexikon des Geldes, 1995; Das Geld und seine Geschichte. Vom Mittelalter bis zur Gegenwart, 1994.

Zum Text: Carl-Ludwig Holtfrerich, geb. 1942, ist Professor für Volkswirtschaftslehre und Wirtschaftsgeschichte an der Freien Universität Berlin. Peter-Christian Witt, geb. 1943, ist Professor für Gesellschaftswissenschaften an der Universität-Gesamthochschule Kassel. Karl Erich Born, geb. 1922, war bis zu seiner Emeritierung Professor für Wirtschafts- und Sozialgeschichte an der Universität Tübingen.

Aus: Das Geld und seine Geschichte, S. 179–184.

Aus: Ebd., S. 188ff.

KURT NOWAK, geb. 1942, ist Professor für Kirchengeschichte an der Universität Leipzig.

Werke: Geschichte des Christentums in Deutschland. Religion, Politik und Gesellschaft vom Ende der Aufklärung bis zur Mitte des 20. Jahrhunderts, 1995.

Aus: Geschichte des Christentums in Deutschland, S. 208.

Aus: Ebd., S. 233f.

HEINRICH POTTHOFF, geb. 1938, Historiker, ist stellv. Vorsitzender der Historischen Kommission der SPD.

Aus: Ders., Gewerkschaften in den Nachkriegszeiten, in: Lernen aus dem Krieg? Deutsche Nachkriegszeiten 1918 und 1945. Beiträge zur historischen Friedensforschung, hrsg. v. Gottfried Niedhart u. Dieter Riesenberger, 1992, S. 121–139, hier S. 124–128.

JÜRGEN REULECKE, geb. 1940, ist Universitätsprofessor für Neuere und Neueste Geschichte an der Universität-Gesamthochschule Siegen.

Aus: Handbuch der deutschen Bildungsgeschichte. Band V, 1918–1945, Die Weimarer Republik und die nationalsozialistische Diktatur, hrsg. v. Dieter Langewiesche und Heinz-Elmar Tenorth, 1989, S. 89–91.

Rainer Maria Rilke, 1875–1926, Dichter.
„... mit dem großen freien Atem“ 44
Zum Text: Edgar Jaffé (1866–1921), Nationalökonom, 1918–19 kurzzeitig bayerischer Finanzminister. Erich Mühsam (1878–1934, ermordet im KZ Oranienburg), anarchistisch-sozialistischer Schriftsteller, beteiligte sich an der Münchener Räterepublik 1919. Ludwig Quidde (1858–1941), Historiker und Pazifist, 1927 Friedensnobelpreis gemeinsam mit F. Buisson für Verdienste um deutsch-französische Aussöhnung. Kurt Eisner (1867–1919 ermordet), Journalist, SPD-, dann USPD-Mitglied, seit November 1918 bayerischer Ministerpräsident, bei einem Attentat erschossen.
Aus: Jürgen Moeller (Hrsg.), Historische Augenblicke. Deutsche Briefe des Zwanzigsten Jahrhunderts, 1988, S. 43–46.

Gerhard A. Ritter, geb. 1929, war bis zu seiner Emeritierung Professor für Neuere und Neueste Geschichte an der Ludwig-Maximilians-Universität in München.
Werke: Arbeiter, Arbeiterbewegung und soziale Ideen in Deutschland. Beiträge zur Geschichte des 19. und 20. Jahrhunderts, 1996; Großforschung und Staat in Deutschland. Ein historischer Überblick, 1992; ders./Merith Niehuss, Wahlen in Deutschland 1946–1991/1990–1994. 2 Bde., 1991/1995; Sozialversicherung in Deutschland und England. Entstehung und Grundzüge im Vergleich, 1983; Wahlgeschichtliches Arbeitsbuch. Materialien zur Statistik des Kaiserreichs 1871–1918, 1980.
Die Wissenschaftslandschaft 172
Zum Text: Die Kaiser-Wilhelm-Gesellschaft wurde 1911 als Trägerin außeruniversitärer Forschungsinstitute gegründet und war Vorläuferin der heutigen Max-Planck-Gesellschaft.
Aus: Großforschung und Staat in Deutschland, S. 40–43.

Michael Salewski, geb. 1938, ist Professor für Mittlere und Neuere Geschichte an der Universität Kiel.
Werke: Deutschland. Eine politische Geschichte. Von den Anfängen bis zur Gegenwart. 2 Bde, 1993; ders. (Hrsg.), Das Zeitalter

der Bombe. Die Geschichte der atomaren Bedrohung von Hiroshima bis heute, 1995.

Zum Text: Georges Clemenceau (1841–1929), französischer Ministerpräsident 1906–1909 und 1917–1920. Ferdinand Foch (1851–1929), französischer Oberkommandierender seit 1918, Leiter der Waffenstillstandsverhandlungen.

Aus: Deutschland. Band 2: 1815–1990, 1993, S. 184–191.

Herrad Schenk war von 1972 bis 1980 wissenschaftliche Assistentin am Institut für Sozialpsychologie der Universität Köln; arbeitet seitdem als freie Autorin.

Werke: Dies. (Hrsg.), Frauen und Sexualität. Ein historisches Lesebuch, 1995; dies. (Hrsg.), Lebensläufe. Ein Lesebuch, 1992; Freie Liebe – wilde Ehe. Über die allmähliche Auflösung der Ehe durch die Liebe, 1988; Die feministische Herausforderung. 150 Jahre Frauenbewegung in Deutschland, 1980.

Aus: Die feministische Herausforderung, S. 64–67.

Karl Schlögel, geb. 1948, ist Professor für Osteuropäische Geschichte an der Europa-Universität Viadrina in Frankfurt/Oder.

Werke: Ders. (Hrsg.), Der große Exodus. Die russische Emigration und ihre Zentren 1917 bis 1941, 1994.

Zum Text: Die Schreibweise russischer Namen folgt der wissenschaftlichen Transkription.

Aus: Ders., Berlin: „Stiefmutter unter den russischen Städten“, in: Der große Exodus, S. 234–259, hier S. 237–258.

Betty Scholem, 1866–1946, Mutter des jüdischen Religionshistorikers Gershom (Gerhard) Scholem (1897–1982).

Zum Text: „Große demokratische Partei“ – die Deutsche Demokratische Partei (DDP). „U-Bootsgeschichte“ – der am 1. 2. 1917 begonnene uneingeschränkte U-Boot-Krieg.

Aus: Betty Scholem – Gershom Scholem. Mutter und Sohn im Briefwechsel 1917–1946, hrsg. v. Itta Shedletzky, 1989, S. 22–25.

Aus: Ebd., S. 30–33.
Der „Millionen-Hexensabbath“ 127
Aus: Ebd., S. 84–86.
„Grippewelle u. Heil Hitler beherrschen den Markt“ 236
Aus: Ebd., S. 273f.

Erhard Schütz, geb. 1946, ist Professor für Neuere deutsche Literatur an der Humboldt-Universität zu Berlin.
Die Medienrevolution durch den Rundfunk 176
Aus: Handbuch der deutschen Bildungsgeschichte. Band V, 1918–1945, Die Weimarer Republik und die nationalsozialistische Diktatur, hrsg. v. Dieter Langewiesche und Heinz-Elmar Tenorth, 1989, S. 383–386.

Hagen Schulze, geb. 1943, ist o. Professor für Neuere Deutsche und Europäische Geschichte an der Freien Universität Berlin.
Werke: Kleine deutsche Geschichte. Mit Bildern aus dem Deutschen Historischen Museum, 1996; Staat und Nation in der europäischen Geschichte, ^{2}1995.
Der Aufstieg des Nationalsozialismus im europäischen Vergleich 231
Aus: Staat und Nation in der europäischen Geschichte, S. 299–302.
Flucht in den totalen Staat 248
Aus: Ebd., S. 292–296.

Oswald Spengler, 1880–1936, Kulturhistoriker und Geschichtsphilosoph, gehörte mit seinen populären Werken „Der Untergang des Abendlandes“ (1918 und 1922) und „Preußentum und Sozialismus“ (1919) zu den einflußreichsten intellektuellen Gegnern der Weimarer Republik.
Werke: Der Untergang des Abendlandes. Umrisse einer Morphologie der Weltgeschichte, 1989.
„... bin vor Ekel beinahe erstickt“ – frühe Konturen der Gegenrevolution 57
Aus: Detlef Felken, Oswald Spengler. Konservativer Denker zwischen Kaiserreich und Diktatur, 1988, S. 91 [Brief Spenglers vom Dezember 1918].

Fritz Stern, geb. 1926, lehrt seit 1953 Geschichte an der Columbia University in New York.
Werke: Verspielte Größe. Essays zur deutschen Geschichte des 20. Jahrhunderts, 1996.

Zum Text: Woodrow Wilson (1856–1924), Präsident der USA 1913–1921.
Aus: Ders., Vier Tage im November, in: Johannes Willms (Hrsg.), Der 9. November. Fünf Essays zur deutschen Geschichte. 1994, S. 83–89, hier S. 84ff.

Hans-Georg Stümke war bis 1979 Studienrat, seither freier Autor in Hamburg.
Werke: Homosexuelle in Deutschland. Eine politische Geschichte, 1989.

Aus: Homosexuelle in Deutschland, S. 53ff.

Arnold Sywottek, geb. 1942, ist Professor für Neuere Geschichte an der Universität Hamburg.

Aus: Ders., Deutsche Nachkriegszeiten in einer Stadtregion: Hamburg nach 1918 und nach 1945, in: Lernen aus dem Krieg? Deutsche Nachkriegszeiten 1918 und 1945. Beiträge zur historischen Friedensforschung, hrsg. v. Gottfried Niedhart u. Dieter Riesenberger, 1992, S. 178–206, hier S. 184–187.

Hartmut Titze, geb. 1944, ist seit 1990 Professor für Sozialgeschichte der Erziehung an der Universität Lüneburg.

Aus: Handbuch der deutschen Bildungsgeschichte. Band V, 1918–1945, Die Weimarer Republik und die nationalsozialistische Diktatur, hrsg. v. Dieter Langewiesche und Heinz-Elmar Tenorth, 1989, S. 215f.

Ernst Toller, 1893–1939 (Selbstmord), erst Kriegsfreiwilliger, dann Pazifist, bedeutender expressionistischer Dramatiker und Lyriker, war 1919 Mitglied der Münchener Räteregierung und danach deswegen zu fünf Jahren Festungshaft verurteilt. 1933 emigrierte er in die USA.

Zum Text: Maximilian Harden (1861–1927), einflußreicher Publizist der wilhelminischen Ära, seit 1892 Herausgeber der Wochenschrift „Die Zukunft".

Aus: Jürgen Moeller (Hrsg.), Historische Augenblicke. Deutsche Briefe des Zwanzigsten Jahrhunderts, 1988, S. 54–56.

ERNST TROELTSCH, 1865–1923, evangelischer Theologe, Philosoph und Historiker, Mitbegründer der DDP.

Zum Text: Hans Delbrück (1848–1929), Historiker an der Berliner Universität, wandelte sich nach dem Krieg vom Anhänger der konstitutionellen Monarchie zum Vernunftrepublikaner.

Aus: Kurt Nowak, Geschichte des Christentums in Deutschland, Religion, Politik und Gesellschaft vom Ende der Aufklärung bis zur Mitte des 20. Jahrhunderts, 1995, S. 205f.

CLEMENS VOLLNHALS, geb. 1956, ist Fachbereichsleiter in der Abteilung Bildung und Forschung beim Bundesbeauftragten für die Unterlagen des Staatssicherheitsdienstes der ehemaligen DDR.

Aus: Lernen aus dem Krieg? Deutsche Nachkriegszeiten 1918 und 1945. Beiträge zur historischen Friedensforschung, hrsg. v. Gottfried Niedhart u. Dieter Riesenberger, 1992, S. 158–177, hier S. 159–162.

BERND WEISBROD, geb. 1946, ist Professor für Mittlere und Neuere Geschichte an der Universität Göttingen.

Zum Text: Wolfgang Mommsen, geb. 1930, Historiker. Norbert Elias (1897–1990), Soziologe.

Aus: Ders., Die Krise der bürgerlichen Gesellschaft und die Machtergreifung von 1933, in: Hans-Ulrich Wehler (Hrsg.), Scheidewege der deutschen Geschichte. Von der Reformation bis zur Wende 1517–1989, 1995, S. 171–182, hier S. 175–180.

Alfred Wendehorst, geb. 1927, ist em. o. Professor für Landesgeschichte an der Universität Erlangen-Nürnberg und Archivar der Universität.
Werke: Geschichte der Friedrich-Alexander-Universität Erlangen-Nürnberg 1743–1993, 1993; ders. u.a. (Hrsg.), Erlangen. Geschichte der Stadt in Darstellung und Bilddokumenten, 1984; ders. (Hrsg.), Würzburg: Geschichte in Bilddokumenten, 1981.
Zwei Redner in Erlangen – Adolf Hitler und Thomas Mann 215
Aus: Geschichte der Friedrich-Alexander-Universität Erlangen-Nürnberg 1743–1993, S. 175 f.

Wolfram Wette, Dr., geb. 1940, 1971–95 Historiker am Militärgeschichtlichen Forschungsamt in Freiburg und Privatdozent an der Universität Freiburg.
„Staat im Staate" – das Risiko Reichswehr 98
Aus: Ders., Die deutsche militärische Führungsschicht in den Nachkriegszeiten, in: Lernen aus dem Krieg? Deutsche Nachkriegszeiten 1918 und 1945. Beiträge zur historischen Friedensforschung, hrsg. v. Gottfried Niedhart u. Dieter Riesenberger, 1992, S. 39–66, hier S. 41 ff., S. 49 f.

Heinrich August Winkler, geb. 1938, ist Professor für Neueste Geschichte an der Humboldt-Universität zu Berlin.
Werke: Ders./Wolfgang Hardtwig (Hrsg.), Deutsche Entfremdung, Zum Befinden in Ost und West, 1994; Weimar 1918–1933. Die Geschichte der ersten deutschen Demokratie, 1993.
Von Kiel bis Weimar – Etappen einer Revolution 50
Aus: Ders., Revolution als Konkursverwaltung. November 1918: Der vorbelastete Neubeginn, in: Johannes Willms (Hrsg.), Der 9. November. Fünf Essays zur deutschen Geschichte, 1994, S. 11–21.
Ein Votum gegen Weimar – die Wahl Hindenburgs 185
Zum Text: „Volksblock" – Wahlbündnis für Wilhelm Marx (Zentrum) von SPD, Zentrum und DDP; „Reichsblock" – Wahlbündnis für Hindenburg von DNVP, DVP und BVP. „Sieger von Tannenberg" – Schlacht gegen die Russen in Ostpreußen 1914.
Aus: Weimar 1918–1933, S. 281–284.
Der Sturz Brünings 223

Aus: Ebd., S. 471.

Der 30. Januar 1933 233

Zum Text: Otto Meissner, 1880–1953, Staatssekretär im Büro des Reichspräsidenten; General Kurt Freiherr von Hammerstein-Equord (1878–1943), Chef der Heeresleitung; Werner von Blomberg (1878–1946), 1933 bis 1938 Reichswehr- bzw. Reichskriegsminister; Franz Seldte (1882–1947) und Theodor Duesterberg (1875–1950) waren die Führer des paramilitärischen, weit rechtsstehenden Frontkämpferverbandes „Stahlhelm"; Alfred Hugenberg (1865–1951), Wirtschaftsführer und seit 1928 DNVP-Vorsitzender; Otto Schmidt-Hannover (1888–1971), DNVP-Politiker; Paul Freiherr von Eltz-Rübenach (1875–1943), 1932–37 Reichsverkehrs- und Reichspostminister.

Aus: Ebd., S. 591 ff.

THEODOR WOLFF, 1868–1943, war 1906–1933 Chefredakteur des „Berliner Tageblatts" und 1918 Mitbegründer der Deutschen Demokratischen Partei; einer der führenden liberalen deutsch-jüdischen Publizisten der wilhelminischen Ära und in der Weimarer Republik.

„Die größte aller Revolutionen" 49

Aus: Heinrich August Winkler, Revolution als Konkursverwaltung. 9. November 1918: Der vorbelastete Neubeginn, in: Johannes Willms (Hrsg.), Der 9. November. Fünf Essays zur deutschen Geschichte, 1994, S. 11–32, hier S. 11 [Artikel Wolffs im „Berliner Tageblatt" vom 10. 11. 1918].

CLARA ZETKIN, 1857–1933, war eine der führenden Persönlichkeiten der sozialistischen Frauenbewegung und bis 1917 des linken Flügels der SPD. Nach einem Intermezzo in der USPD trat sie 1919 der KPD bei. Sie war Mitglied des Exekutivkomitees der Komintern (1921–1933), Reichstagsabgeordnete der KPD und Alterspräsidentin des Reichstages 1932.

„Alles aus!" – nach dem Mord an Rosa Luxemburg und Karl Liebknecht 66

Zum Text: „Mathilde" – Mathilde Jacob (1873–1943) arbeitete für Rosa Luxemburg als Sekretärin.

Aus: Jürgen Moeller (Hrsg.), Historische Augenblicke. Deutsche Briefe des Zwanzigsten Jahrhunderts, 1988, S. 48–50.

Reinhold Zippelius, geb. 1928, ist em. o. Professor für Rechtsphilosophie und öffentliches Recht an der Universität Erlangen-Nürnberg.
Werke: Kleine deutsche Verfassungsgeschichte. Vom frühen Mittelalter bis zur Gegenwart, ^{3}1996; Allgemeine Staatslehre. (Politikwissenschaft). Ein Studienbuch, ^{12}1994; Geschichte der Staatsideen, ^{9}1994; Juristische Methodenlehre. Eine Einführung, ^{6}1994; Rechtsphilosophie. Ein Studienbuch, ^{3}1994; ders./Theodor Maunz (Hrsg.), Deutsches Staatsrecht. Ein Studienbuch, ^{29}1994; Grundbegriffe der Rechts- und Staatssoziologie, ^{2}1991.

Aus: Kleine deutsche Verfassungsgeschichte, S. 125–131.

Abbildungsverzeichnis

Deutsche und europäische Geschichte des 20. Jahrhunderts

Heinrich August Winkler

Weimar 1918–1933

Die Geschichte der ersten deutschen Demokratie

2., durchgesehene Auflage. 1994. 709 Seiten. Leinen

Das Scheitern der Weimarer Republik gehört zu den großen Katastrophen der deutschen, ja der Weltgeschichte. Hätte sich die Machtübertragung an Hitler abwenden lassen oder war sie ein notwendiges Ergebnis der Geschichte der ersten deutschen Demokratie? Eine Antwort auf diese Frage gibt Winklers spannendes, ganz aus den Quellen geschriebenes Buch.

„... die bislang gelungenste Darstellung zur Geschichte der Weimarer Republik."

Volker Ullrich, Das Parlament

„Das für Leser und nicht nur für Fachgelehrte geschriebene Buch ist ein Wurf, Summe eines Forscherlebens, ein meisterliches Werk."

Winfried Scharlau, NDR

„Die Stärke des Buches liegt zweifellos in dem gelungenen Versuch, die Geschehnisse der Weimarer Jahre aus dem Blickwinkel der damals Handelnden und aus den Zwängen der Zeitumstände zu betrachten. Winklers Epochendarstellung blickt nicht durch die ideologische Brille, sie ist nicht von Besserwisserei des Nachgeborenen, also die Folgen politischer Entscheidungen Überblickenden geprägt, sondern durch genaue Kenntnis der zahllosen Dokumente der Zeit belegt."

Wilhelm von Sternburg, Frankfurter Rundschau

Verlag C. H. Beck München